21 世纪高等开放教育系列教材

企业管理实务

熊巍俊　吴兴华　编著

中国人民大学出版社
·北京·

图书在版编目（CIP）数据

企业管理实务/熊巍俊，吴兴华编著. —北京：中国人民大学出版社，2017.8
21世纪高等开放教育系列教材
ISBN 978-7-300-24759-5

Ⅰ.①企… Ⅱ.①熊… ②吴… Ⅲ.①企业管理-教材 Ⅳ.①F272

中国版本图书馆CIP数据核字（2017）第193507号

21世纪高等开放教育系列教材
企业管理实务
熊巍俊　吴兴华　编著
Qiye Guanli Shiwu

出版发行	中国人民大学出版社		
社　　址	北京中关村大街31号	**邮政编码**	100080
电　　话	010－62511242（总编室）		010－62511770（质管部）
	010－82501766（邮购部）		010－62514148（门市部）
	010－62515195（发行公司）		010－62515275（盗版举报）
网　　址	http://www.crup.com.cn		
	http://www.ttrnet.com(人大教研网)		
经　　销	新华书店		
印　　刷	涿州市星河印刷有限公司		
规　　格	185 mm×260 mm　16开本	**版　　次**	2017年8月第1版
印　　张	15.5	**印　　次**	2017年8月第1次印刷
字　　数	358 000	**定　　价**	39.00元

前　言

在我们已不热衷于争论管理学是否为科学的今天，没有人再会对管理在企业中的功用持怀疑态度。企业的大量工作人员迫切感受到了掌握现代企业管理知识对于解决工作问题的重要性。

然而，管理学是一门非常活跃的学科，它的发展日新月异，既包含着丰富的历史沉淀，又不断推陈出新。企业管理学的内容宛若繁星满天，如何将内容浩繁的企业管理知识推介给一线员工和基层管理人员，委实不是一件容易办好的事情。本着务实求简的原则，本书定位为企业管理知识的入门书和普及读物，不求理论详解，但求平实可用。

我们坚信，企业管理学不应只从高层管理或巨型公司的角度来阐释，也应顾及基层管理者和一线员工的需求。因此，本书的撰写方式不同于以往的企业管理学教材。本书在精选现代企业管理理论精华的基础上，以“开篇案例”为引导，并采用“知识链接”和“管理周视”栏目生动地阐述企业管理的理论，将理论与实例融为一体，避免了大多数管理类教科书中仅有理论介绍的枯燥感，使读者在学习管理知识的同时开阔视野，了解最前沿的管理技能和知名企业的动态，从而增加学习兴趣。

本书结构严谨、形式活泼，理论性和实用性交融，内容精练、丰富，既是企业员工管理素质教育的理想教材，又是企业管理学初学者的优质读本，还可供各类管理人员培训和自学之用。

本书由熊巍俊、吴兴华编著。熊巍俊撰写第一章、第四章、第七章、第八章，吴兴华撰写第二章、第三章、第五章、第六章。熊巍俊对全书进行了统稿。

由于时间仓促，错误或瑕疵在所难免，恳请同行和广大读者批评指正。

编者

2017 年 7 月

目　　录

第一章　企业概述

美国的事业是企业。

——约翰·卡尔文·柯立芝（1872—1933，美国第 30 任总统）

学习目标

1. 掌握：企业的特征、企业的类型、公司的特征、公司的类型、公司法人治理结构的制衡关系。

2. 了解：公司与相关组织的区别、创立企业的基本程序。

开篇案例

本田的诞生

位居世界 500 强的本田汽车公司可谓举世闻名，虽然现在摩托车在本田汽车公司中只能屈居配角，然而该公司的创始人本田宗一郎先生却是靠摩托车起家的。

第二次世界大战结束后，日本物资匮乏，不少居民从黑市获取生活物资，可是黑市物品必须要到远处购买。本田宗一郎为方便妻子去较远的地方买黑市货，便找到一个被军队遗弃的旧引擎，把它装在自行车上让妻子用。当时，把引擎装在自行车上并不困难，可是他却找不到做油箱的材料，如果用一般铁皮，又怕生锈，后来他找来用亚铅板做的暖水壶做油箱，总算让妻子满意了。这辆“带引擎的自行车”后来成了本田摩托车史上的第一个产品。

装上引擎的自行车被人们认识后，很多人找上门来买。本田最初使用军队丢弃的旧引擎，后来连旧引擎也找不到了。本田是一个技术人员，他虽然懂得制造技术，但没有资金，又不敢向人借贷。通过朋友介绍，他认识了藤泽武夫（后来成为本田公司的副社长）。1948 年，两人合作成立“本田技研会社”，本田负责生产制造，藤泽负责资金与销售。刚开始时员工只有四五个人，不久增加到 10 个人，直到 50 人以上。

20 世纪 50 年代初，本田认为家庭工厂的设备过于落后，两次去德国及美国，一见到先进机械设备就购买。可是设备购齐了，工人的生产效率提高了，却经常出现停工待料的情况。更为严重的是当时适逢朝鲜战争，经济不景气，工资也发不出来，员工纷纷抗议。本田认识到依靠解雇或强压的武断行为是不会奏效的，只有获得工人们的理解，齐心协力才能共渡难关。因此，本田与藤泽两人一起向工人解释实际困难，请求谅解。最后，员工们都同意合作，愿意共同渡过难关。此事对本田是一个极大的触动，使得他对经营之道有了全面的认识。

本田认为赛车是把公司名字宣传到世界各地的最好方式，他下定决心要尽早取得赛车的第一名。他立即着手组织人员商量制造赛车的事宜，并把这件事作为拯救公司的大事来做。

设计的项目包括提高引擎的回转数和马力的配合。本田时常去请教大学教授，得知有些部件品类，日本制造的产品质量不过硬，比如赛车本身的轮辐、胎环及链条等。如果采用日本货，轮胎可能会飞出去，链条一定会断裂。

没有办法，本田只好到意大利去购买零件。一进海关，安检人员又百般刁难，好不容易才让他上飞机。零件一拿回来，他组织人员马上开始研究制造。因为这是在全日本首次开发该项产品，大家的心情颇为兴奋，连吃饭、睡觉都在工厂内。他们向协作厂求援，制造出了一些特殊的零件。他们最终制造出了一部比赛用的摩托车，却又找不到赛车选手来驾驶。一些世界上一流的摩托车赛车手根本不把本田车放在眼里，结果，第一次参加国际比赛，本田车很快就被淘汰出局。

然而本田并未失去信心，1961 年，本田第一次获得国际摩托车比赛的团体冠军。“本田”的名字响彻欧洲，因为本田赛车一口气囊括了前五名。那些英雄所到之处，人们都大声欢呼“本田、本田”。媒体还如此报道：“本田摩托车的优异成绩惊动了全世界，它像钟表般精密，完全是自行制造，没有一个零件是仿造的。”

不久，本田的外销订单蜂拥而至。世界将“摩托车”三个字与“本田”连在一起。1961 年本田的销售额是 2.8 亿美元，不到 5 年就增加到 6.1 亿美元。本田宗一郎成功了！

资料来源：清华大学经济管理学院工商管理案例研究组. MBA 工商管理 800 案例：创业之路，人本管理. 西安：世界图书出版西安有限公司，1998：307-310.

第一节 企业的概念、特征与类型

一、企业的概念与特征

（一）企业的概念

企业是个历史性概念，它是生产力发展到一定阶段的产物，随着商品生产的发展而发展。

通常认为，企业是从事生产、流通和服务等经济活动，为满足社会需要和获取利润，实行独立核算，进行自主经营、自负盈亏的基本经济单位。①

① 中国企业管理百科全书编委会. 中国企业管理百科全书. 北京：企业管理出版社，1984：1.

（二）企业的特征

与其他组织相比较，企业具有以下特征。

1. 企业具有营利性

企业的营利性是指企业为了达到一定的目的，组织人、财、物等各种生产要素，从事生产、流通、服务等业务或者活动，从而为社会提供产品或服务。这是企业的基本属性。人民法院不从事经营活动，不具有营利性，所以不是企业；一家理发店为顾客提供服务，具有营利性，所以是企业。我们常见的企业大多属于营利性企业，就是为了赚钱的企业。但经营企业并不一定都是为了赚钱，有的是为了执行国家的经济政策、产业政策。

知识链接 1－1

组织的营利性判断

须知“营利”与“盈利”是有不同含义的。“营利”就是“谋利”，以赚钱为目的，未必赚到钱，可能亏本，也可能盈余；“盈利”是指扣除成本，还赚到了钱。考虑到约定俗成的因素，“赢利”也借用了“盈利”的含义。

组织是否具有营利性，不是以其经济活动收支相抵有无剩余来论，而是看创建组织是否以盈余为目的和盈余可否向组织成员进行分配，如党政机关、社会团体，其经济活动成果也会有剩余的情形，但这类组织的设立不以营利为目的，有盈余也不能向组织成员分配，故认为这类组织的活动是非营利性的。经营企业，组织不仅是为了盈利，而且组织有了盈余可以向成员进行分配，因此认为企业组织的活动是营利性的。

2. 企业具有组织性

企业要采取一定的组织形式，将人、财、物等生产要素有机地结合起来，从而进行生产加工等活动。也就是说，企业是一个组织体。不管是公司还是个人独资企业，都有一定的组织形式，都是一个组织体。

管理周视 1－1

青铜是怎样炼成的

金属锡一直为自己的柔弱感到十分苦恼。它想使自己变得坚硬些。

它知道金刚石是很坚硬的，便想让金刚石吸收它入伙，可金刚石却冷冰冰地拒绝了它。

它知道生铁也很坚硬，便想加盟生铁，可同样也遭到了冰冷的拒绝。

金属锡碰了几次壁，心里越发烦闷。一天，它遇见了同样柔弱的紫铜。它向紫铜倾诉自己的苦恼：“唉，我们这样柔弱，有谁能帮助我们呢？”

紫铜说："锡兄弟，若你不嫌弃，就让我们一起合作吧！"

于是，金属锡便投进了紫铜的怀抱。

出人意料的是，它们都变得非常坚硬了。它们有了一个新的名字——青铜。

可见，合作可以创造奇迹，可以缔造强者。不过，金属锡和紫铜是通过什么样的合作炼成了青铜，只有它们自己最清楚。

资料来源：谈萧. 经理革命的法学解释. 北京：中国时代经济出版社，2005：41.

3. 企业具有稳定性

企业的经营活动相对固定在某个地点，具有长期性和连续性，不是流动的、临时的、时有时无的。我们周围常见的流动性的、临时性的经营者，比如街头卖水果的摊贩等，因其不具有稳定性，所以不能称为企业。

4. 企业具有独立性

企业以营利为目的，要对自己的投入产出进行经济上的计算，并能够做到自收自支，进行独立核算。那些虽然进行经济核算，但没有独立账号，不能自收自支的单位，不能独立承担法律责任的经济实体，如公司下属的分公司或分厂、企业内部的车间等，就不是企业。

二、企业的类型

为了更好地研究企业经营管理的规律，不断提高企业管理的现代化水平，可以将企业按照不同的标准进行分类。

（一）按财产组织形式划分

1. 独资企业

独资企业是指由单一投资主体出资兴办，并完全归出资人所有和控制的企业。它有国有独资企业、法人独资企业和个人业主企业三种形式。通常情况下，独资企业指的是个人业主企业。

个人业主企业也称自然人企业，是指由单独的自然人出资经营，由其单独占有、控制、经营并负责的企业类型。个人业主企业没有法律上的独立人格，不具有法人资格。这类企业由业主个人出资并管理，享受全部经营成果，同时承担全部经营责任甚至是无限连带责任。个人业主企业主要分布在农业、建筑业（主要是建筑手工业）、商业（主要是零售商业）以及其他服务行业领域。

个人业主企业的主要特点是：

（1）企业的资产来源于个人。业主个人集财产所有权、经营权于一身，产权可自由转让，业主可按照自己的方式来经营，经营方面的制约因素少、决策迅速、经营灵活、盈利归业主个人所得，业主也不必承担双重纳税，其企业的保密性最好。

（2）个人业主需要对企业的全部债务负无限责任。当企业的资产不足以清偿债务时，法律强制业主以个人的财产负责偿还。由于企业的规模有限，要扩大企业资本，完全依靠利润的再投资，所以这种企业的发展往往是有限的。同时企业的寿命一般不长，如果业主无意经营或遭遇意外，企业的寿命也就终止了，因此企业的雇员及债权人都要承担较大的风险。

2. 合伙企业

合伙企业是指由两个或两个以上的个人共同出资、联合经营的企业。在这类企业中，合伙人共同承担盈亏责任，分享利润。合伙企业大体有三种类型：第一种是所有合伙人共同出资、共同经营，他们既是所有者，又是经营者和劳动者；第二种是由部分合伙人出资承担盈亏责任，部分合伙人经营；第三种是以上两种类型中的任一种加上一些雇工。合伙企业一般适合那些资本需求量不大，经营规模不需要太大，管理不复杂，不需要设立管理机构的生产和经营企业。一些在经营上个人有决定作用的行业，如律师事务所、会计师事务所、诊疗所、广告社、经纪行等，常采取合伙经营的形式。

合伙企业的主要特点是：

（1）企业的资产来源于几个合伙的投资者。与个人业主企业相比，合伙投资的资金来源和信用能力有一定优势，增加了企业扩大和发展的可能性。同时，企业的经营决策由全体合伙人协商共同决定，从而提高了决策能力。合伙企业按合伙人分得的利润支付所得，没有双重纳税之虑，承担的税赋较低。

（2）合伙人对企业的债务共负连带无限清偿责任。所谓连带无限清偿责任，是指合伙人不论出资多少，对公司债权人以全部个人财产承担共同或单独清偿全部债务的责任。当企业资不抵债时，合伙人像个人业主一样，须承担无限责任；并且，当其他合伙人无力偿还他们应承担的那一部分亏损额时，有能力的合伙人有义务用自己的财产予以补足，直至清偿所有债务为止。合伙企业的稳定性也较差，每当合伙人退出或接纳新合伙人时，都需要重新谈判并建立一种新的合伙关系；合伙企业在管理上也易出现问题，企业的发展规模有所局限。

管理周视 1-2

分享1%的获利可能承担99%的赔偿责任

经济学诺贝尔奖获得者萨缪尔森形象地阐述了合伙人连带责任的真实含义：每一合伙人对整个合伙制企业所欠的债务具有无限的责任，一直到动用他的全部个人财产。假设他在合伙制企业中的份额是1%，如果企业经营失败了，他应该赔偿1%的亏损，而其他合伙人应赔偿99%。但是，如果其他人无力赔偿他们份额的任何部分，其后果如何？那时，1%份额的合伙人有责任赔偿全部份额，即使这意味着他必须卖掉他的珍本图书和家庭住宅。

资料来源：萨缪尔森，诺德豪斯．经济学（上册）．高鸿业，译．北京：商务印书馆，1979：147.

经济学上将业主制企业和合伙制企业统称为传统企业或古典企业。

3. 公司制企业

公司制企业是指依照法定条件和程序而设立的，具有法人资格，能独立对经营的财产享有民事权利、承担民事责任的企业。

根据股东对债务所负责任的不同，可将公司分为无限责任公司、有限责任公司和股份有限公司等形式，其中后两种形式是目前公司制企业的主要形式。无限责任公司是指全体股东就公司债务对公司的债权人承担连带无限责任。有限责任公司限制股东人数，公司的资产不分为等额股份，不发行股票。股份有限公司的股东有下限、无上限，资本总额平分为金额相等的股份，可以向社会公开发行股票，且可交易或转让。有限责任公司和股份有限公司是我国《公司法》指定可在我国设立的公司。

公司制企业的主要特点有：

（1）企业以其全部资产对公司债务承担有限责任，企业的组织结构相对规范严密，机构之间有严格分工和制约，因此管理效率高，发展的可能性大，企业的寿命比较长；同时筹资范围广，股份可以转让，从而可分散企业经营的风险。

（2）由于设立需要特定条件和程序，企业的组建难度大，政府限制多；同时财务的保密性不佳，并需要双重纳税等。

知识链接 1-2

三种经典企业形式的分布情况

个人企业是一种最简单、最原始、最古老的企业形式，即使是在高度发达的资本主义国家，个人企业在企业总数上仍占有绝对优势，其比例高达 70%～80%。在一些新兴工业化国家和地区，如新加坡、我国台湾地区和香港地区，个人企业的比例更是高达企业总数的 90%以上，但个人企业在世界各国、各地区经济总量中的比例不大，为 10%～15%。

合伙企业的数量在各国的企业总数中比例较少，为 5%～8%，在各国经济总量中的比例也很小。但它和个人企业一样，对大中型企业具有重要的拾遗补缺和平衡作用，特别是在高科技产业和服务行业中，仍有一定的生存空间。

在西方发达国家中，以股份有限公司为主要形式的大公司只占企业总数的 15%左右，但其营业额、利润额和雇用员工数却为 70%～80%。

以上企业财产构成的三种形式，在历史上是继起的，但不是取代，而是共存。时至今日，即使是在发达的市场经济国家，业主独资企业和合伙制企业仍然占企业总数中的大多数；但是，从市场份额、营业额等企业实力来看，公司制企业占有关键性地位。

资料来源：韩福荣．现代企业管理教程．北京：北京工业大学出版社，2004：10.

4．股份合作制企业

股份合作制企业是指依法发起设立的，企业资本以企业职工股份为主构成，职工股东共同出资、共同劳动、民主管理、共担风险，所有职工股东以其所持股份为限对企业承担责任，企业以全部资产承担责任的企业法人。它是以劳动合作为基础，吸收了一些股份制的做法，使劳动合作和资本合作有机结合，是我国合作经济的新发展，也是社会主义市场经济中国有和集体经济发展的一种新的组织形式。

合作制适用于我国城乡的小型工商企业及各种服务性企业。这些企业一般都以劳动出资型为主，本小利微，工资收入比较低。如果实行股份合作制，企业职工在工资收入以外还能按股本金获得红利。实践证明，合作制有利于调动企业职工的积极性，有利于增强企业活力、降低成本、提高经济效益。可以认为，合作制是我国城镇小型工商企业深化改革的目标模式之一，尤其是发展我国农村小型供销服务业和其他第三产业的好的模式，有着广泛的发展前途。

股份合作制企业的主要特点有：

（1）股份合作制企业是独立的企业法人。股份合作制企业必须符合法律规定的企业法人的必备条件，依法定程序设立，能够独立承担法律责任。

（2）股份合作制企业的股东主要是企业内部的职工，原则上不吸收其他人入股。企业职工入股实行自愿原则，不得强行要求职工入股，但可鼓励和采取优惠办法吸引职工投资入股。

（3）股份合作制企业依法设立董事会、监事会、经理等现代企业的管理机构，企业职工通过职工股东大会形式实行民主管理。股份合作制企业的职工股东大会既是企业的股东大会，又是企业的职工代表大会，是股份民主和劳动民主的适当结合，是企业职工参与企业民主管理最有效的形式。

（4）股份合作制体现了劳动合作和资本合作的有机结合。在股份合作制企业中，职工既是企业的劳动者，又是企业的出资者，这种企业在合作制的基础上吸收了股份制的做法，是促进生产力发展的公有制实现形式之一。

（5）股份合作制企业兼顾营利性和企业职工间的互助性。作为企业，它以盈利最大化为目的，但营利性不是其追求的唯一目标。企业职工间的互助性是推动这一新型经济组织形式发展的直接原因，企业在取得适当盈利的同时，始终将提高劳动者的业务素质、互助一定范围的利益群体、满足职工对物质和精神生活的更高层的需要作为又一重要目标。

（6）在劳动分配方式上，股份合作制企业实行按资分配和按劳分配相结合。股份合作制企业的职工既是股东又是劳动者，所以其取得收入的途径有两种：一是工资收入，实行按劳分配，多劳多得；二是资本分红，按其入股多少决定，从税后企业利润中取得，同股同酬。

（二）按生产资料所有制形式划分

1. 国有企业

国有企业是指企业经营管理的财产归国家或者代表国家行使管理职能的政府部门或机构所有的企业。国有企业过去称为全民所有制企业，即企业的生产资料归社会全体劳动人民所占有的企业。

现阶段，国有企业不仅采取国有独资所有制形式，还可以通过资本经营和资产重组，发展股份制企业，或联营或合资，向具有国际竞争力的大型企业集团方向发展。小型国有企业也可以通过多种形式改造为股份合作制等多种企业制度形式。

2. 集体所有制企业

集体所有制企业是指有组织的劳动者投资举办的社会化程度比较低的公有制企业，如农村中的乡镇企业（乡镇企业是典型的集体所有制企业）、城市中的街办企业等。

3. 私营企业

私营企业是指由自然人投资设立或由自然人控股，以雇佣劳动为基础的营利性经济组织。私营企业的组织形式灵活，可以分为私营业主企业、私营合伙企业和私营有限责任公司三种。

知识链接 1-3

私营企业与民营企业

民营不是一个所有制概念，它是从经营机制上说的，指的是以民为经营主体的经济；与民营相对应的概念是国营或官营。因此，只要不是国营或官办的经济，就属于民营或民营经济。就我国目前的情况而言，民营企业至少包括六类企业：(1) 个体工商户；(2) 个人、家庭或家族所有的企业；(3) 个人、家庭或家族所有的企业通过改制而形成的股份制企业；(4) 通过国有资产重组而形成的，既有国家投资，又有个人、家庭或家族投资的企业；(5) 合伙制企业；(6) 由公众集资而建立的企业。

由上述分类可以看出，第 (1) 类（个体工商户）和第 (4) 类（通过国有资产重组而形成的，既有国家投资，又有个人、家庭或家族投资的企业）不能划归到私营企业中。所以说，民营企业与私营企业是不能等同的，前者更加宽泛一些。同样，民营企业也不能简单地称为非公有制企业。上述第 (4) 类企业显然不包括在内，第 (6) 类企业（由公众集资而建立的企业）也不能定性为非公有制企业。

由此可见，民营企业是一个模糊的所有制概念，各种不同所有制的企业都包括在内。在民营经济中，既包括全部私有制经济，也包括除了国有国营以外的其他公有制经济，例如乡镇企业、合作社经济及社区所有制经济、社团所有制经济、基金会所有制经济等。

可以得出结论，私营企业和民营企业是两个不同的概念，私营是从产权上说的，民营是从经营机制上说的；前者受到相关法律保护，后者只是存在于学术理论上的一种说法。尽管日常谈论中常用民营这个词，但工商部门没有民营企业的统计分类，只是在科技部门有民营科技企业的统计而已。

4. 混合所有制企业

混合所有制企业是指具有两种或两种以上所有制经济成分的企业，如中外合资经营企业、中外合作经营企业、由多种经济成分构成的股份制企业等。

中外合资经营企业是由外国的企业、个人或其他经济组织与我国企业共同投资开办、共同管理、共担风险、共负盈亏的企业。它在法律上表现为股权式企业，即合资各方的各种投资或提供的合作条件必须以货币形式进行估价，按股本多少分配企业收益和承担责任。它必须是中国法人。

中外合作经营企业是由外国的企业、个人或其他经济组织与我国企业或其他经济组织共同投资或提供合作条件在中国境内共同举办，以合同形式规定双方权利和义务关系的企业。它可以具备中国法人资格，也可不具备。合作各方依照合同的约定进行收益或产品的分配，承担风险和亏损，并可依合同规定收回投资。

股份制企业是指通过股东投资对生产经营要素实行社会占有与联合使用，从事生产经营活动并按投资入股的份额，参与企业的管理和分配的一种企业组织形式。股份制企业的股东，可以是有权代表国家投资的政府部门或机构、企业法人，具有法人资格的事业单位和社会团体，也可以是自然人。可见，股份制企业是一种典型的混合所有制企业。

知识链接 1-4

公有制企业与非公有制企业

我们通常把国有企业和集体企业归为公有制企业（Public-Own Enterprise，POE），而把私营企业和混合所有制企业归为非公有制企业（Non-Public-Own Enterprise，NPOE）。

（三）按规模划分

按规模大小，企业可以分为大型、中型和小型企业。企业规模一般指企业的生产能力、机器设备数量或装机容量、固定资产原值和职工人数4个方面。划分企业规模的具体依据随着科学技术水平和生产社会化程度的不断提高以及行业不同而有所变化。一般以生产要素和产品产量集中程度为依据，按不同行业和部门采取不同标准来划分企业规模。对产品较单一的企业，以产品的生产能力为划分标准；对产品品种繁多，难以按生产能力划分的，则以固定资产原值为划分标准。我国按规模对企业划分的标准见表1-1。

表1-1 我国按规模对企业划分的标准

行业名称	指标名称	计量单位	大型	中型	小型	微型
农、林、牧、渔业	营业收入（Y）	万元	Y≥20 000	500≤Y<20 000	50≤Y<500	Y<50
工业	从业人员（X）	人	X≥1 000	300≤X<1 000	20≤X<300	X<20
	营业收入（Y）	万元	Y≥40 000	2 000≤Y<40 000	300≤Y<2 000	Y<300
建筑业	营业收入（Y）	万元	Y≥80 000	6 000≤Y<80 000	300≤Y<6 000	Y<300
	资产总额（Z）	万元	Z≥80 000	5 000≤Z<80 000	300≤Z<5 000	Z<300
批发业	从业人员（X）	人	X≥200	20≤X<200	5≤X<20	X<5
	营业收入（Y）	万元	Y≥40 000	5 000≤Y<40 000	1 000≤Y<5 000	Y<1 000
零售业	从业人员（X）	人	X≥300	50≤X<300	10≤X<50	X<10
	营业收入（Y）	万元	Y≥20 000	500≤Y<20 000	100≤Y<500	Y<100
交通运输业	从业人员（X）	人	X≥1 000	300≤X<1 000	20≤X<300	X<20
	营业收入（Y）	万元	Y≥30 000	3 000≤Y<30 000	200≤Y<3 000	Y<200

续前表

行业名称	指标名称	计量单位	大型	中型	小型	微型
仓储业	从业人员（X）	人	X≥200	100≤X<200	20≤X<100	X<20
	营业收入（Y）	万元	Y≥30 000	1 000≤Y<30 000	100≤Y<1 000	Y<100
邮政业	从业人员（X）	人	X≥1 000	300≤X<1 000	20≤X<300	X<20
	营业收入（Y）	万元	Y≥30 000	2 000≤Y<30 000	100≤Y<2 000	Y<100
住宿业	从业人员（X）	人	X≥300	100≤X<300	10≤X<100	X<10
	营业收入（Y）	万元	Y≥10 000	2 000≤Y<10 000	100≤Y<2 000	Y<100
餐饮业	从业人员（X）	人	X≥300	100≤X<300	10≤X<100	X<10
	营业收入（Y）	万元	Y≥10 000	2 000≤Y<10 000	100≤Y<2 000	Y<100
信息传输业	从业人员（X）	人	X≥2 000	100≤X<2 000	10≤X<100	X<10
	营业收入（Y）	万元	Y≥100 000	1 000≤Y<100 000	100≤Y<1 000	Y<100
软件和信息技术服务业，信息传输业	从业人员（X）	人	X≥300	100≤X<300	10≤X<100	X<10
	营业收入（Y）	万元	Y≥10 000	1 000≤Y<10 000	50≤Y<1 000	Y<50
房地产开发经营	营业收入（Y）	万元	Y≥200 000	1 000≤Y<200 000	100≤Y<1 000	Y<100
	资产总额（Z）	万元	Z≥10 000	5 000≤Z<10 000	2 000≤Z<5 000	Z<2 000
物业管理	从业人员（X）	人	X≥1 000	300≤X<1 000	100≤X<300	X<100
	营业收入（Y）	万元	Y≥5 000	1 000≤Y<5 000	500≤Y<1 000	Y<500
租赁和商务服务业	从业人员（X）	人	X≥300	100≤X<300	10≤X<100	X<10
	资产总额（Z）	万元	Z≥120 000	8 000≤Z<120 000	100≤Z<8 000	Z<100
其他未列明行业	从业人员（X）	人	X≥300	100≤X<300	10≤X<100	X<10

资料来源：根据国家工业和信息化部等《关于印发中小企业划型标准规定的通知》（工信部联企业〔2011〕300号）文件整理.

（四）企业的其他类型

企业除了上述常用分类方式外，也根据不同的需要进行其他分类（见表1-2）。

表1-2　企业类型的其他分类方式

序号	划分标准	企业类型	举要
1	生产要素的密集程度	劳动密集型企业	服装、鞋帽、五金、家电装配、工艺美术等
		资金密集型企业	钢铁、化工、汽车、电力等
		知识密集型企业	计算机、生物工程、光纤材料、精密仪器、宇航等
2	企业所属产业领域	工业企业、农业企业、运输企业、商业企业、金融企业、旅游及服务企业等	
3	企业实体数量的多少	单一企业、多元企业、经济联合体、企业集团	

第二节 公司制企业

公司作为商品经济条件下一种有效的企业组织形式，是商品经济发展的产物，它反映了社会化大生产的客观要求，是社会经济活动最主要的主体，是当今世界最普遍、最重要的企业形式。

一、公司的概念与特征

（一）公司的概念

“公司”一词源于15世纪出现的一种合资合约经营的康枚达组织，近代公司的典型代表是经皇家特许成立的特许贸易公司。在现代社会中，公司的生命是法律赋予的，它是一个法律概念。

现代科学意义上的公司是依法设立，由若干法人或自然人共同出资组成，独立从事生产经营和服务性活动的法人企业组织。

知识链接 1－5

不同国家的公司称谓

公司在不同国家，其称谓有所不同。在日本称为“会社”（株式会社就是股份有限公司），在英国称为 company（伙伴），在美国称为 corporation（法人）。我国的“公司”一词取自“公者，数人之财，司者，运转之意”（《大同·列词传》），意思是公司是多人共同运转，一起生活、学习、工作的地方。

（二）公司的特征

公司的一般特征有以下几点。

1. 公司具有营利性

获取利润是公司经营活动的出发点和归宿。营利性是所有企业的基本特性，公司作为企业的一种具体组织形式，同样具有营利性的基本特征。正是营利性这一特点，使企业（公司）和机关、事业单位区分开来，将公司法人（企业法人）同以社会公益为目的的公益法人区分开来。

2. 公司具有法人性

公司是具有法人资格的企业，是最典型的法人。公司的法人性，主要表现在公司具有独立于其成员的法律人格：（1）公司具有独立于其成员（股东）的财产；（2）公司是一个组织体，具有独立的组织机构；（3）公司独立承担民事责任；（4）公司是独立的民事主体。

公司具有独立的法律人格，从而能够成为一个法律上的实体，并与其成员的人格相互独立。这是公司最重要的特征，也正是由于这个特征，才使得作为公司成员的股东得以享受有限责任制度的优惠。

知识链接 1-6

法人不是"人"

法人不是一个真实的人，而是一个组织，是一个法律上拟制的"人"，是与真实的人（法律上称自然人或公民）相对应的概念。法律上为了便利一些组织从事民事活动，对符合条件的组织赋予一个人格，使其可以像一个真实的人一样进行活动。国家机关、社会团体、企业单位和事业单位等组织，具备法人四要件后都可以成为法人。

3. 公司具有社团性

公司是社团法人组织，它由若干股东组成；由股东出资设立企业法人组织，目的是为股东成员谋求利益。

需要说明的是，早期的公司法把公司的社团性视为公司的法定特征，因而不承认一人公司，但随着经济的发展和公司管理实践经验的积累，许多国家（包括我国）的公司法逐步突破了这一限制，承认一人公司的存在。

一人公司的存在并没有否定公司的社团性。因为：（1）一人公司只是在公司初创时期的暂时形式，随着公司的成长，绝大多数的现存公司仍然是多股东的公司；（2）一人股东随时可以转让股份或增资扩股，使一人公司变为多股东公司。

二、公司与相关组织的比较

弄清公司与相关组织的联系与区别，有助于深入理解公司的概念与特征。

（一）公司与企业

公司是企业，它只是企业的一种组织形式，但不是企业的唯一组织形式。按照企业主体法律人格的有无及企业成员财产责任的不同，企业组织形式可以分为独资企业、合伙企业和公司企业三种类型。独资企业和合伙企业是自然人从事工商业经营的一种组织形式，不具有独立的法律人格，都是非法人企业。公司具有法人资格，是法人企业。

企业是否具有法人资格，关键要看企业在设立时是否符合法律规定的条件。法人的基本特征和实质要件是具有独立的财产、独立的组织机构、独立承担民事责任，进而具有独立的法律人格。符合法人设立条件的企业，经核准登记即可取得法人资格。

由此可见，公司是法人企业，并非所有企业都是公司，因为不是所有企业都具备法人条件。企业概念大于公司概念，企业组织形式早于公司组织形式。

作为法人企业的公司不同于作为自然人企业的独资企业和合伙企业，它们在法律人格和财产责任上有所区别（见表1-3）。

表 1-3 独资企业、合伙企业与公司的区别

对比项	独资企业	合伙企业	公司
设立主体	自然人	自然人	自然人、法人
财产关系	财产归出资者个人所有	财产归全体合伙人共有	财产归公司所有
经营管理主体	业主	全体合伙人	法人治理结构
投资人责任	业主对企业债务负无限责任	合伙人对合伙企业债务负无限连带责任	公司以其全部财产对公司债务承担责任；股东以其出资额为限对公司承担责任
法律地位	非法人企业	非法人企业	法人企业

（二）公司与法人

公司是民事活动的参加者和重要的民事主体，是具有民事权利能力和民事行为能力并依法独立享有民事权利和承担民事义务的法人。法人之间的法律地位是平等的，不存在大法人内部的小法人关系，也不存在法人内部的上下两级法人关系。因此，公司的民事权利能力在法律上是平等的，即不分公司的经营业务内容、经营活动范围、经营规模大小，都具有平等的权利能力。公司法人和一般法人在法律上的平等性方面是无差别的。

公司与法人的区别在于，法人有企业法人与非企业法人之分，公司是企业法人，只是法人的一种形式。国家机关、事业单位、社团单位等社会组织，也都是法人，由于不具备企业的条件，故属于非企业法人。并非所有法人都是公司，因为并非所有法人都具备企业的条件。法人的概念大于公司的概念，法人制度早于公司制度。

（三）公司与企业集团

企业集团是指两个以上的企业法人通过相互投资参股和长期优惠性合同而结成的联合经济组织。

建立企业集团的条件有：（1）必须有一个实力较强、具有投资中心功能的集团核心。（2）必须有多层次的组织结构。除核心企业外，必须有一定数量的紧密型企业，还可以有半紧密型和松散型企业。（3）企业集团的核心企业与其他成员之间要通过资产和生产经营的纽带组成一个有机的整体。核心企业与紧密型企业之间应建立资产经营一体化或资产控股关系。核心企业、紧密型企业与半紧密型企业之间应有资产的联结纽带。（4）企业集团的核心企业和其他成员企业各自都具有法人资格。

企业集团与公司既有联系，又有区别。它们都是社会生产或服务的经济组织，都是经济联合体，都有多个投资主体，都以取得最佳经济效益和社会效益为目的，都是社会分工与协作的产物，公司是企业集团发展的基础。它们的区别表现在：（1）公司是一个企业法人，但其内部各组成部分不能单独存在，不是法人。而企业集团整体不是法人，企业集团内部成员都是各自独立的法人。（2）公司内部成员不仅生产技术联系紧密，而且资产和经营也密不可分。而企业集团内部成员是通过控股、参股或仅是生产技术等因素联系在一起的，成员的资产、经营是各自独立的，成员的经营活动不完全受集团经营计划的调控。（3）公司先于企业集团而存在，公司是企业集团成员之一。按公司制组建的公司集团通常

由一个集团公司（母公司）和若干个成员公司（子公司）组成，母公司是法人，子公司同样具有法人资格，依法独立承担民事责任；母公司和子公司也可以设立各自的分公司，分公司不具有法人资格，其民事责任由公司承担。

管理周视 1－3

日本NEC公司的产权制度

NEC公司是日本信息产业中以生产经营半导体器件、计算机、通信设备为主的跨国企业集团，它以日本电气株式会社为核心，通过控股、参股，形成了一个由200多家企业组成的大型企业集团。NEC公司内部的产权关系是根据日本商法的规定形成的，其基本原则是：由母公司所持的股率大于50％的公司称为子公司，由母公司所持的股率为20％～50％的公司称为关联公司，子公司和关联公司统称为关系公司；母公司拥有子公司、关联公司和其他参股公司的股份总额不能超过母公司本身的注册资本额；公司发行股本的实际金额必须大于注册资本额的25％；子公司的经营范围不能超出母公司的经营范围；禁止子公司持有母公司的股份；关联公司可以持有母公司的股份，但不能相应拥有母公司股东大会的表决权；母公司之间的交易活动必须公开。

在上述基本原则下，NEC公司对关系公司制定了不完全等同于日本商法规定的标准，即NEC公司占有其34％以上的股份时，NEC公司将向该公司派驻高层经营管理人员，该公司承担NEC公司的部分生产经营业务。根据这种标准，NEC公司的核心企业成员有三种类型：全资分公司，母公司持有其100％股份的全资子公司，其生产经营活动是母公司的生产经营的一个组成部分；事业分公司，母公司持股率为50％～100％的子公司，这些公司有自己独立的业务，但所承担的母公司的经营业务占其中的比例较大；独立公司，即母公司持股率为34％～50％的关联公司，这些公司有自己的独立业务，其销售的产品与母公司相似且承担母公司的部分经营业务，它们也可能成为母公司的竞争对手，母公司尊重其在经营管理方面的独立性，并派部分高层管理人员参与其经营管理。

资料来源：袁声莉．现代企业管理．武汉：华中科技大学出版社，2002：23-24.

三、公司的类型

（一）按法律形式划分

1. 无限责任公司

无限责任公司是指由两个或两个以上的股东所组成，股东对公司的债务承担连带无限清偿责任的公司。

无限责任公司有以下特点：

（1）公司的股东对公司的债务负无限清偿责任。无限责任是相对有限责任而言的一个法律概念，有限责任是指股东的责任仅限于其认购股份时承担的全部股金；无限责任则相反，股东要以自己的全部动产与不动产对公司所欠的债务负责，即当公司资金不足以清偿公司债务时，股东要以自己的个人财产来抵债。

（2）无限责任公司的全体股东对公司债务负有连带责任。连带责任是指数人共对同一债务负责，而且每人承担偿付他们共同承担的全部债务责任，即在公司资金不足以清偿债务时，公司债权人可以对公司的全部股东、部分股东或一位股东请求偿还全部债务，而不管该股东出资多少。因此，无论哪个股东皆有清偿全部债务的责任。

（3）无限责任公司股东直接参加管理公司事务，公司所有权和行政管理权融为一体。这是由于公司经营的好坏和成败与公司股东的利益休戚相关所决定的。

（4）无限责任公司股本可以任意增加或减少，无须得到当地政府的批准。

（5）无限责任公司无须公开其任何会计报表，包括董事会和审计员的报告。

目前，在西方国家还存在无限责任公司，但数量不多。此类公司一般不利于保护投资者的利益，这主要是因为股东所承担的风险太大所致。负债经营公司一旦破产，往往会引起股东倾家荡产，甚至家破人亡，不利于社会的稳定，也不利于经济生活的繁荣。

2. 有限责任公司

有限责任公司是指由50个以下股东共同出资，每位股东以其认缴的出资额为限对公司承担有限责任，公司以其全部资产为限对其债务承担责任的企业法人。

有限责任公司具有以下特点：

（1）股东人数有限。许多国家的公司法对有限责任公司的股东人数都有最高的数量规定，如日本、英国、法国等国规定股东的人数必须为2～50人。我国公司法规定股东人数为50人以下。国家授权投资的机构或政府部门可以单独投资设立国有独资有限责任公司，外国投资者也可以单独投资设立有限责任公司。

（2）不公开发行股票。有限责任公司不对外公开发行股票，股东的出资额由股东协商确定，股东之间并不要求等额，可以有多有少。股东交付股本金后，公司出具股权证书，作为股东在公司中所拥有的权益凭证，这种凭证不同于股票，不能自由流通，但经其他股东同意可以转让，并要优先转让给公司原有股东。

（3）股东承担有限责任。股东只以其出资额为限对公司债务承担有限责任，不直接对债权人负责，即把股东投入公司的财产与其个人的其他财产脱钩，这就是所谓“有限责任”的含义。与无限责任股东相比，有限责任股东所承担的风险大为降低。

（4）组织机构设置灵活、简便。由于股东人数较少，可以不设立股东大会，股东也可以作为公司雇员参加经营管理，从而使管理机构灵便、精干。

有限责任公司的优点是：组建相对比较容易；公司不必公开账目，尤其是公司的资产负债表一般不予公开；股东人数较少，股东间比较熟悉，容易沟通协调，管理相对简单。其缺点是：一方面，由于不能公开发行股票，筹集资金的范围和规模一般都较小，难以适应大规模生产经营活动的需要；另一方面，因股东转让股权须经其他股东同意，故股权转让比较困难。

管理周视 1-4

百万无限责任从何而来

萧山明众物资公司（以下简称明众公司）是一家经营化纤产品的有限责任公司，有两个股东，沈水中的股份占到公司的 97%。后来因产品质量出现问题，导致公司无法继续经营而倒闭。

公司倒闭后，有一天，沈水中突然接到法院的一张传票，告他的是中国银行萧山支行，该行要求明众公司偿还 97 万元的贷款，股东沈水中要承担无限连带责任。

沈水中觉得很意外！明众公司是有限责任公司，既然公司已经倒闭，而且自己的 58 万元投资款都已经赔光，责任也就应该完结。现在，为什么银行还要自己承担无限连带责任，偿还银行的 97 万元贷款呢？沈水中说："肯定是搞错了！不可能我是无限的责任。我有国家工商部门颁发的营业执照，就是有限责任公司。"

原来，当初明众公司的注册资金为 60 万元，在萧山审计事务所给明众公司出具的验资证明上，写明沈水中出资 58 万元。但是，银行在到萧山工商局调查明众公司的档案时发现，明众公司成立时，用于验资的是沈水中和另一个股东的两本个人存单。

银行方面认为，出资人沈水中的钱不是在企业账户上，也不是结算账户，而是在他个人账户上，有可能就是注册资金不到位。注册资金不到位，有限责任公司的资格就不成立，沈水中应该承担无限责任偿还 97 万元欠款。

对于银行的说法，沈水中感觉很冤枉，他说自己当初已经足额出资了。虽然沈水中感到很委屈，但是毕竟不能证明当初他的注册资金到位。不久，萧山区法院做出一审判决：萧山明众物资有限公司返还中国银行杭州市萧山区支行借款 97 万元，沈水中对付款义务负连带责任。这也就意味着股东对公司的债务承担无限连带责任。

萧山区法院法官认为，虽然明众公司有一份验资报告，但是来源于沈水中提交的两份个人存单，而个人存单不能用于验资。所以法庭认定两股东资金未到位，成立的公司不具备法人资格，也就是通常所说的不受有限责任保护。

应该说，有限责任公司是一种非常成熟的公司形式，它可以最大限度地保护开办企业股东的利益，让股东在生意失败以后有东山再起的机会。但是，由于一些公司的不规范注册行为，给企业经营埋下了隐患，这很值得满怀梦想的年轻"创业家"们关注、警醒。

资料来源：迟忠波．有限公司的无限麻烦．中外管理，2009（2）．有删改．

3. 股份有限公司

股份有限公司是指注册资本由等额股份构成并通过发行股票（或股期权证）筹集资本，股东以其所认购股份为限对公司承担有限责任，公司以其全部资产对公司债务承担责任的企业法人。

股份有限公司具有以下特点：

（1）股东发起人人数有限。如法国和日本等国法律规定公司人数最少为 7 人。我国法律规定为 2～200 人，其中有半数以上的发起人在中国境内有住所。

（2）公司资本由等额股份构成，并公开向社会发行股票募集资金。股东可以通过买卖股票随时转让股份，但不能要求退股，出资多的股东占有股票的数量多，而不能单独增大每股的金额。

（3）股东只负有限责任。股东只以其所认购的股份为限对公司债务承担责任，一旦公司破产或解散进行清算时，债权人只能对公司提出清偿要求，而无权直接向股东起诉。

（4）公司必须向社会公开披露财务状况。为了保护投资者的利益，各国公司法都规定股份公司必须在每个财务年度按时公布年度报告，其中包括董事会的年度报告、资产负债表和公司利润表等。

（5）公司的所有权与经营权分离。公司的最高权力机构是股东大会，由股东大会委托董事会负责处理公司重大经营管理事宜。董事会聘任总经理，负责公司的日常经营。此外，公司往往还设立监事会，对董事会和经理的工作情况进行监督。

股份有限公司的优点：（1）资金来源广泛。股份有限公司对股东身份及认购份额没有任何限制，因此可以面向社会发行股票，吸收各种大小资金，汇集成巨额资本，具有大规模的筹资能力，能迅速扩展企业规模，增强企业在市场上的竞争力。（2）股票可以流通，转让方便，提高了资本的流动性。当股东认为公司经营不善时，会在证券市场上抛售股票，把资金转而投向其他公司，即所谓的“用脚投票”。这能对公司经理人员形成强大的压力，鞭策其努力提高企业的经济效益。（3）健全的管理制度能够在公司的所有者、经营者和劳动者之间建立起互相激励、互相制衡的机制。

股份有限公司的缺点：（1）不易组建。股份有限公司设立程序复杂，要求较高，社会关系复杂，所以不容易组建。（2）小股东的权益容易受到损害。由于股权高度分散，易使少数大股东操纵公司经营管理大权，造成小股东权益受损。（3）股票交易市场容易成为投机场所。股东购买股票，主要是为取得股利和从股票升值中取利，缺少对企业长远发展的关心，从而助长部分人的侥幸心理，买空卖空，使股票交易市场成为投机场所。（4）公司营业情况和财务状况向社会公开，保密性不强。

尽管如此，股份有限公司仍然是现代市场经济中最适合大中型企业的组织形式。在市场经济国家，大中型企业通常都采取股份有限公司形式。这些公司在企业总数中的比例并不大，但它们的营业额、利润和使用劳动力都占有很大比例，从而在国民经济中占据主导地位。

4. 两合公司

两合公司是指由少数有限责任股东和少数无限责任股东共同组成的公司企业。两合公司是在无限公司的基础上发展而来的，由一些拥有资金只想投资获利而不愿冒较大风险的投资者和一些不怕承担风险、敢于负无限连带责任的投资者结合起来。

两合公司的特点有：

（1）股东由有限责任股东和无限责任股东组成。两合公司的有限责任股东和无限责任股东各不得少于 1 人，其中，无限责任股东对公司债务负无限连带清偿责任，有限责任股东一般仅以其出资额为限对公司债务负有限清偿责任。

（2）无限责任股东负责公司的主要业务。在两合公司里，由于无限责任股东承担较大风险，负有连带无限责任，因此在公司经营管理决策中占主导地位，一般都享有直接经营公司的权力；有限责任股东通常不参与公司的经营管理工作，也不对外代表公司，但在会计年度结束时有权审查公司的经营业绩。

（3）两种股东共同决定公司重大事项。两合公司的重大事项必须经全体两种股东的同意，但有限责任股东出让其股权，经全体无限责任股东同意即可，而不必征得其他有限责任股东的同意。

（4）兼有无限责任公司信誉好和有限责任公司易筹资的特点。与无限责任公司相比，两合公司易于吸收投资，但其稳定性不如无限责任公司，内部管理也较无限责任公司复杂；与有限责任公司相比，两合公司信用程度高，经营的积极性和责任感也高。

两合公司的形式除了普通的两合公司外，还有一种特殊的股份两合公司。普通的两合公司兼有无限责任公司和有限责任公司的特点，而股份两合公司则兼有无限责任公司和股份有限公司的特点。股份两合公司与一般两合公司的不同之处在于：第一，有限责任股东以认购股份即购买公司股票的形式进行出资，从而使得其在对外吸收社会投资上比一般两合公司更容易；第二，有限责任股东得到超过半数的无限责任股东的许可，就可以将其全部或部分股份转让给他人而不必经全体无限责任股东同意。

知识链接 1-7

我国法定的公司形式

在公司的四种法律形式中，我国《公司法》规定的公司形式只有两种：有限责任公司（包括一人有限责任公司和国有独资公司）和股份有限责任公司。

（二）按国籍划分

公司按国籍划分，可分为本国公司和外国公司。

本国公司是指依据本国法律、在本国批准设立的公司。因此在我国，凡依我国的法律、法规设立的公司即为我国的本国公司，它包括中外合资公司、中外合作经营公司和外商独资公司。

外国公司是指依外国法律设立、登记的公司。各国一般都允许外国公司在本国开展业务活动，享有与本国公司相同的权利能力和行为能力，但对其业务范围往往有所限制，如某些关系国计民生的重大或特殊行业，一般禁止或限制外国公司经营。

知识链接 1-8

公司国籍的确认

对于公司国籍的认定有多种学说和理论，有的以公司的设立许可地的国籍为公司国籍，有的以公司多数股东或出资占多数的股东的国籍为公司国籍，有的以公司住所所在地的国籍为公司国籍。但大多数的国家采用以公司注册或登记所在地的国籍为公司国籍，在我国也是如此。

四、公司治理

公司企业在市场经济的发展过程中，形成了一套完整、科学的治理结构，以解决公司企业所面临的如何处理好所有者、经营者、生产者三者之间的关系问题。

管理周视 1-5

怎样把裤子改得合适

美国IBM公司创办人托马斯·J. 沃森曾经讲过一个故事：有个小男孩有生以来第一次得到了一条十分中意的长裤，但不合身，长了一些。为了第二天能穿着它去上学，他先是请奶奶帮助他把裤子改短一些。可是奶奶说手头的家务活太多了，一时腾不出手来帮他改。不得已，他只好接着去求助妈妈，但妈妈告诉他说，今晚要去玩牌，叫他等一天。于是，他又想到了姐姐，姐姐却说马上该去赴约会了。无奈，这个小男孩只好怀着极其失望的心情去睡觉了。后来，当小男孩睡熟的时候，奶奶干完了家务活，想起了小男孩的请求，就给他把裤子剪短了些。不久，妈妈玩牌回来，也想起了儿子的要求，把裤子找来又给改短了些。再往后，姐姐赴约回来，想起弟弟当时那副可怜的样子，赶忙又给剪短了些。第二天早起，这个小男孩看到了什么就可想而知了。可见，当有两个或两个以上的人从事同一件事情时，不可以没有一种管理功能对其进行协调。

资料来源：李亚梅. 你有多大潜能就有多大舞台：人才环境造势论. 北京：中国经济出版社，2007：4.

(一) 公司治理与公司治理结构

1. 公司治理的含义

公司治理是一个多角度、多层次的概念，从公司治理这一问题的产生与发展来看，可以从狭义和广义两方面去理解。

狭义的公司治理是指所有者，主要是股东对经营者的一种监督与制衡机制。即通过一种制度安排，来合理地配置所有者与经营者之间的权利与责任关系。公司治理的目标是保证股东利益的最大化，防止经营者对所有者利益的背离。其主要特点是通过股东大会、董事会、监事会及管理层所构成的公司治理结构的内部治理。

广义的公司治理则不局限于股东对经营者的制衡，而是涉及广泛的利害相关者，包括股东、债权人、供应商、雇员、政府和社区等与公司有利害关系的集团。公司治理通过一套包括正式的或非正式的、内部的或外部的制度或者机制来协调公司与所有利害相关者之间的利益关系，以保证公司决策的科学化，从而最终维护公司各方面的利益。公司已不仅仅是股东的公司，而是一个利益共同体；公司的治理机制也不仅限于以治理结构为基础的内部治理，而是利益相关者通过一系列的内部、外部机制来实施共同治理；治理的目标不仅是股东利益的最大化，而且要保证公司决策的科学性，从而保证公司各方面的利益相关者的利益最大化。

我们这里讨论的是狭义的公司治理。

知识链接 1-9

公司治理问题的由来

公司治理（Corporate Governance）又译为公司管治、企业法人治理结构或公司督导机制，在我国台湾地区称为公司统制，香港地区则译为公司管制。公司治理的概念最早出现于经济学文献中的时间是在 20 世纪 80 年代初期。英国经济学家 Bob Tricker 在 1984 年出版的《公司治理》一书中，首先论述了现代公司治理的重要性。

20 世纪 80 年代以前，公司治理问题并没有受到人们的注意和重视，其原因在于第二次世界大战之后的 30 多年间，公司总体上来说运作得非常好。对公司治理问题的重视与广泛研究是在 20 世纪 80 年代以后才开始的，并形成了一个公司治理运动的浪潮。1997 年亚洲金融危机爆发，促使人们重新认识现行的公司治理模式，引起世界范围内对公司治理问题的关注。

1998 年 4 月 27 日至 28 日，OECD（Organization of Economic Cooperation and Development，经济合作与发展组织，简称经合组织）召开部长级会议，呼吁 OECD 与各国政府、有关的国际组织及私人部门共同制定一套公司治理的标准和指导方针。

OECD 成立了公司治理专门筹划小组，于 1999 年 5 月出台了《OECD 公司治理原则》，2004 年出了修改版。《公司治理结构原则》包括公司治理结构的五个方面：(1) 股东权利；(2) 对股东的平等待遇；(3) 利害相关者在公司治理结构中的作用；(4) 信息披露和透明度；(5) 董事会的责任。

资料来源：董伍伦，李强．现代公司管理．2 版．北京：经济科学出版社，2006：117，119.

2. 公司治理结构的含义与特征

公司治理结构是指公司作为一个独立的法人实体，为保证正常运转，其自身所具有的一整套组织管理体系。这套组织管理体系是由股东大会、董事会、监事会和经理层四者组成的一种组织结构。这四者在公司中具有不同的地位和作用。公司治理结构是公司制的核心，它体现了股权、决策权、执行权和监督权在责权利关系明确划分的基础上的相互制衡关系。公司治理结构明确规定了公司各个参与者的责任和权利，规定公司决策所必须遵循的规则和程序，同时提供了设置公司目标及实现目标的组织框架。良好的公司治理结构能够提供有效的激励和约束机制，促使公司参与者协调一致地去实现公司的目标，激励企业有效地利用其所拥有的资源。

公司治理结构最明显的特征是：所有者、经营者、生产者之间，通过公司的权力机构、决策和管理机构、监督机构，形成各自独立、权责分明、相互制约的关系。这些关系以法律和公司章程加以确立和保证。公司治理结构既可以保障所有者的权益，又赋予经营者以充分的经营自主权，同时能够调动生产者的积极性，做到所有者放心、经营者专心、生产者用心。

管理周视 1-6

中国企业千禧年的“经理革命”

2000年在中国大地上曾发生了一场“经理革命”：国内最大的燃具企业“华帝”7位创始人隐退，大学文化的原企业营销部经理姚吉庆出任总经理；乡企龙头老大科龙总裁由原容奇工业公司的负责人徐铁峰出任，王国端担任董事长；惠州的著名私企“侨兴”也聘请职业经理人出任总经理，老板吴瑞林退居幕后；“长虹”“方太”、杭州万向集团等也换帅……但时至今日已物是人非，姚吉庆改任华帝炊具有限公司总经理，屈云波出走，“长虹”倪润峰再掌帅印，“方太”重新归位家族制……

考察中国特色的董事会，我们惊讶地发现，中国绝大部分民营企业董事会形同虚设，即使在被称为公司治理结构改革得较成功的上市公司里，也有50%以上企业的董事长和总经理由一人兼任。而在董事会与经理层分立的企业里，董事会与经理人的矛盾冲突却愈演愈烈，经过近10年的公司制改革，几经沉浮，从终点又回到起点，离梦寐以求的“经营权与所有权两权分立”的目标似乎已越来越远！

中国大多数民营企业里，创业者任董事长，儿子是总经理，家族成员是董事，其实仍是一种家族管理的模式。这些企业设立董事会实际上只是因为公司法的要求，并未真正理解现代企业制度的核心意义。这种模式中，总经理一部分由外人担任，大部分仍由创业者兼任。从现实情况来看，前者在中国失败的案例不胜枚举，其原因有两个：一是总经理打工思想的存在，好一点的选择离开原企业自谋发展，如吴士宏公开承认自己不是个成功的职业经理人，总是摆不正自己的打工心态，想自己做老板。2002年年初，原创维集团中国区销售总经理陆强华将高路华总体租赁，也实现了“从职业经理人到老板”的梦想；更有甚者则利用原企业的资源为自己谋划，或者干脆架空董事会，通过种种手段改朝换代，形成内部人控制，演绎出一轮又一轮的“黄河变局”。二是董事会与经理层在经营理念、个人禀赋、经营目标等方面有严重分歧，董事会与经理层互为牵绊，最终往往是经理不得不挂冠而去。

资料来源：赵代波，周云成．董事会与经理层——资本和权力的博弈．商界，2002-04-27.

（二）公司治理结构的表现形式

公司制企业一般根据权力机构、监督机构、经营机构相互分离、相互制衡、权责明确的原则，形成由股东（大）会、董事会、监事会和经理层四个利益主体组成的公司治理结构（见图1-1）。

1. 股东（大）会是公司的最高权力机构

公司是由股东投资形成的，股东是公司权力的最终来源；有限责任公司成立股东会，股份有限公司成立股东大会，均由全体股东组成。因此，股东（大）会是公司的最高权力机构，公司其他机构行使的职权直接或间接来自或派生于股东（大）会。股东（大）会代表股东的意志和利益，主要就公司经济活动与股东利益相关的重大事项进行最高决策。

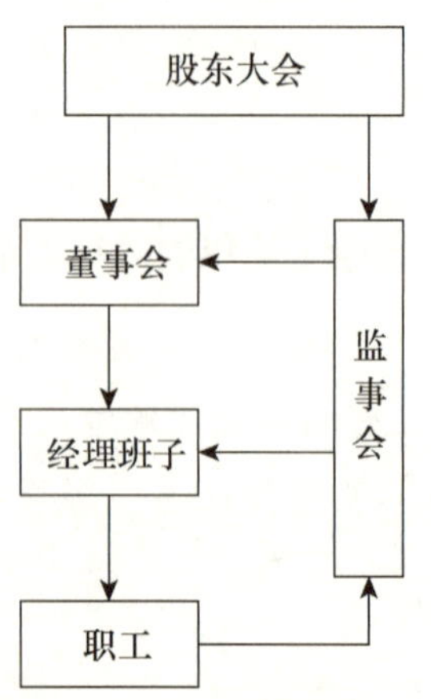

图 1-1 公司治理结构图

股东（大）会的职权可以概括为四个方面：（1）人事权。公司的董事和监事由股东（大）会选举和更换，并且决定其报酬。（2）重大事项决策权。如批准和修改公司章程，批准公司的财务预决算方案，决定公司的经营方针和投资计划等。（3）收益分配权。股东（大）会批准公司的利润分配方案和亏损弥补方案，以实现股东按投资比例取得收益的权利。（4）股东财产处置权。如公司增加或减少注册资本，公司的合并、分立、解散或破产清算等涉及股东财产的重大变动，须由股东（大）会作出决议。

股东（大）会是资产所有者的代表，以维护股东权益为宗旨，保持着对公司的最终控制权。它从资产关系上对公司的董事会形成必要的制约。同时，股东（大）会的权力仅限于此，无权干预公司的经营活动。

2. 董事会是公司的最高决策和管理机构

虽然股东（大）会是公司的最高权力机关，但它本身只是一个非常设性的会议组织，在开会时才能发挥作用。一个拥有众多股东的公司，不可能让所有的股东经常聚会来管理公司，因此，必须有一个小型的代表机构，替代股东们管理公司，保护和发展股东投资的价值，这就是董事会。董事会是由股东（大）会选出的、代表全体股东利益和公司业务经营决策的常设权力机构，是公司的法定代表。

按照我国《公司法》的规定，有限责任公司的董事会由 3 至 13 人组成，其中国有独资公司的董事会由 3 至 9 人组成。股份有限公司的董事会由 5 至 19 人组成。董事人选通常由股东推荐，经股东（大）会选举产生。我国《公司法》特别规定了“两个以上的国有企业或者其他两个以上国有投资主体投资设立的有限责任公司，其董事会成员中应当有公司职工的代表”，这些职工代表“由公司职工民主选举产生”。董事会设董事长一人，副董事长若干人。董事长一般为公司的法定代表人。依照《公司法》的规定，不同类型的公司的董事长、副董事长产生的办法不尽一致，如国有独资公司的董事长、副董事长由国家授权投资的机构或者国家授权的部门从董事会成员中指定；有限责任公司的董事长、副董事长的产生办法由公司章程规定；股份有限公司的董事长、副董事长由超过半数的董事选举产生。

董事会对股东（大）会负责，执行股东（大）会的决议。董事会的主要职权是对公司的经营作出决策，包括：决定公司的经营计划和投资方案；决定公司内部管理机构的设置和基本管理制度；制定公司财务预决算方案、利润分配和亏损弥补方案、公司增减资本和发行公司债券的方案等。在人事权上，董事会负责任免公司经理、副经理、财务负责人，并决定其报酬。董事会实行集体决策，采取每人一票（在双方票数相等的情况下，有的国家规定董事长可以投两票和简单多数通过）。我国《公司法》规定，董事会的决议须由全体董事过半数通过，并且每个董事会成员对其投票要签字并且承担责任。董事会的决议违反法律、行政法规或者公司章程，致使公司遭受严重损失的，参与决策的董事对公司负赔偿责任。但经证明在表决时曾表明异议并记载于会议记录的，该董事可以免除责任。这就对董事的决策能力和决策水平提出要求，并且在实践上检验。

3. 经理层是公司的执行机构

由公司经理为代表组成的执行机构，受董事会委托，具体负责公司经营管理活动，是公司业务活动的最高指挥中心。

公司总经理负责公司的日常经营管理，主持公司的生产经营管理工作。公司总经理由董事会聘任或者解聘，对董事会负责。公司总经理的职责是：组织实施董事会的决议；组织实施公司年度经营计划和投资方案；拟定公司内部的机构设置方案和管理制度及规章等。在人事权上，总经理提请董事会聘任或解聘公司副总经理和财务负责人，直接聘任或解聘公司其他负责管理人员。总经理是董事会决议的执行人，也是公司日常经营管理的负责人，采取一元化领导，以效率为准则。公司总经理可以从外部聘任，也可以经公司董事会决定由董事会成员兼任。

知识链接 1-10

董事长、总经理与CEO

CEO（Chief Executive Officer）即首席执行官的英文缩写，通常是董事会中的高级管理者。CEO与传统的董事长、总经理是不同的职位。董事长是公司董事会的领导，一般不管理公司的具体业务，也不进行个人决策；CEO是董事会任命的公司的经营执行领导，是作为董事会成员出现的；而总经理不一定是董事会成员。

在我国，CEO这个概念最早出现在一些IT企业中，后来又在一些上市公司中出现。大多数公司规定董事长是企业的法定代表人，并在董事会闭会期间代行董事会部分职权，这就决定了董事长必然要介入公司经营的执行活动中。有资料披露：国内上市公司中有20.9%的董事长兼总经理，这就是典型的中国CEO，这类公司通常实行决策权和执行权的高度统一；有34.3%的国内上市公司董事长不兼任总经理，而且不是每天都要到公司上班，实行的是公司决策权和执行权相对分离的管理模式。此外，有44.8%的上市公司的董事长不兼任总经理但每天到公司上班。在这种情况下，董事长和总经理都具有CEO的职能，只是在权力运作中董事长要强一些，而总经理要弱一些。

鉴于CEO的权力过大，许多跨国公司纷纷撤销CEO。有的由董事长兼任CEO，但这也存在着难以克服的问题，有些公司的董事长并不具备实际股东的背景，而许多企业CEO的收入的60%来自股票期权。在这种情况下，一旦这个企业在短时期内难以发展壮大，CEO为了保住自己的利益，就会弄虚作假。鉴于此，国内企业设不设CEO、需要什么样的CEO值得深思。

资料来源：王晓辉．现代企业管理应用与案例．北京：北京工业大学出版社，2006：196-197.

4．监事会是公司的监督机构

监事会成员一般不得少于3人，具体数量可由公司章程规定。监事会由股东代表和一定比例的职工代表组成，职工代表由工会或职工民主选举产生（我国和世界上许多国家的《公司法》都作出此类规定）。监事会的主要职责是：对公司董事、经理执行公司职务时违反法律、法规或者公司章程的行为进行监督，防止其滥用职权。发现其行为有损公司利益时，有权要求予以纠正。必要时可向股东报告，提议召开临时股东大会，采取解决措施。监事会检查公司的财务，可要求公司董事、总经理和财务负责人提供所需的材料。为保证监督的独立性，公司的董事、经理及财务负责人一律不得兼任监事。

（三）公司治理结构的制衡关系

股东大会、董事会、监事会、经理层四者在公司中各处于不同的地位，它们之间的关系也各不相同。要完善公司法人治理结构，就要明确划分它们各自的权力、责任和利益，以便形成合理的制衡关系。所有权和管理权的分离是治理结构的核心，决定了公司法人治理结构的基本制衡关系。

1．股东大会与董事会之间的信任托管关系

股东出于信任挑选董事，董事是股东的受托人，承担受托责任。由董事组成的董事会受股东大会的信任，负责经营公司的法人财产，这种关系是一种信任托管关系。其特点在于：

（1）董事会一旦受托经营公司，就成为公司的法定代表人，独立开展公司的经营决策活动，股东大会对其不进行干预。同时，股东也不能因一些诸如非故意的经营失误而随意解聘董事，只可以对未尽到责任或不称职者不再选举其成为董事。但这种选举结果并不取决于股东个人，而取决于股东大会的投票结果。个别股东如不满意信任托管关系，还可“用脚投票”，即转让股权而离去。

（2）进入董事会的成员多是经营专家或少数股东。在有限责任公司，由于股东的人数较少，股东（或其代表）可以是董事会成员，直接控制公司；在股份有限公司，股东人数较多，便由少数股东代表、经营专家和社会人士组成董事会。

（3）公司的董事不同于受聘的经理人员，若董事不兼任公司执行层的职务，一般不领取报酬。

2．董事会与公司经理人员的委托代理关系

管理公司需要专门知识，需要懂经营、会管理、具有创新精神和风险意识的专门人才。以此为标准，董事会通过招聘，任命适合于公司的经理人员。经理人员接受董事会的委托，便有了对公司事务的管理权和代理权。从法律的角度看，公司的高层管理人员在公司内部有管理事务的权限，对外有诉讼的商业代理权限。这种委托代理关系的特点在于：

（1）经理人员只是董事会的一定权限的代理人。其权限受董事会委托范围的限制，超过其权限的决策要报告董事会审定。

（2）董事会对经理人员是有偿的雇用。董事会有权对其经营情况进行监督，并据此对其作出奖励的决定。

（3）经理人员和公司的董事会之间存在双向选择关系。经理人员市场是董事会选择经理人员的场所，同时也是约束经理人员的外在机制，而职位、工资、奖金则是经理人员决定是否应聘的基本因素。

管理周视 1－7

廖柏樵与庹新永：不一样的命运

2001 年 2 月 19 日，在杭州高科技投资公司做了 4 个月零 24 天总经理的留洋博士廖柏樵被解聘，导火索是廖柏樵发现自己签发交付财务部门执行的职工工资表被副董事长陈长泉批注修改，并重新签字审批了新的审批表，出纳方某按陈长泉签批的工资表签发了支票。按照董事会授权，陈长泉只有审核权而无签字审批权。廖柏樵认为方某严重违反公司纪律，在要求方某做出书面解释未果的情况下将其解聘。就在廖柏樵解聘方某的当天下午，董事会就通知他停止其总经理职权。

此事的深层原因其实在于董事会与总经理在管理方式和理念上的重重矛盾，廖柏樵不能“有效地贯彻执行董事会的决议”，包括廖柏樵与董事会在组织员工培训、购买办公设备及合并两家资产质量“惨不忍睹”的单位等方方面面的矛盾。“董事会与经理层是一种契约下的平等关系还是简单的上下属关系？”这或许正是廖柏樵失败的根源所在。从公司法规定来看，经理应该无条件服从董事会的决策，而廖柏樵根据一种“正常”的思维，总经理与董事会签订聘用合约之后，就应该是一种契约下的平等关系。两种思维看似相同，实质上却会造成巨大的差异：在董事会或董事长与经理的经营观念发生偏差的时候，应以何种尺度为评判标准？杭州高科技投资公司董事会采用了公司法的标准而不是聘用合约，自然可以随时以任何名义解聘总经理。

与廖柏樵同董事会的重重矛盾不同，厦门金龙联合汽车工业有限公司总经理庹新永获得了董事会的充分信任，却利用董事会的一纸授权，2001 年 6 月，在设立下属子公司金龙汽车工业（苏州）有限公司后，庹新永指定的代总经理陈江峰通过增资扩股，使厦门金龙丧失了对苏州金龙的控股权。正是契约下的“平等关系”，使厦门金龙遭遇滑铁卢。

在董事会与经理层之间，权力的平衡已经成为企业的一个巨大难点。一个企业里不能只有一种声音，这是董事会与经理层分权的基础；但一个企业里显然只能有一个决策者，董事会与经理之间的权力又如何平衡？

资料来源：谈萧．经理革命的法学解释．北京：中国时代经济出版社，2005：65-66.

3. 监事会对公司的董事和经理的监督制衡关系

为防止公司的董事和经理人员的违法乱纪行为，维护股东的权益，执行股东大会决议和公司章程，现代公司组织结构中要建立监事会制度。

监事会对股东大会负责，按《公司法》的有关规定，对董事会和经理人员执行公司职务时违反法律、法规的行为进行监督，包括对董事、经理可能为谋取公司利益而违法经营行为的监督。监事会不参与公司的经营管理，只是依照法律、法规、公司章程对公司经营管理履行监督职责。

监事会的制衡作用是多重的，它和股东大会的关系在正常情况下是一种从属关系，它与董事会、经理人员的关系是监督关系。

第三节　企业的创立、变更与终止

一、企业的创立

企业的创立是指从事生产经营和服务活动，按照法律规定的条件、程序建立经济组织并取得合法资格的行为。在我国，企业的创立采用行政许可原则，由国家专门的行政管理机关核准登记后才能成立。

（一）企业创立的条件

企业的创立必须符合法律规定。为保证企业的经营活动符合社会经济生活的客观要求，法律具体规定了企业创立的条件，只有符合这些条件，才能取得法律认可的经营资格。

1. 名称、组织机构和章程

（1）名称。名称是企业的代号，企业名称必须依法确定。企业名称应当由字号（或商号）、行业或者经营特点、组织形式组成。字号由企业创办者选择，但应当由两个以上的字组成；有正当理由者可以使用本地或者异地地名作为字号，但不能使用县及县以上行政区划名称作为字号。在企业名称中，企业还应根据主营业务，按照国家行业分类标准划分的类别在企业名称中标明所属行业或者经营特点。此外，还应当根据其组织结构或者责任形式以明确易懂的方式在企业名称中标明组织形式。企业名称中不得含有下列内容和文字：有损于国家、社会公共利益的；可能对公众造成欺骗或者误解的；外国国家（地区）名称，国际组织名称；政党名称，党政军机关名称，群众组织名称，社会团体名称及部队番号；汉语拼音字母（外文名称中使用的除外）；其他法律、行政法规规定禁止的。

企业名称中使用“总”字的，必须下设三个以上分支机构，不能独立承担民事责任的分支机构，其企业名称前应当冠以所从属企业的名称，缀以“分公司”“分厂”“分店”等字样，而且还必须标明该分支机构的行业和所在行政区划名称或者地名；如果该分支机构与所从属的企业属于同一行业，则可再标明行业。能够独立承担民事责任的分支机构，应当使用独立的企业名称，并可使用其所从属企业的企业名称中的字号。能够独立承担民事责任的分支机构再设立分支机构时，所设立的分支机构不得在其企业名称中使用总机构的名称。

企业只准使用一个名称，确有特殊需要的，经省级以上工商行政管理机关核准，可以在规定的范围内使用一个从属名称。企业名称在登记机关辖区内不得与已登记注册的同行业企业名称相同或者相近。企业名称在企业申请登记时由企业名称的登记主管机关核定，有特殊原因的，可以在开业登记前预先申请企业名称登记注册。

管理周视 1－8

万科公司的名称

万科创建于1984年，当时公司的全称为“深圳现代科教仪器展销中心”。办公地点为罗湖区建设路南口一座多层建筑的整个二层，一楼是个卖场，陈列摄像机、录像机、投影机、复印机及部分办公文具。顾名思义，公司应该是做教学器材的，但从展场的商品来看，除了影视商品可以称得上是教学器材之外，万科的经营内容同公司名称并不相符。当北京师范大学和北京协和医科大学的采购部门慕名专程到特区现代科教仪器展销中心采购教学器材时，公司管理层才意识到公司名称对消费者的误导。没有多长时间，公司名称改为“深圳现代企业公司”。

万科从经营摄像机设备进口贸易开始，很快就涉及十几个行业。在万科成立五六年之后，总经理王石介绍万科的经营范围时说：“这样吧，我告诉大家不做什么反而比较容易介绍。万科除了军火、黄赌毒等违法乱纪的事不做之外，什么都做，这是比较容易介绍清楚的。从一个人的穿着来讲，手表，我们和苏州手表合作了手表厂；衣服，我们和苹果品牌合作的有牛仔裤厂、西装厂；项链，我们和意大利第四大的K金项链合作制造K金项链。光一个人的穿着来讲，我可以从上到下给你介绍一遍，更不要说拍电影、拍电视、做广告、搞礼品、搞房地产等。”因此，在1988年11月实现股份化改造后，万科正式更名为万科企业股份有限公司。

资料来源：《万科》周刊编辑部. 万科的观点·管理篇. 广州：花城出版社，2005：3-4.

（2）组织机构。组织机构是管理企业法人事务，代表企业从事法律活动的机关的总称，一般分为意思机关和执行机关。意思机关是依据法人的章程，决定企业法人内外事务的权力机构；执行机关是依照法人章程的规定，或者依照企业法人意思机关所决定的法定事务，负责生产经营活动和日常事务的机关。执行机关对内管理企业，对外代表企业法人行使权利和承担义务，是企业法人的全权代表。有的企业还设立监督机关，以监督企业法人机关执行章程的情况，维护出资人的权益。

（3）章程。企业法人的章程是企业法人成员就法人的活动范围、组织机构及其成员之间的权利和义务等问题订立的书面文件，是企业法定活动的依据，也是确定企业法人成员之间权利和义务的根据。企业法人的章程依法订立，经核准登记后即具有法律效力，企业法定的一切活动都必须依照章程进行。

企业法人的章程通常包括企业法人的名称、宗旨、经营范围、住所、注册资本、组织机构及议事程序，企业法人的解散条件、章程的修改程序以及其他需要明确的有关事项。如果企业法人是由多个投资者共同出资经营的，还应注明投资者的姓名、住所、出资者的权利和义务、转让出资的条件等内容。

2. 固定的经营场所和必要设施

企业法人从事生产经营或服务性活动必须有固定的场所，以利于业务往来和经济交易的安全，也便于国家对企业进行管理。企业可根据生产经营的需要设立生产经营场所，但至少应有一个与其生产经营的规模、服务业务范围相适应的场所，还可以根据业务发展的需要在各地设立分支机构。企业法人从事生产经营或者服务性业务活动还必须有基本的生产、经营、服务条件，包括厂房、机器设备等生产经营所必须具备的物质条件。

管理周视 1－9

梅塞德斯—奔驰公司的厂址选择

德国梅塞德斯—奔驰公司总是不惜工本地追求汽车的完美性。但是，从 20 世纪 80 年代开始，它在豪华车市场中的份额在下降。作为重塑自己形象的很重要的一个环节，梅塞德斯—奔驰公司决定在德国以外的地方寻找生产多用途豪华车项目。于是，一个世界范围内的搜寻新厂址的过程于 1993 年 1 月开始了。

调查表明，世界上多用途豪华车的最大市场在美国，而且在汽车制造的劳动力、运输和零配件的综合成本方面，美国也比较低。1993 年 4 月，公司宣布其海外厂址定在美国。在进一步考察了美国 35 个州的 100 多个地方之后，8 月，公司又将选择范围缩小到亚拉巴马州、北卡罗来纳州和南卡罗来纳州。

1993 年 9 月，公司的董事会决定将厂址设在亚拉巴马州的万斯市。

公司认为，亚拉巴马州浓厚的商业气息对于建厂是很重要的。其他有利条件还有：(1) 靠近州际高速公路；(2) 靠近铁路和港口；(3) 有充足的劳动力；(4) 有利的经济优惠政策和税收优惠政策；(5) 靠近塔斯卡卢萨和伯明翰的学校；(6) 优越的生活条件。

亚拉巴马州的优惠政策包括总额约为 2.53 亿美元的让利，是南卡罗来纳州 1992 年提供给宝马汽车公司的两倍还多。亚拉巴马州的优惠政策具体为：(1) 用 9 220 万美元购买 966 英亩的地皮，并对其进行改造，建立一个外国贸易区和一个员工培训中心；(2) 用 7 750 万美元扩建水、气和下水管道，并提供其他基础设施；(3) 用 6 000 万美元培训梅塞德斯的员工、供应商及相关企业的工人；(4) 私人企业向其投资 1 500 万美元；(5) 机器、设备和建筑材料的销售和使用税减免 870 万美元。

在研究经济环境、教育水平和运输三个因素时，对 3 个州的取舍进入了关键阶段。各州在优惠政策上有微小差异，这 3 个地方的长期运营成本也大致相等。决策过程中没有考虑劳动保护法、工会等因素，考虑的主要因素是亚拉巴马州对该项目的重视程度。此外，还有一个因素起了一定的作用：厂址周围的森林和连绵的山脉让这些德国人想起了 Stuttgart 附近的 Swabian——他们的总部所在地。

工厂于 1994 年春季开始动工，1997 年 1 月开始投入生产。该厂耗资 30 亿美元，雇用 1 500 名员工，年产 65 000 辆汽车。

资料来源：黄宪律. 生产运营管理精华读本. 合肥：安徽人民出版社，2002：69-70. 有删改.

3. 与经营规模相适应的资金和从业人员

资金和从业人员也是生产经营必不可少的条件。一般来说，资金数额和从业人员与生产经营规模有着紧密的联系，生产经营规模越大，所需的资金和从业人员就越多。资金数额和从业人员人数取决于生产经营的规模，而且应适应生产经营规模的需要。企业法人扩大其经营范围时，应以增加的财产为基础；如果企业法人的实有资本减少，则应缩小其生产经营范围和规模；如果不具备从事某项经营或服务活动所需的财产，则应该停止从事该项业务。取得法人资格除了要达到规定的最低数额的资金外，还必须能够独立支配这些财产。因此，我国规定，申请企业法人登记必须有国家授予的企业经营管理的财产或者为企业所有的财产并提供验资证明材料。

4. 合法的经营范围

我国实行的是以社会主义公有制为主体、多种经济成分并存的经济制度。为了保证宪法规定的经济制度的实施，法律、法规、政策专门对企业能够经营的行业范围作了明确规定，因此，创立企业时，不得超越法律允许经营的行业范围。

（二）企业创立的程序

企业具备了以上基本条件后，仅仅完成了依法创立的第一步，还没有满足依法创立所需要的符合法定程序的要求，因此，还必须办理有关手续，取得法律认可。依照法律的规定，企业的创立要报请审查批准机关审查批准后，向登记主管机关申请登记，取得营业执照才算完成。登记机关签发营业执照的时间为企业成立的时间。

1. 审批

审查批准机关为法律规定的国家主管机关。根据规定，国有企业的创立应依照法律和国务院规定报请政府或政府主管部门审核批准，凡开办大、中型企业，应按隶属关系由国务院主管部门或省、市、自治区人民政府提出审查意见，报国务院批准；在中华人民共和国境内设立中外合资企业、中外合作经营企业或外资企业法人的，应报请国务院对外经济贸易主管部门或者国务院授权的机关审查批准；没有明确规定审查批准机关的，按照《企业法人登记管理条例》的有关规定，由登记主管机关审查批准。

2. 登记

（1）登记主管机关。企业法人登记主管机关为国家工商行政管理总局和地方各级工商行政管理局。

（2）申请人。企业办理企业法人登记，由该企业的组建负责人申请。独立承担民事责任的联营企业办理企业法人登记，由联营企业的组建负责人申请。

（3）登记注册事项。企业法定登记注册的主要事项包括：企业法人名称、住所、经营场所、法定代表人、经济性质、经营范围、经营方式、注册资金、从业人数、经营期限、分支机构等。

（4）申请登记注册程序。第一步：申请。企业法人办理开业登记应当在审批机关批准后 30 日内向登记主管机关提出申请。申请企业法人登记时应当提交的文件有：登记申请书、审批机关的批准文件、企业章程、资金信用证明（验资证明）、企业主要负责人的身份证明、住所和经营场所使用证明等。第二步：核准登记。企业法人登记主管机关在受理申请后 30 日内作出核准登记或者不予登记的决定。申请企业法人开业登记的单位经登记主管机关核准登记注册，领取《企业法人营业执照》后，企业即告成立，取得法人资格。第三步：公告。企业法人成立时由登记主管机关发布企业法人登记公告，未经登记机关批准，其他单位不得发布企业法人登记公告。

二、企业的变更

企业法人成立后并不是一成不变的，会随着需要和可能发生变化，这种变化称为企业的变更。企业法定的变更就是企业法人依法进行组织上的分立、合并或者其他重要事项的变动，这些内容的变更涉及企业的法律地位及权利和义务，关系到其他法律主体的权益。

（一）企业变更的内容

1. 企业组织的基本变更内容

企业组织的变更包括企业的分立和合并。

企业组织的分立就是依法将一个企业法人分开组成两个或两个以上的企业。企业分立包括两种情况：（1）原有企业法人消灭，分别设立两个或两个以上的新企业法人；（2）在保留原企业组织的基础上分出一部分或几部分的人、财、物，组成一个或几个新企业法人。企业组织的分立直接关系到原有权利和义务的承担，因此会影响相关关系人的权益。企业组织分立时应当明确规定原有权利和义务的承担问题并通过一定的方式告知相关关系人。如果对权利和义务未作分割，或未通知相关关系人，分立以后的企业不得拒绝债权人的请求和债务的履行。

企业组织的合并是两个或两个以上的企业法人依法结合组成一个企业。企业合并有两种情况：（1）将两个或两个以上的企业法人合并成一个企业法人，即在原有的企业法人全部消灭的基础上重新组成新的企业法人；（2）将某两个或某几个企业法人归并到另一个企业法人中，即将被消灭的企业法人的人、财、物归并到另一个企业法人中。被合并的企业法人的权利和义务全部由合并以后组成的新企业法人承担。因此，合并后的企业法人有权享受合并前的企业法人所应享有的权利，也有义务承担合并前的企业所应承担的义务。

2. 企业组织的其他重要事项变更

其他重要事项的变更是指企业法人改变其名称、住所、法定代表人、经济性质、经营范围、经营方式、注册资金、经营期限以及增设或撤销分支机构等，这些内容的改变涉及企业组织的权利能力和行为能力及其权利义务的变更，关系到企业本身的利益和其他有关关系人的利益。

（二）企业变更的程序

企业变更的程序原则上与企业的创立程序一致，即企业创立时经过的程序企业变更时也应同样遵循。企业组织合并或分立以及其他重要事项的变更由企业的主管部门或审查批准机关批准。

企业应当在其主管部门或审批机关批准30日内向登记主管机关申请变更登记。企业的分立、合并、迁移应当在主管部门或审批机关批准后30日内向登记主管机关申请办理变更登记、开业登记或者注销登记。

申请变更登记时，应当提交的文件一般包括法定代表人签署的变更申请书、原审批机关的批准决定书、原企业营业执照以及其他有关证明文件。

企业变更登记注册后须及时公告。公告主要是为了及时发出变更信息，以便企业的有关关系人根据企业变更后的情况及时处理有关业务。企业变更公告主要在工商行政管理部门主办的登记公告期刊上发表，也可以根据企业的申请，在地方或全国性报纸的工商版面上发表，在必要时还应当以公函的形式通知企业有关当事人，以免造成不必要的影响。

三、企业的终止

企业的终止一般是指企业法人在法律上丧失作为法律关系主体的资格。企业组织作为法律主体，也和自然人一样有产生、生存、发展和衰亡的过程。企业组织的生存、发展、衰亡的过程要依赖于一定的社会条件，也离不开人的意志因素。这种意志一方面取决于国家的意志，另一方面也取决于有关当事人的意志，即既要符合法律规定，又要有法律规定的客观情况出现。

企业组织终止是一种法律行为，这种行为会引起两个后果：(1) 企业组织在法律上的权利和义务主体资格消灭，不再具有权利能力和行为能力，失去享有权利、承担义务的资格；(2) 与企业组织有关的法律关系结束，了结现存的法律关系。

(一) 企业终止的原因

1. 依法被撤销

撤销是有关国家机关决定取消企业法人资格的行为。这种行为方式适用于企业法人违背法律、损害国家和社会公共利益的情况。可能引起主管机关撤销企业法人的情况有以下几种：

(1) 擅自改变主要登记事项或者超出核准登记的经营范围从事经营活动的。

(2) 向登记机关、税务机关隐瞒事实真相、弄虚作假的。

(3) 抽逃资金、隐匿财产、逃避债务的。

(4) 从事法律禁止的其他活动，损害国家利益和社会公共利益的。

(5) 从事非法经营的。

(6) 违反有关企业法人管理法规，不按规定办理登记注册或者不按规定报送年检，伪造、涂改、出租、出借、出卖或者擅自复印企业法人营业执照及其副本的等。

企业有上述行为之一的，有关国家机关就有权根据企业的违法情节，决定撤销其法人资格。

2. 解散

解散是企业的创办人或投资者按照国家法律或企业章程的规定，决定终止企业法人的行为。一般来讲有两种情况：

(1) 国有企业由政府主管部门依照法律法规的规定解散。

(2) 其他企业由其最高权力机关根据实际情况，按照企业章程的规定形成决议再做解散。

3. 依法宣告破产

企业因经营管理不善造成严重亏损且不能清偿到期债务时，经债权人或债务人本人申请，由人民法院宣告企业破产。

4. 其他原因

其他原因是指除以上三个原因之外，其他一切能引起企业终止的客观原因，比如：企业法人章程规定的存续期届满，或者创立人的目的已达到，以及其他一切可能出现的引起企业终止的原因。

（二）企业终止的程序

1. 清算

企业因出现上述原因而要终止时，应当报请审批机关批准，并应成立清算组织，接管企业，依照法律进行清算，停止清算范围外的活动。

应当根据企业终止的原因来决定由何单位成立清算组织。一般来讲，企业因被撤销而终止的，应由作出撤销决定的机关来成立清算组织；因解散而终止的，应由作出解散决定的机关成立清算组织；因依法被宣告破产而终止的，应由人民法院来成立清算组织。清算组织一般由企业主管部门、审计部门、工商行政管理机关、税务机关及有关人员等组成。清算组织的任务是登记管理终止企业的财产、收取债权、清偿债务并移交剩余财产，或者按照法律规定分配财产，作出清算终止报告。

2. 注销登记

企业终止后，应向登记主管机关办理注销登记手续。办理注销登记时，应提交法定代表人签署的申请注销登记报告、审批机关的批准文件、清理债务完结的证明或者清算组织负责清理的债权债务的文件。经登记主管机关核准后，收缴企业印章，并将注销登记情况告知开户银行。

3. 公告

企业办理注销登记后，由登记后主管机关发布该企业终止公告，向社会提供企业终止的信息，以便有关关系人及时采取措施，防止不良后果的发生。

思考题

1. 什么是企业？企业有哪些特征？
2. 什么是公司？公司有哪些特征？
3. 公司制企业与独资企业、合伙企业有什么不同？
4. 股份有限公司与有限责任公司有什么区别？
5. 股东大会、董事会、经理层三者之间存在什么关系？

企业从呱呱落地到长大成人必然要经过许多阶段和历程，希望一个管理模式走到头是幼稚的，也是不现实的。

——李嘉诚（1928—，长江实业集团董事局主席兼总经理）

第二章　市场营销

企业不适当地把主要精力放在产品上或技术上，而不是放在市场需要上，其结果导致企业丧失市场，失去竞争能力。

——西奥多·莱维特（1925—2006，德裔美籍营销学专家，哈佛大学资深教授，现代营销学奠基人之一）

学习目标

1. 掌握：市场营销的概念、消费者购买决策过程、市场细分的概念、企业定价策略、渠道策略。

2. 了解：市场营销观念的演变、消费者购买行为、目标市场策略。

开篇案例

营销——让市场从无到有

一位已近暮年的商人，为了在四个儿子中挑选出自己基业的继承人而决定做一个测试：让他们在一天的时间内向寺庙里的和尚们推销梳子。

早晨，四个儿子身背梳子分头而去。

不一会儿工夫，老大便无果而归："这不是明摆着折腾人吗？和尚们根本就没有头发，谁买梳子？"

中午，老二沮丧而归："我到处跟和尚讲我的梳子如何好，对头发护理是多么重要，结果那些和尚都骂我是神经病，笑话他们没有头发，赶我走甚至要打我。这时候我看到一个小和尚头上生了很多虱子，很痒，正在那里用手挠痒。我灵机一动，劝他买把梳子挠痒，还真管用，结果就卖出了一把。"

下午，老三得意地回来了："我想了很多办法，后来我到了一座高山上的寺庙里，我问和尚，这里是不是有很多人拜佛？和尚说是的。我又问他，如果拜佛的人头发被山风吹乱了，或者磕头时头发散乱了，对佛祖是不是不尊敬？和尚说当然不尊敬。我说你知道了又不提醒他，是不是一种罪过？他说当然是一种罪过。于是我建议他在每个佛像前摆一把梳子，香客梳完头再拜佛。一共12座佛像我便卖出去一打。”

满身疲惫的老四晚上才归来，不仅所带梳子悉数卖光，还带回了与寺庙签订的大额订单以及与寺庙合资成立梳子厂的协议，让大家惊诧不已。老四解释说：“我找到当地香火最旺的寺庙，直接跟方丈讲，你想不想给寺庙增加收入？方丈说当然想啦。于是我就给他出主意说，在寺庙最显眼的位置贴上告示，只要给寺庙捐钱捐物就有礼物可拿。什么礼物呢，一把经得道高僧开光并刻有寺名的功德梳。这把梳子有个特点，一定要在人多的地方梳头，这样就能梳去晦气梳来运气。于是很多人捐钱后就得到一把梳子，这样所有的梳子都卖出去了还不够。”

资料来源：http://zhidao. baidu. com/question/93873103. html.

第一节　市场营销概述

一、市场营销的概念

市场营销理论于20世纪初诞生于美国，美国西北大学教授菲利普·科特勒在《营销管理》一书中给市场营销的定义是：市场营销就是在适当的时间、适当的地方以适当的价格、适当的信息沟通和促销手段，向适当的消费者提供适当的产品和服务的过程。

 **知识链接2-1**

市场营销的代表性含义

关于市场营销的定义，不同的学者有不同的观点，其中最具代表性的有三种：(1) 美国市场营销学会（American Marketing Association，AMA）于1960年提出的定义是：“市场营销是指产品和服务由生产者流向消费者或用户的一场商务活动。”(2) 美国著名市场营销学专家菲利普·科特勒（Philip Kotler）在1983年提出的市场营销定义是：“市场营销是致力于交换过程以满足人类需要的活动。”在1984年，他又进一步提出：市场营销是企业的一种职能：识别目前未满足的需要与欲望，估计和确定需求量的大小，选择本企业能最好为之服务的目标市场，并确定产品计划，以便为目标市场服务。(3) 美国市场营销学者里查德·黑斯（R. T. Hise）等人给出的定义是：“市场营销是确定市场需求并使提供的产品和服务能满足这些需求。”

资料来源：陈国生，曹令秋，阳萍. 现代工商企业经营与管理. 武汉：武汉理工大学出版社，2010：9.

二、市场营销观念的演变

市场营销观念的演变过程如图 2-1 所示。

图 2-1 市场营销观念的演变过程

（一）生产观念

生产观念是市场营销观念的早期表现形式之一，这种观念的基本出发点就是：消费者总是偏好那些可以随处得到、价格低廉的产品，企业以改进、增加生产为中心，集中一切资源和力量来增加产量、降低成本，生产出何种产品，就销售何种产品。

生产观念的根本侧重点是在企业内部，而对外部环境以及消费者需求的变化反应不够灵敏。生产观念能够使企业获得成功是需要一定条件的，即消费者对产品已经存在需要，而价格是影响其购买行为最主要的因素。一旦这种条件不存在，生产观念的弊端就会显现出来，它不但不会使企业获得发展，反而会使企业陷入困境。

管理周视 2-1

范蠡的生意经

陶朱公（范蠡）离开越国后，来到了齐国首都临淄。经过考察，他发现有一条街上的几家饭馆生意红火，于是也在那个地段开了家饭馆。令他始料未及的是，他的饭馆和其他饭馆价格相当，却无人问津。陶朱公经过观察，发现光顾这条街的食客大多是为人担货的脚夫，而那些生意红火的饭馆，已经和脚夫形成了相对固定的惠顾关系，因而以回头客为多。于是，陶朱公把小号碗换成了大号碗，增加了饭菜的分量，但价格不变。这一招产生了立竿见影的效果，一个月下来，相对固定的顾客就达到 50 多个。陶朱公再接再厉，改变了饭馆的采购时间，尽量避开早上和中午的高峰期（此时价格高），并将采购节省下来的开支用来改善饭菜的质量，加入更多的鸡蛋和蘑菇，而价格依然不变。结果，新面孔接踵而至，饭馆顾客盈门，陶朱公从小小的饭馆起家，三年间就在当地开了几十家分店。

资料来源：李石华．营销中的博弈知识．北京：新世界出版社，2008：1-2.

（二）产品观念

产品观念也是一种市场营销观念，它的基本出发点是：企业生产的产品是满足消费者需求的基础，而质量好、性能高、有特色的产品总会受到消费者的欢迎。在产品观念的指导下，企业通常将运营核心放在提高产品质量和性能上。产品观念以企业的产品为中心，容易使企业不适当地把注意力放在产品上，而不是放在市场需要上，最终使企业的发展陷入不良状态。

知识链接 2-2

营销近视症

现代营销学的奠基人之一、美国哈佛大学教授西奥多·莱维特（Theodore Levitt）1960 年在《哈佛商业评论》上发表了他的成名作《营销近视症》（*Marketing Myopia*）。该文指出，公司营销者最大的危险是把公司的任务定得太狭窄，即“营销近视症”。以美国铁路业为例，因为决策人把其经营范围定为“铁路业”，而非“运输业”，以致受到其他运输业的打击而一蹶不振。美国好莱坞电影业也是如此，初期，好莱坞大亨强调其是“电影制作者”而非“娱乐业”，几乎惨遭毁灭，后因及时调整经营范围才得以重生。因此莱维特断言：市场的饱和并不会导致企业的萎缩；造成企业萎缩的真正原因是营销者目光短浅，不能根据消费者的需求变化而改变营销策略。

资料来源：杨宇澜. 世界顶尖企业市场营销的 9 条策略. 北京：中国言实出版社，2003：43-44.

（三）推销观念

推销观念认为，消费者通常不会大量购买某一组织的产品，所以，该组织为了把产品销售出去，就必须积极地进行各种促销活动。在推销观念指导下，企业通常把工作的重点放在广告和推销方面，努力向现实顾客和潜在顾客展示本企业产品，促使其购买。

由于推销观念的基本出发点是企业的既有产品，这使得推销观念存在一个致命的缺陷，即在推销观念的指导下，很多企业都不顾及消费者的想法，而极力通过花言巧语来诱使消费者购买，至于消费者是否需要、买回去是否有用，企业就不关心了。推销观念会使企业获得一时之利，但它更有可能堵塞企业将来的发展道路。当顾客发现自己为企业的花言巧语所蒙蔽时，该企业在顾客心目中的形象就会受损，企业可能就会失掉顾客。

管理周视 2-2

明亏暗赚的促销策略

日本松户市原市长松本清是一个头脑灵活的生意人。他经营“创意药局”的时候，曾将当时售价 200 元的膏药以 80 元卖出。由于 80 元的价格实在是太便宜了，所以“创意药局”生意兴隆，门庭若市。由于低价销售，这种膏药的销售量越来越大，赤字也越来越高。

松本清为什么要这么做呢?

原来，前来购买膏药的人，几乎都会顺便买些其他药品。其他药品的利润，不但弥补了膏药的亏损，同时也使药局的经营出现了前所未有的盈余。

资料来源：http://blog.myspace.cn/e/401197563.htm.

（四）市场营销观念

市场营销观念的指导原则不再是销售能够生产出来的产品，而是生产能够销售出去的产品。市场营销观念认为，实现组织多个目标的关键在于正确确定目标市场的欲望和需要，并且比竞争对手更有效、更有利地供给目标市场所期望满足的东西。市场营销观念与其他营销观念有着本质的区别，它已经把企业活动的中心由企业内部转向了企业外部，把消费者的利益放到了企业思考和处理问题过程中第一重要的位置上。

管理周视 2-3

营销——从认识商品的价值开始

有一个年轻人，他历尽艰险在非洲热带雨林中找到一种很高大的树木。

这可不是一般的树木，这种树被称作“沉香”，是世界上最珍贵的树木。

年轻人将沉香运到市场上去卖。由于很贵重，很少有人敢买，也很少有人买得起，因此，他的生意非常冷清，经常是很多天连一个问价的都没有。但他旁边一个卖木炭的，生意却非常好，每天都有进账。

年轻人终于沉不住气了，他决定以普通木炭的价格出售。这生意好极了，几天时间就卖光了。年轻人认为自己颇有创意，适应了市场需求，于是，他很自豪地把这件事告诉了他的父亲。

他的父亲是一位白手起家的商人。当听完儿子的讲述后，父亲禁不住泪流满面，因为儿子干了一件大蠢事。沉香非常有价值，只要切下一小块磨成粉末出售，其收入相当于卖一年木炭，而将沉香烧成木炭，那就和普通木炭一样不值钱了。

资料来源：http://tieba.baidu.com/f?kz=546207322.

（五）社会营销观念

随着环境恶化、资源短缺、人口爆炸、世界性通货膨胀等现象的出现，越来越多的人开始反思企业在经济发展中的社会责任问题，即企业是否应该承担必要的社会责任，企业是否在追求利润的同时有责任保障消费者的个体利益和社会的长期利益。尽管这种挑战已经日趋严峻，但市场营销观念却无法将这些问题解决，因为它回避了消费者需要、消费者利益和长期社会福利之间隐藏的冲突。

社会营销观念认为，组织的任务是确定各个目标市场的需要、欲望和利益，并以保护或者提高消费者和社会福利的方式，比竞争者更有效、更有利地向目标市场提供其所期待的满足。

社会营销观念打破了“消费者和企业二维交流的模式”，引入社会利益概念，使社会利益成为公司决策的重要因素。

管理周视 2-4

照亮别人，就是照亮自己

有一个僧人走在漆黑的路上，因为路太黑，僧人被行人撞了好几下。他继续向前走，看见有人提着灯笼向他走过来，在微弱的灯光下，僧人发现，提灯笼的竟然是一个盲人。僧人很迷惑，就问道："既然你是盲人，为什么还要打灯笼呢？是为了迷惑别人，不让别人说你是盲人吗？"

盲人说："不是的，我听别人说，每到晚上，人们都会变成和我一样的盲人，因为夜晚没有灯光，所以我就晚上提着灯笼出来。"

僧人感叹道："你的心地多好呀！原来你是为了别人。"

盲人回答说："不是，我为的是自己！"

僧人迷惑地问道："为什么呢？"

盲人答道："我是盲人，什么也看不见，但我从来没有被人碰到过。因为我的灯笼为别人照亮，这样他们就不会因为看不见而碰我了。"

资料来源：肖惠心．生活禅．北京：中国民航出版社，2004：19-20.

第二节　市场购买行为分析

一、消费者购买行为的分析模式

消费者购买行为分析的主要内容见表 2-1。

表 2-1　消费者购买行为的 7WO 模式

消费者市场由谁构成？(Who)	购买者（Occupants）
消费者市场购买什么？(What)	购买对象（Objects）
消费者市场为何购买？(Why)	购买目的（Objectives）
消费者市场的购买活动有谁参与？(Who)	购买组织（Organizations）
消费者市场怎样购买？(How)	购买方式（Operations）
消费者市场何时购买？(When)	购买时间（Occasions）
消费者市场何地购买？(Where)	购买地点（Outlets）

二、消费者市场购买行为分析

消费者市场是指所有为了个人消费而购买物品或服务的个人和家庭所构成的市场。

管理周视 2-5

市场究竟在哪儿

一家制鞋厂派调查员到一个非洲国家去了解厂里的鞋能否在那里找到销路。一星期后，调查员打电话回来说："这里的人不穿鞋，因此，厂里的鞋在这里没有市场。"制鞋厂总经理决定派另一个调查员到这个国家，对此事进行仔细调查。一星期后，调查员打电话回来说："这里的人没鞋穿，是一个巨大的市场。"

制鞋厂总经理为弄清情况，派市场营销副总经理去了解这个问题。两星期后，市场营销副总经理打电报回来说："这里的人不穿鞋，然而他们有脚疾，穿鞋对脚会有好处。我们必须重新设计鞋子，因为他们的脚比较小；必须在教育他们懂得穿鞋有益方面花费一笔钱；在开始之前必须得到部落首领的合作。这里的人没有什么钱，但是他们生产我们从未尝过的菠萝。我估计鞋的潜在销售量很大，因而我们的一切费用包括推销菠萝给一些欧洲超级市场的费用，都将得到补偿。根据估算，我们可赚得垫付款 20%的利润。我认为，我们应该毫不犹豫地去干。"

资料来源：http://zhidao.baidu.com/question/19966222.html.

（一）消费者购买行为的主要影响因素

消费者的购买决策在很大程度上受到文化、社会、个人和心理等因素的影响，具体如图 2-2 所示。

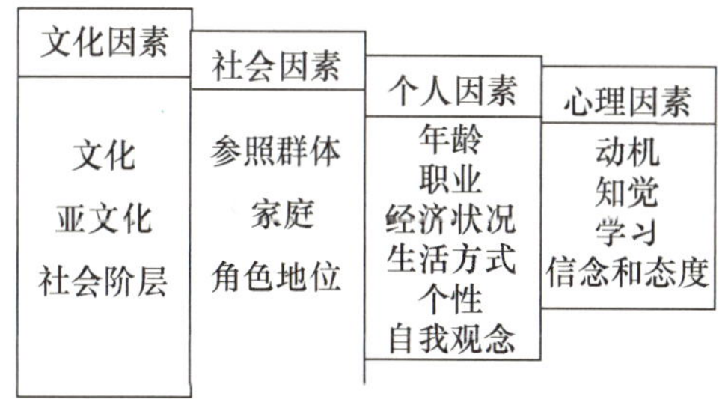

图 2-2　影响消费者行为的因素

1. 文化因素

文化、亚文化和社会阶层等文化因素，对消费者的行为具有最广泛和最深远的影响。文化是人类欲望和行为最基本的决定因素。

人类社会中存在社会层次，它有时以社会等级制的形式出现，不同等级的成员被培养成一定的角色，而且不能改变他们的等级成员资格。然而，更为常见的是，层次以社会阶层的形式出现，每一阶层的成员具有类似的价值观、兴趣爱好和行为方式。

2. 社会因素

消费者购买行为也受到各种社会因素的影响，其中参照群体对消费者的影响最大。参照群体是指那些直接或间接影响人的看法和行为的群体。直接参照群体又称为成员群体，即某人所属的群体或与其有直接关系的群体，如家庭成员、亲戚朋友、同事、邻居、宗教组织、职业协会、体育明星、影视明星等。

参照群体对消费者购买行为的影响表现在三个方面：(1) 参照群体为消费者展示新的行为模式和生活方式；(2) 消费者对某些事物的看法和对某些产品的态度也会受到参照群体的影响；(3) 参照群体促使人们的行为趋于一致化，从而影响消费者对某些产品和品牌的选择。

3. 个人因素

消费者购买决策也受其个人特性的影响，特别是受其年龄、职业、经济状况、生活方式、个性以及自我观念的影响。

4. 心理因素

消费者购买行为要受动机、知觉、学习以及信念和态度等主要心理因素的影响。

一个被激励的人随时准备行动。然而，他如何行动则受其对情况的知觉程度的影响。知觉不仅取决于刺激物的特征，而且依赖于刺激物同周围环境的关系以及个人所处的状况。人们之所以对同一刺激物产生不同的知觉，是因为人们要经历三种知觉过程，即选择性注意、选择性曲解和选择性记忆。

一个人的学习是通过驱使力、刺激物、诱因、反应和强化的相互影响而产生的。由于市场营销环境不断变化，新产品、新品牌不断涌现，消费者必须经过多方收集有关信息之后，才能作出购买决策，这本身就是一个学习过程。通过行为和学习，人们获得了自己的信念和态度，而信念和态度又反过来影响人们的购买行为。态度能使人们对相似的事物产生相当一致的行为。一个人的态度呈现为稳定一致的模式，改变一种态度就需要在其他态度方面做重大调整。

综上所述，一个人的购买行为是文化、社会、个人和心理因素之间相互影响和作用的结果。其中很多因素是市场营销者无法改变的，但这些因素在识别那些对产品有兴趣的购买者方面颇有用处。其他因素则受到市场营销者的影响，市场营销者借助有效的产品、价格、地点和促销，可以诱发消费者的反应。

(二) 消费者购买决策过程

市场营销者在分析了影响消费者购买行为的主要因素之后，还需要了解消费者如何真正作出购买决策，即了解谁作出购买决策、购买决策的类型以及购买过程的具体步骤。

1. 参与购买的角色

(1) 发起者，即首先提出或有意向购买某一产品或服务的人。

(2) 影响者，即其看法或建议对最终决策具有一定影响的人。

(3) 决策者，即对是否买、为何买、如何买、何处买等购买决策作出完全或部分最后决定的人。

(4) 购买者，即实际采购人。

(5) 使用者，即实际消费或使用产品和服务的人。

2. 购买行为类型

根据参与者的介入程度和品牌间的差异程度，可将消费者购买行为分为四种：

(1) 习惯性购买行为。

对于价格低廉、经常购买、品牌差异小的产品，消费者不需要花时间进行选择，也不需要经过收集信息、评价产品特点等复杂过程，因而其购买行为最简单。

（2）寻求多样化购买行为。

有些产品品牌差异明显，但消费者并不愿花长时间来选择和估价，而是不断变换所购产品的品牌，这样做并不是因为对产品不满意，而是为了寻求多样化。

（3）化解不协调购买行为。

有些产品品牌差异不大，消费者不经常购买，而购买时又有一定的风险，所以消费者一般要比较、看货，只要价格公道、购买方便、机会合适，消费者就会决定购买。购买以后，消费者也许会感到有些不协调或不够满意；在使用过程中，消费者会了解更多情况，并寻求种种理由来减轻、化解这种不协调，以证明自己的购买决定是正确的。

（4）复杂购买行为。

当消费者购买一件贵重的、不常买的、有风险的而且又非常有意义的产品时，消费者对产品缺乏了解，因而需要有一个学习过程，以广泛了解产品性能、特点，从而对产品产生某种看法，最后决定购买。

3. 购买决策过程

在复杂购买行为中，购买者的购买决策过程由需求确认、收集信息、评价方案、决定购买和购买后行为五个阶段构成（见图 2-3）。

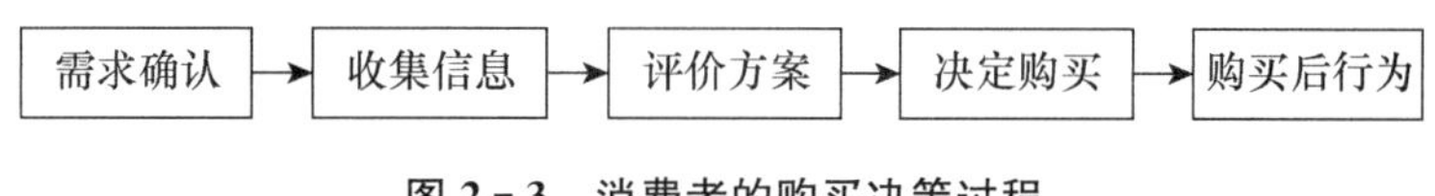

图 2-3　消费者的购买决策过程

消费者的需要往往由两种刺激引起，即内部刺激和外部刺激。市场营销人员应注意识别引起消费者某种需要和兴趣的环境，并充分注意以下两方面的问题：

一是注意了解那些与本企业的产品实际上或潜在的有关联的驱使力；

二是消费者对某种产品的需求强度会随着时间的推移而变动，并且被一些诱因触发。

在此基础上，企业还要善于安排诱因，促使消费者对企业产品产生强烈的需求，并立即采取购买行动。一般来说，引起的需求不是马上就能满足的，消费者需要寻找某些信息。消费者的信息来源主要有个人来源（家庭、朋友、邻居、熟人）、商业来源（广告、推销员、经销商、包装、展览）、公共来源（大众传播媒体、消费者评审组织）、经验来源（处理、检查和使用产品）等。

消费者对产品的判断大都建立在自觉和理性基础之上。消费者的评价行为一般要涉及以下几个问题：

（1）产品属性，即产品能够满足消费者需要的特性。例如计算机的储存能力、图像显示、软件的适用性等。

（2）属性权重，即消费者对产品有关属性所赋予的不同的重要性权数。

（3）品牌信念，即消费者对某品牌优劣程度的总的看法。由于消费者个人经验、选择性注意、选择性曲解以及选择性记忆的影响，其品牌信念可能与产品的真实属性并不一致。

（4）效用函数，即描述消费者所期望的产品满足感随产品属性的不同而有所变化的函数关系。它与品牌信念的联系是，品牌信念指消费者对某品牌的某一属性已达到何种水平的评价，而效用函数则表明消费者要求该属性达到何种水平才会接受。

(5) 评价模型，即消费者对不同品牌进行评价和选择的程序与方法。

了解消费者的需求及购买过程，是市场营销成功的基础。市场营销人员通过了解消费者如何经历引起需求、寻找信息、评价方案、决定购买和购买后行为的全过程，就可以获得许多有助于满足消费者需求的有用线索；通过了解购买过程的各种参与者及其对购买行为的影响，就可以为其目标市场设计有效的市场营销计划。

三、组织市场购买行为分析

企业的市场营销对象不仅包括广大消费者，也包括各类组织机构，这些组织机构构成了原材料、零部件、机器设备、供给品和企业服务的庞大市场。

(一) 组织市场的构成

组织市场是由各种组织机构形成的对企业产品和劳务需求的总和。它可分为三种类型，即产业市场、转卖者市场和政府市场（见图 2-4）。

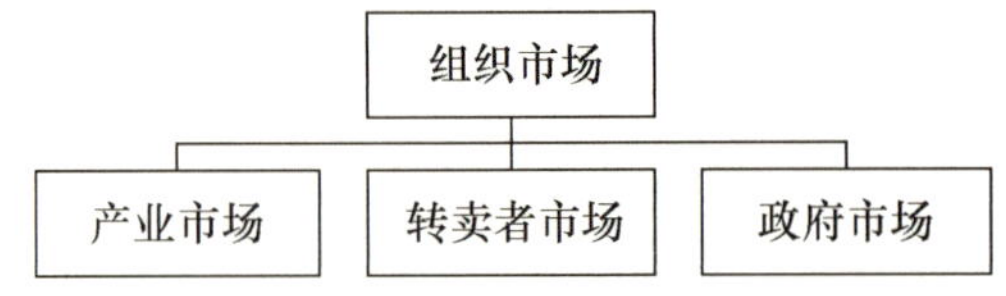

图 2-4　组织市场的构成

(1) 产业市场，又称生产者市场或企业市场，是指一切购买产品和服务并将之用于生产其他产品或劳务，以供销售、出租或供应给他人的个人和组织。

(2) 转卖者市场，是指那些通过购买商品和劳务以转售或出租给他人获取利润为目的的个人和组织。

(3) 政府市场，是指那些为执行政府的主要职能而采购或租用商品的各级政府单位。一个国家政府市场上的购买者是该国各级政府的采购机构。

(二) 产业市场购买行为

在组织市场中，产业市场的购买行为与购买决策具有典型的代表意义，在此对产业市场购买行为做进一步阐述。

1. 产业市场的特点

(1) 购买者的数量较少，购买者的规模较大。

(2) 购买者往往集中在少数地区。

(3) 需求是引申需求。

(4) 需求缺乏弹性。

(5) 需求是波动的。

(6) 专业人员购买。

(7) 直接购买。

(8) 相互购买。

(9) 租赁代替购买。

2. 产业购买者的决策参与者

在任何一个企业中，除了专职的采购人员之外，还有一些其他人员也参与购买决策过程。所有参与购买决策过程的人员构成采购组织的决策单位，市场营销学称之为采购中心。企业采购中心通常包括使用者、影响者、采购者、决定者和信息控制者五种成员。当然，并不是任何企业采购任何产品都必须有上述五种人员参加购买决策过程。

如果一个企业采购中心的成员较多，供货企业的市场营销人员就不可能接触所有的成员，而只能接触其中少数几位成员。在此种情况下，供货企业的市场营销人员必须了解谁是主要的决策参与者，以便影响最有影响力的重要人物。

3. 产业购买者的购买情况

（1）直接重购，即企业的采购部门根据过去和许多供应商打交道的经验，从供应商名单中选择供货企业，并直接重新订购过去采购的同类产业用品。此时，组织购买者的购买行为是惯例化的。

（2）修正重购，即企业的采购经理为了更好地完成采购工作任务，适当改变要采购的某些产业用品的规格、价格等条件。这类购买情况较复杂，因而参与购买决策过程的人数较多。

（3）新购，即企业第一次采购某种产业用品。新购的成本费用越高，风险越大，需要参与购买决策过程的人数和需要掌握的市场信息就越多。这类购买情况最复杂。

4. 产业购买者购买决策的主要影响因素

产业购买者购买决策的主要影响因素如图 2－5 所示。

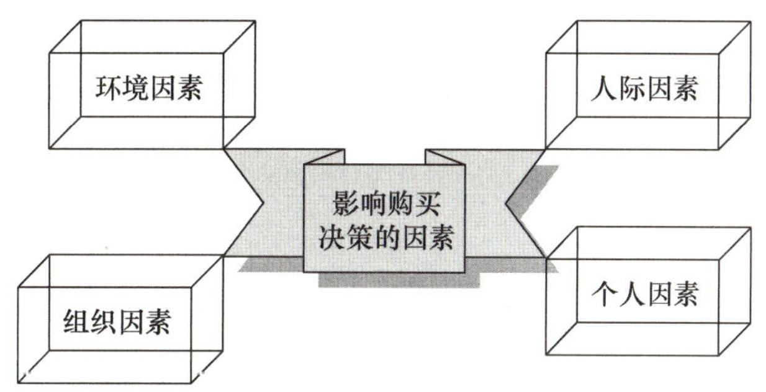

图 2－5　产业购买者购买决策的主要影响因素

（1）环境因素，即一个企业外部环境的因素，如一个国家的经济前景、市场需求、技术发展变化、市场竞争、政治等情况。

（2）组织因素，即企业本身的因素，如企业的目标、政策、步骤、组织结构等。

（3）人际因素，如上所述，企业的采购中心通常包括使用者、影响者、采购者、决定者和信息控制者，这五种成员都参与购买决策过程。这些参与者在企业中的地位、职权、说服力以及他们之间的关系有所不同。这种人事关系会影响产业购买者的购买决策和购买行为。

（4）个人因素，即各个参与者的年龄、受教育程度、个性等。这些个人因素会影响各个参与者对要采购的产业用品和供应商的感觉、看法，从而影响购买决策和购买行动。

5. 产业购买者购买过程的主要阶段

产业购买者购买过程的阶段多少，取决于产业购买者购买情况的复杂程度。在直接重购这种最简单的购买情况下，产业购买者购买过程的阶段最少。在修正重购情况下，购买过程的阶段多一些。而在新购这种最复杂的情况下，购买过程的阶段最多，要经过八个阶段，即认识需求、确定需求、说明需求、物色供应商、征求意见、选择供应商、选择订货程序和检查合同履行情况。

第三节　市场细分与目标市场策略

一、市场细分

（一）市场细分的概念与实质

1. 市场细分的概念

市场细分的概念是由美国营销学专家温德尔·史密斯于20世纪50年代首先提出的，也称作市场细分化、市场分片或市场分割等。

市场细分是指企业在市场调研的基础上，依据其所面对的消费者（或用户）在需求上的各种差异，把整体市场划分为在需求上大体相近、具有某种相似特征的若干个市场部分，即子市场，从而选择适合企业营销活动开展的目标市场，并制定相应营销策略的一切活动的总称。它是对市场需求进行梳理、分类的过程，一个细分市场实际上就是一个需求大体相近的消费者群体或用户群。

 **管理周视 2-6**

J. C. 彭尼对妇女服装消费类型的分类

区分消费者的类型有多种角度，如年龄、收入、受教育程度、生活方式等，因为这些不同因素决定消费者对服装产品的不同需求。表2-2是美国知名品牌J. C. 彭尼对妇女服装消费类型的分类。

表2-2　J. C. 彭尼对妇女服装消费类型的分类

	保守型	传统型	时尚型
规模	占人口的23%；占总销售额的16%	占人口的38%；占总销售额的40%	占人口的16%；占总销售额的24%
年龄	35～55岁	25～49岁	25～49岁
价值观	保守，满足于现状	传统、活跃、忙碌、独立、自信	现代、活跃、忙碌、独立、非常自信
就业状况	有工作或无职业	家庭和职业为主	家庭和职业为主
收入	有限的可支配收入	收入可观	收入可观
追求的优点	价格，对促销反应强烈，喜欢舒适便利，对流行不感兴趣	质量，乐意支付多一些，喜欢传统款式，对新事物感兴趣	时尚，通过服饰表现自我，喜欢时尚色彩和款式，经常购物

资料来源：刘静，欧阳心力．基于顾客购买行为的服装零售策略——服装零售市场细分．商场现代化，2007（16）．

2. 市场细分的实质

首先，市场细分是企业根据消费者（或用户）对同类产品所表现出来的需求差异性，将其划分为具有不同特点的若干群体，因而它是对消费者（或用户）的需求所进行的分类，而不是对企业产品或劳务的直接分类。

其次，市场细分的客观基础是整体市场上存在需求的差异性，是企业适应消费需求差异的一种有效策略与方法。

将整体市场细分为若干个子市场，是为了使单个子市场内部的异质性减少，表现出同质性。简而言之，就是在经过细分的每一个子市场上，消费需求具有类似性。当然，类似性指的是求大同存小异，而不是指完全的雷同。

知识链接 2-3

市场细分的理论依据

市场细分的观点是美国学者温德尔·史密斯（Wendell R. Smith）在总结了许多企业的市场营销经验后，于1956年提出的一种选择目标市场的策略思想。他主张凡市场产品或劳务的购买者超过两人，这个市场就有被细分的可能。它的理论依据是消费者需求的绝对差异性和相对同质性。

消费者需求的差异性是指消费者对某一产品的质量、特性、规格、档次、花色、款式、价格、包装等方面的要求各不相同，或者在购买行为和购买习惯等方面存在差异。相对于市场产品整体来说，这种差异是绝对存在的。比如牛奶，就其口味这一属性而言，有人喜欢鲜奶，有人喜欢纯牛奶，有人喜欢甜牛奶，还有人喜欢酸牛奶。正是由于这些需求的差异性，使市场细分成为可能。消费者需求的同质性是指消费者对某一产品的需要、欲望、购买行为以及对企业营销策略的反应等方面具有基本相同或相似的一致性，如米、油、盐、水、电等产品。同质性需求是相对的、暂时的，会随着其他影响因素的变化而改变。

市场细分理论提出后，受到了企业的广泛重视和普遍应用，成为企业市场营销战略的主要内容。但也有人认为，过度的市场细分只能使产品种类陡增，管理难度加大，产品成本上升，企业效益反而降低。因此，又出现了“市场同合”理论，提出寻求消费者群体中的某种共性，主张根据成本与收益的关系适度细分市场。这实际上是一种理性的市场细分。

资料来源：兰苓，刘志敏．市场营销学．北京：中央广播电视大学出版社，2006.

（二）市场细分的依据

如前所述，市场细分的客观基础是整体市场上存在需求的差异性，因此，市场细分的依据就是形成需求差异的各种因素。

1. 消费者市场的细分依据

（1）地理因素。即依据市场所处不同地理区域进行细分，它主要包括地区、气候、城乡差别、城镇规模等指标。

（2）人口因素。它主要包括消费者年龄、性别、收入水平、职业、受教育程度、家庭生命周期等因素。此外，消费者的国籍、种族、社会阶层、宗教信仰等因素也是影响其需求的变量，同样可以作为企业市场细分的依据。

（3）心理因素。它主要包括购买动机、购买习惯、生活方式、性格、价值取向、对商品供求以及销售方式的感受程度等因素。

（4）行为因素。它主要包括消费者购买商品的时机、所寻求的利益、购买频率、使用状况、对品牌与商品的了解和态度等。

管理周视 2-7

工商银行网上银行客户细分

在工商银行电子银行营销客户分类中，可以依据很多因素来分类，这里可以采用两个依据来分类：

1. 客户行为因素

影响企业网上银行客户使用行为的因素较为复杂，除了从常规的客户数据加以分析外，不同阶段的经济发展和行业景气等外在因素也影响着客户使用网上银行的行为。可从以下要素分类：（1）开通时长；（2）月使用频率增加；（3）开户/展期意愿；（4）投诉频率增加；（5）交易笔数增加；（6）交易金额增加；（7）开通增值业务或有增值业务需求；（8）交易费、年费、开通费及时缴纳；（9）月均企业网上银行与柜面或其他业务交易笔数之比。

2. 客户价值因素

影响客户分群的价值因素主要依据客户直接或间接为网上银行业务带来的价值这个标准。只要给网上银行业务带来增值和业绩提升，都可以作为影响客户价值的因素，具体细分标准有：（1）开通时长；（2）月使用频率；（3）开户/展期意愿；（4）参与投诉与建议；（5）交易笔数贡献度；（6）交易金额贡献度；（7）网上银行手续费收入；（8）开通增值业务或有增值业务需求；（9）柜面及其他业务贡献度。

工商银行企业网上银行客户细分见表 2-3、表 2-4。

表 2-3　　工商银行企业网上银行客户细分（一）

$0.59<\lambda<1$	开通时长	月使用频率增加	开户/展期意愿增加	投诉频率增加	交易笔数增加	交易金额增加	开通增值业务或需求增加	交易费、年费等	月均网银与柜面其他业务数
跨国集团客户	1	1	1	0	0	1	0	1	1
全国集团客户	1	1	1	0	0	1	0	1	1
大型企业客户	1	1	1	0	0	1	0	1	1
中型企业客户	0	0	0	1	0	0	0	0	0

续前表

0.59<λ<1	开通时长	月使用频率增加	开户/展期意愿增加	投诉频率增加	交易笔数增加	交易金额增加	开通增值业务或需求增加	交易费、年费等	月均网银与柜面其他业务数
小型企业客户	0	0	0	0	1	0	1	0	0
有贷款客户	1	1	1	0	0	1	0	1	1
机构或同业客户	0	0	0	0	1	0	1	0	0
柜面结算频繁或柜面结算金额特大客户	1	1	1	0	0	1	0	1	1
一般结算客户或税户	1	1	1	0	0	1	0	1	1

注：数字“1”表示某类客户对于企业网上银行业务的某一方面具有相对更大的价值或相对贡献更多；数字“0”表示该类客户较其他客户参与投诉与建议较少。

表 2-4　　工商银行企业网上银行客户细分（二）

0.60<λ<1	开通时长	月使用频率增加	开户/展期意愿增加	投诉频率增加	交易笔数增加	交易金额增加	开通增值业务或需求增加	交易费、年费等	月均网银与柜面其他业务数
跨国集团客户	1	1	0	1	0	1	1	0	0
全国集团客户	1	1	0	1	0	1	1	0	0
大型企业客户	1	1	1	1	0	1	1	0	0
中型企业客户	1	1	0	1	0	1	1	0	0
小型企业客户	0	0	0	0	1	0	0	1	1
有贷款客户	1	1	0	1	0	1	1	0	0
机构或同业客户	1	1	0	1	0	1	1	0	0
柜面结算频繁或柜面结算金额特大客户	0	0	0	0	1	0	0	1	1
一般结算客户或税户	0	0	0	0	1	0	0	1	1

注：数字“1”表示某类客户对于企业网上银行业务的某一方面具有相对更大的价值或相对贡献更多；数字“0”表示该类客户较其他客户参与投诉与建议较少。

资料来源：孙尤嘉．企业网上银行客户模糊聚类分群分析——兼论工商银行网上银行的目标市场定位和市场细分．金融论坛，2009（3）．

2．生产者市场的细分依据

（1）生产者市场的最终用户。

不同行业的最终用户通常会对产品的规格、型号、品质与功能等方面提出不同要求，寻求不同利益，据此来细分生产者市场便于企业针对性经营，设计不同的市场营销组合方案。

（2）生产者市场的用户规模。

在生产者市场上，用户规模大小对企业营销活动的影响，要远比消费者市场更为明显，用户对企业产品的需求量、企业营销的产品、价格、销售渠道等产生直接的影响。

（3）生产者市场的用户地点。

任何一个国家或地区，由于其自身的自然地理条件、社会环境、历史发展及生产力布局等客观因素的影响，会形成不同的产业区域。

掌握了消费者市场和生产者市场的细分依据后，需要注意的是，企业在运用这些因素进行市场细分时，并非只是考虑运用其中某一个因素进行市场细分。通常情况下，往往是使用多个依据进行多重属性的细分，但这并不意味着运用的细分依据越多、将市场分得越细越好。

（三）有效市场细分的条件

企业对整体市场进行细分有许多依据与方法，然而并非所有的细分都是有效的，形成有效的细分市场要具备以下几个条件：

（1）差异性。只有消费需求存在差异性，才能将市场进行细分。

（2）可衡量性。细分后的子市场的购买力与规模大小要能够被识别和衡量。

（3）可进入性。企业必须能够进入该细分市场。

（4）盈利性。企业必须能够在细分后的子市场获得利润。

（5）稳定性。细分后的子市场要具备相对的稳定性。

二、目标市场策略

目标市场是企业在市场细分的基础上，经过分析、比较和选择后所确立的为之服务的消费者（或用户）市场。目标市场与市场细分是两个既有区别又相互联系的概念。市场细分是企业发现市场上未满足的需求与按不同需求划分市场的过程，而确定目标市场则是企业根据自身条件和特点选择其中一个或几个子市场作为营销对象的过程。所以，选择目标市场的前提条件是市场细分，而市场细分的目的和归宿则是目标市场的选择。表 2-5 是我国工程咨询市场的划分示例。

表 2-5　　工程咨询市场的划分

划分依据	划分类型		
工程咨询地域范围	国际工程咨询市场	国家工程咨询市场	地方工程咨询市场
工程咨询对象	国际工程咨询市场	政府工程咨询市场	民间工程咨询市场
工程咨询的目的	政策咨询市场	技术咨询市场	信息咨询市场

资料来源：于明文，郎永军．工程咨询企业市场细分及目标市场的选择．辽宁工程技术大学学报（社会科学版），2006（3）：275-277.

（一）选择目标市场的条件

1. 市场具有一定的规模和增长潜力

市场规模与增长潜力关系到企业利润的实现以及将来的发展态势。这里所指的规模和增长潜力主要是就与企业的规模和实力相适应的程度而言的，并非指市场容量越大越有利于企业营销。

2. 市场具有足够的吸引力

就市场吸引力而言，企业首先考虑的因素是在市场上的盈利水平及盈利潜力的大小。同时，由于竞争者的存在以及企业自身在竞争中所处的位置，企业在分析市场吸引力时还会考虑以下几个因素：现实与潜在竞争者状况、替代产品、购买者情况、供应商状况。只有这些因素经过综合评估后符合企业利益，企业才会也才能将其作为自己的目标市场。

3. 市场与企业目标、资源和优势的吻合度

仅仅规模较大、盈利水平较高、有极大吸引力的市场，对企业而言并不一定是最好的目标市场。只有符合企业长远发展目标、能够充分利用企业资源条件并能发挥企业优势的市场，才是企业开展营销活动的最理想目标市场。

（二）可供选择的目标市场模式

1. 市场集中化

市场集中化是指企业只选择一个细分市场，实行密集性营销，即生产一种产品供应给某一类消费者（或用户群）。这是一种最简单的目标市场模式。规模较小的企业和大企业初次进入市场常用此模式。

2. 产品专门化

产品专门化是指企业面向各类消费者（或用户群）只集中生产供应一种产品。此模式有助于企业发挥生产与技术的潜能，在某产品领域树立形象。

3. 市场专门化

市场专门化是指企业面对一类消费者（或用户群），生产经营其所需要的各种产品。这种多类型产品经营模式能够有效分散企业经营风险，并在此类顾客中树立良好声誉。

4. 选择专门化

企业选择适合自身营销条件的若干细分市场作为目标市场，其中每个细分市场都能为企业提供市场机会，但各细分市场之间在产品、消费者（或用户群）等方面很少甚至没有任何内在联系。实际上这是一种多元化经营模式，它能够有效地分散经营风险，即使在某一细分市场失利也有望在其他细分市场上弥补回来。

5. 完全覆盖市场

完全覆盖市场是指企业生产多种产品面向各种消费者（或用户群）。它一般多为实力雄厚的大企业所采用。

（三）目标市场策略

1. 无差异性营销策略

这一策略是指企业只推出一种产品，采用一套营销方案吸引其市场上的所有顾客。采用此策略的企业将整个市场看作一个大的目标市场，忽视细分市场间的需求差异性而只注重市场的共性。

采用此策略的优点在于：无须进行市场细分，生产经营的产品品种少、批量相对大。因此，可以让企业集中精力开展营销活动，节省大量的市场调研、产品开发、营销等费用的支出，做到成本经济性。

此策略的缺点在于：一种或一类产品长时间被其市场所接受是极为罕见的；如果采用此策略的企业较多，就会在较大共性市场上造成激烈的竞争，难以获利，而较小市场部分的需求则得不到满足。

2. 差异性营销策略

这一策略是指企业在市场细分的基础上，根据细分市场之间的差异性，按每个细分市场的需求特点，设计生产或经营不同的产品，采取不同的营销方案来满足各细分市场的不同需求。

采用此策略的优点在于：不同营销方案能适应不同顾客的消费需求，可扩大销售量，提高市场占有率，增强企业竞争力。

此策略的缺点在于：由于生产经营的产品品种多，会造成企业营销成本的增加。

3. 集中性营销策略

这一策略即在市场细分的基础上选择一个或少数几个细分市场作为企业的目标市场，集中企业营销力量，制定一套营销方案，进行专门化的生产和销售。它所追求的不是在较大的市场上占有较小的份额，而是在较小的市场上占有相对较大的市场份额。

采用此策略的优点在于：由于目标市场相对集中，同时只采用一套营销方案，因而企业可以生产更为适销对路的产品，企业能充分发挥优势，进行专业化经营，有利于企业节省营销成本、增加盈利、树立企业形象。

此策略的缺点在于：由于选择的市场区域相对较小，企业发展受限制；另外，一旦目标市场突然发生变化，企业有可能陷入困境而面临较大风险。

上述目标市场策略各有优缺点，企业无论选择运用哪一种策略，都必须从本企业的特点和条件出发，充分发挥企业优势，以取得最佳营销效果。

管理周视 2-8

生态旅游市场需求及营销策略

生态旅游市场需求是生态旅游者在一定时间内愿意按照一定价格购买某一旅游产品的数量。通过对旅游市场需求的分析，可以根据市场对产品需求的状况，有针对性地开发生态旅游产品和引导理性的旅游消费，并可以把握营销机会和对营销活动有效地实施控制，为营销主体创造良好的效益。生态旅游市场需求虽然产生于现代人回归大自然的要求，但由于生态旅游产品和市场在时空和类型上的层次性和多样性，也决定了多种需求状态同时存在。只有针对不同需求状态采取对应的营销策略，营销主体才能在激烈的市场竞争中获得比较优势。生态旅游市场需求状态及营销策略见表 2-6。

表 2-6　生态旅游市场需求状态及营销策略

需求状态	特点描述	营销策略	具体措施
负需求	对某类生态旅游产品不喜欢甚至厌恶或害怕	扭转型营销	分析原因，引导需求，扭转态度
无需求	对生态旅游产品无动于衷或不感兴趣但不反感或厌恶	刺激型营销	创造需求，刺激需求
潜在需求	某类生态旅游产品不能满足旅游者的需求	开发型营销	开发旅游新产品

续前表

需求状态	特点描述	营销策略	具体措施
下降需求	一种或几种生态旅游产品需求下降	创新型营销	市场营销组合创新，重新刺激市场的需求
不规则需求	由生态旅游产品的季节性和市场出游时间的灵活性引起	同步型营销	灵活定价，限量接待，改变旅游方式，平衡需求
充分需求	生态旅游产品销售已达目标，市场需求仍有扩大趋势	维持型营销	维护品牌形象，培养品牌忠诚，维持当前需求水平
超饱和需求	市场需求超过了生态旅游产品的环境承载能力	低营销	提高价格，减少营销投入，降低市场需求或开发新产品分流现有市场
有害需求	市场对某些不健康生态旅游产品的需求	反营销	宣传需求的危害性，破坏市场的不健康需求

资料来源：周敦源. 生态旅游市场营销策略及目标市场策略探讨. 江苏商论，2006（1）.

第四节　市场营销策略

市场营销策略通常采用产品策略、价格策略和渠道策略的组合形式。

知识链接 2－4

营销组合策略的演化

1. 4Ps 营销组合策略

“营销组合”是美国哈佛大学教授尼尔·恩·鲍敦首先提出的概念。1960 年，美国市场营销专家麦卡锡教授在人们营销实践的基础上，提出了著名的 4Ps 营销策略组合理论。该理论认为，市场营销组合策略可视为一个大系统，它由相互联系的产品策略、定价策略、分销渠道策略及促销策略四个子系统组成，即产品（product）、定价（price）、渠道（place）、促销（promotion），每个系统又有其独立的结构。企业在明确自己的目标市场后，就应针对该目标市场的具体需求，优化配置已有的资源，制定适合的营销策略，设计最佳的综合营销方案，以达到企业的预期目标。“4Ps”是营销策略组合通俗经典的简称，它奠定了营销策略组合在市场营销理论中的重要地位，为企业实现营销目标提供了最优手段，即最佳综合性营销活动，也称整体市场营销。

2. 6Ps 营销组合策略

1986 年，美国著名的市场营销学家菲利普·科特勒教授提出了大市场营销策略，在原 4P 组合的基础上增加两个 P，即权力（power）和公共关系（public relations），简称6Ps。科特勒给大市场营销下的定义为：为了成功地进入特定市场，在策略上必须协调地运用经济、心理、政治和公共关系等手段，以取得外国或地方有关方面的合作和支持。

3. 11Ps营销组合策略

1986年，美国著名的市场营销学家菲利普·科特勒教授又提出了11P营销理念，即在大营销6P之外加上探查（probe）、分割（partition）、优先（prioritizing）、定位（position）和人（people），并将产品、定价、渠道、促销称为“战术4P”，将探查、分割、优先、定位称为“战略4P”。该理论认为，企业在“战术4P”和“战略4P”的支撑下，运用“权力”和“公共关系”这2P，可以排除通往目标市场的各种障碍。

4. 4Cs营销组合策略

1990年，美国市场学家罗伯特·劳特伯恩教授提出了4Cs理论，即顾客（customer）、成本（cost）、便利（convenience）和沟通（communication）。该理论针对产品策略，提出应更关注顾客的需求与欲望；针对价格策略，提出应重点考虑顾客为得到某项商品或服务所愿意付出的代价，并强调促销过程是一个与顾客保持双向沟通的过程。4Cs理论的思想基础是以消费者为中心，强调企业的营销活动应围绕消费者的所求、所欲、所能来进行，这与以企业为中心的4Ps理论有着实质上的不同。

资料来源：Diane. 营销组合策略（1）——理论的演化.（2007-11-21）[2011-11-12]. http://diane.blogbus.com/logs/1090 9109.html.

一、产品策略

（一）产品整体概念

产品是指提供给市场，用于满足人们某种欲望和需要的任何事物，包括实物、服务、场所、地点、组织、人员、思想、创意和观念等。随着社会经济的发展，产品的内涵逐步扩大，电视机、计算机、住房等有形物品是产品；美容、咨询、培训、教育等服务，体育、影视明星等演艺人员，会展中心、桂林山水等场所和地点也是产品；而消费者权益保护协会、法律援助中心等组织，环保、民主等意识和观念更是现代意义上的产品。随着社会经济和科技的发展，产品的外延也在不断扩大。

（二）产品生命周期营销策略

1. 产品生命周期的概念

产品生命周期是指产品从投放市场到被淘汰出市场的全过程，是指产品在市场上的存在时间，其长短受消费者需求变化、产品更新换代的速度等多种因素的影响。

产品生命周期与产品定义的范围有直接关系。根据产品定义范围的大小，产品生命周期可分为产品种类的生命周期、产品形式的生命周期和产品品牌的生命周期三种。产品种类的生命周期要比产品形式、产品品牌的生命周期长，有些产品种类生命周期中的成熟期可能无限延续。产品形式的生命周期一般表现出比较典型的生命周期过程，即从萌芽期开始，经过成长期、成熟期，最后走向衰退期。产品生命周期与营销利润的关系如图 2－6 所示。

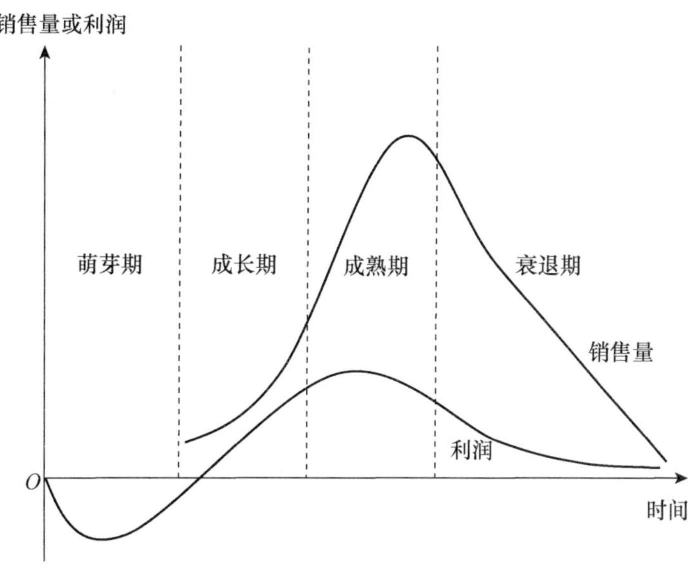

图 2－6　产品生命周期与营销利润

2. 产品市场生命周期的策略

(1) 萌芽期的营销策略。

对处于萌芽期的产品，企业总的思路应该是迅速扩大销售量，提高盈利，缩短萌芽期，尽量快速进入成长期。企业可根据市场具体情况，将促销与价格组合运用，选择相应的策略：

第一，迅速掠取策略，指以高价格和高促销水平推出新产品的策略。

第二，缓慢掠取策略，指以高价格和低促销水平推出新产品的策略。

第三，迅速渗透策略，指用低价格和高促销水平推出新产品的策略。

第四，缓慢渗透策略，指用低价格和低促销水平推出新产品的策略。

(2) 成长期的营销策略。

产品进入该时期后，其销售额和利润都呈现出迅速增长的势头，故企业的营销思想应是尽可能延长成长期的时间，并保持旺销的活力。其主要策略有如下几个方面：

第一，集中必要的人、财、物资源，改进产品质量，增加花色品种，扩大产品批量。

第二，进一步细分市场，扩大目标市场。

第三，改变广告宣传目标，以树立企业和产品形象为中心，为产品争创品牌。

第四，建立高绩效的分销渠道体系。

(3) 成熟期的营销策略。

成熟期由于生产能力过剩，市场竞争加剧，销售增长速度变缓慢甚至出现下降趋势，此时期企业的营销思想应该是尽量延长生命周期，使已处于停滞状态的销售增长率和利润率重新得以回升。其主要策略有以下几种：

第一，产品改革策略。从产品的特性、质量、式样和附加产品等方面进行改革，满足消费者的不同需要，从而为产品寻求新用途。

第二，市场改革策略，即开发新的目标市场，寻求新顾客。其方式有：寻求新市场，到原来没有销售过的国家或地区销售产品；发展产品的新用途，即不改变产品质量、功能而发掘产品新用途，用于其他领域，从而延长产品的生命周期。

第三，市场营销组合改革策略，即对产品、定价、分销渠道和促销这四个因素加以改革与调整，如降价、增加广告、调整销售渠道、提供更多的售后服务等。

（4）衰退期的营销策略。

第一，逐步放弃策略。如果企业立刻放弃该产品将会造成更大损失，则应采取逐步放弃的策略。

第二，立刻改革策略。如果企业已准备好替代的新产品，或者该产品的资金可能迅速转移，或者该产品存在危害，则应当机立断，放弃经营。

第三，自然淘汰策略。企业不主动放弃该产品，继续沿用以往的营销策略，保持原有的目标市场销售渠道，直到产品完全退出市场为止。

（三）产品品牌与包装策略

1. 产品品牌及其策略

品牌是指用来识别卖者的产品或劳动的名称、符号、象征、设计或由它们的组合所构成，用来区别本企业与同行业其他企业同类产品的商业名称。企业合理使用品牌及品牌组合以便更有效地传递信息、提高市场占有率的技巧称为品牌策略。品牌策略一般有以下几种：

（1）有品牌和无品牌策略。

并不是所有的产品都必须采用品牌，由于采用品牌要发生一定的费用，因而若使用品牌和不使用品牌对经营效果影响不大的话，产品不一定要使用品牌。

（2）制造商品牌与经销商品牌策略。

消费者一般依据制造商的品牌和经销商的品牌选购商品。一般来说，如果企业在一个新的市场上销售商品，或者市场上本企业的信誉不及经销商的信誉，则适宜采用经销商的品牌，也可以同时使用经销商品牌和制造商品牌。

（3）统一品牌和个别品牌策略。

统一品牌策略是指企业对其全部产品使用同一个品牌。采用这种策略的好处是节省品牌的设计费用，有利于提高企业的声誉。采用这种策略应注意该品牌在市场上已有较好的声誉，各种产品应具有大致相同的质量水平。个别品牌策略是指企业对各种产品分别采用不同的品牌。如果企业的产品类型较多，产品线之间的关联程度较小，适合选择个别品牌策略。对于一个拥有多条生产线或者具有多种类型产品的企业来说，也可采用统一品牌和个别品牌相结合的策略。

（4）多品牌策略。

多品牌策略是指企业在同类产品中同时使用两种或两种以上品牌。这种策略的好处有：可以增加品牌的陈列面积，增加顾客选购的机会，增加零售商对产品的依赖性；可以吸引喜好新牌子的消费者；可以满足不同的细分市场的需要，提升企业的形象。其不利方面在于：使用的品牌数量过多，导致每种产品的市场份额很小，企业资源分散。表 2－7 是世界上最有影响力的品牌名称示例。

表 2－7 世界上最有影响力的品牌名称

美国	欧洲	日本
可口可乐	奔驰	索尼
康宝	宝马	松下（National）
迪斯尼	飞利浦	丰田
百事可乐	大众	高岛山
NBC	阿迪达斯	精工
凯洛格	奈华	松下（Matsushita）
麦当劳	保时捷	日立
赫西		Suntory

资料来源：李飞，李翔. 世界最有价值品牌中文名称命名分析. 中国工业经济，2004（12）.

2. 包装策略

包装是指产品的容器或外部包扎物，是产品整体概念的重要组成部分。产品包装是一项技术性和艺术性很强的工作，也是展示产品和企业形象与实力的重要方式。包装策略主要有以下几种：

（1）类似包装策略。

类似包装亦称产品线包装，指企业所生产的各种不同产品，在包装上采用共同或相似的图案、形状或者其他共同的特征，使消费者容易发现是同一家企业的产品。类似包装可以节省包装设计的成本，有利于提高企业的整体声誉，特别适合新产品进入市场时采用。如果企业产品品质相差太大，则不宜采用这种策略。

（2）等级包装策略。

按照产品的价值、品质将其分成若干等级，并实行不同的包装。其优点是有利于消费者辨别产品的档次差别和品质的优劣，缺点是增加包装设计成本。

（3）组合包装策略。

组合包装是指把使用时相互关联的多种商品纳入一个包装容器中，同时出售，比如化妆品、针线包、文具等。这种策略不仅有利于充分利用包装容器的空间，而且有利于同时满足同一消费者的多种需要。

（4）再使用包装策略。

再使用包装指包装物还可以作其他用途。这样可以使消费者得到额外的使用价值。同时，包装物在使用过程中也可起到广泛宣传的作用，诱发消费者购买或引起重复购买。

（5）附赠包装策略。

附赠包装是指在商品包装物内附赠给消费者一定的物品或奖券。

二、价格策略

管理周视 2-9

欧盟再告微软捆绑销售垄断

继 2007 年 10 月的反垄断判决后，2009 年，欧盟委员会再次发表声明，直接起诉微软将因特网浏览器和电脑视窗操作系统捆绑的做法违反垄断法，同时限定微软在两个月内改变这种捆绑营销方式。

按照欧盟委员会的说法，微软公司将其 IE 浏览器与个人电脑视窗操作系统捆绑在一起的做法造成了网络浏览器市场垄断，对整个欧盟市场的正常竞争带来不利的影响，不仅妨碍了其他公司产品的创新，也减少了消费者在浏览器方面的选择空间。

资料来源：蔡伟. 欧盟再告微软捆绑销售垄断. 南方日报，2009-01-20.

（一）折扣与折让定价策略

很多企业都会调整其基本价格，以回报顾客的某些合情合理的行为，例如提早付款、批量购买、淡季购买等，这些价格调整就是折扣与折让。

1. 折扣

折扣是指在指定的时间内购买产品时直接对价格的一种减让。厂商可以针对不同的顾客和购买情况利用折扣来调整价格。其主要形式有：

（1）现金折扣，是指给予迅速付款顾客的一种价格减让。典型的例子是“2/10，信用净期为 30”，即应于 30 天内付清的贷款，如在 10 天内付清，可打 2 个百分点的折扣。

（2）数量折扣，是指给予大批量购货买主的价格减让。典型的例子是“购货 100 个单位以下的单价是 10 元，100 个单位以上的单价是 9 元。”这激励顾客向某个厂商多订货。

（3）季节折扣，是指对购买过季商品或服务的顾客提供的价格减让。例如，宾馆、旅游景点等服务行业会在业务淡季向顾客提供季节折扣，其目的是使厂商全年都能保持稳定的业务量。

2. 折让

折让是从目录价格降价的另外一种形式。例如，以旧换新折让是保证购新货时交回旧货所给予的降价，一般适用于一些耐用品的销售。促销折让是指为那些参加广告宣传活动以及支持销售计划的厂商所提供的付款或价格减让。

3. 返券

返券是当购买数量达到规定金额时向顾客返还购物券的一种折扣。如“满 300 元，送 100 元（购物券）”“满 500 元，送 200 元（购物券）”等。

管理周视 2-10

折让——还本销售策略

昆明市鑫龙工业品贸易公司曾使用一种崭新的还本销售策略，使公司营业额直线上升，一天的销售额相当于过去两个半月的销售额。

鑫龙公司的做法是：顾客购买 100 元以内的商品，3 年后持该公司发给的有关单据，交回所购商品，能收回全部购货款；类似的，购买 1 000 元以下的商品，5 年后能收回全部购货款；购买 1 000 元以上的商品，10 年后能收回全部购货款。比如：用户现购买 1 台 2 286 元的 21 英寸彩电，10 年后持该公司发给的有关单据，交回已用旧的彩电，就能全部退回 2 286 元购货款。

该公司透露，自实行"还本销售"后，每天的营业额都在 25 万元以上，资金周转速度达到每月 3 次。

资料来源：翟建华，孙德峰. 价格理论与实务. 3 版. 大连：东北财经大学出版社，2009：163-164.

（二）地区定价策略

（1）原产地定价，是指买方按照出厂价格购买某种产品，卖方只负责将产品运到产地的某种运载工具上交货，由买方承担其后所发生的全部费用和风险。

（2）统一交货定价（邮资定价），是指企业对于卖给不同地区顾客的产品均按照出厂价加平均运费定价。

（3）分区定价，是指卖主将市场划分为若干价格区域，以每个区域与卖主距离的远近分别制定不同的区域价格，而在各区域内则实行统一定价。

（4）基点定价，是指卖主选定某些城市作为基点，然后按一定的出厂价加上从基点城市到顾客所在地的运费来定价，而不管货实际上是从哪个城市起运的。有些公司为了提高灵活性，选定许多个基点城市，按照离顾客最近的基点计算运费。

（5）运费免收定价，是指为了减轻远距离购买者的运费负担，保护市场占有率，由卖方负担一部分或全部运费。

（三）心理定价策略

1. 尾数定价

企业在制定产品价格时以非整数为尾数。心理学家的研究表明，消费者习惯于接受尾数为非整数的价格。美国一些商业心理学家的研究表明，标价 49 美分的商品，其销售量远比标价 50 美分的多，而中国、日本的消费者则一般对末位数是 8 的价格比较满意。这是因为消费者对整数价格如 1 元、10 元等，往往从心理上认为是概括性价格，定价不准确；而对于非整数价格，消费者则往往认为计算准确，从而产生一种便宜感和信任感。同时，非整数价格与整数价格接近，但给消费者的心理信息是不同的。如一台电视机，定价不是 1 000 元而是 998 元，消费者感受到的便不是上千元的概念，而是几百元的概念，很显然，后者给人的感觉要低得多。

2. 整数定价

整数定价是指企业在制定产品价格时取整数，而不是零头。这种策略往往适用于一些高档消费品。因为对于某些高档消费品来说，价格往往是辨别其质量好坏的“指示器”。顾客往往认为，价格越高，质量越好。“一分钱一分货”就是这种价格心理的具体反映。特别是一些高档消费品，如家用电器、汽车、高档服装等，整数价格会提高产品的“身价”，如果把这部分高档消费品标为非整数价格，反而会不利于销售。

3. 声望定价

声望定价是针对顾客求名的心理动机而采取的定价策略。一些商场经过多年经营，在顾客心目中有了声望，这家商场出售的商品，价格就可以比一般商店高一些。一个品牌的商品成了名牌，消费者对它产生了信任，价格就可以定得高些，这就是声望定价。尤其是那些具有声望价值的商品，如贵重首饰、文物古玩、高级礼品等，买主一般具有较高的收入水平，所以比较注重心理需求的满足，他们购买这些高档商品是为了显示自己的地位和声望，故对这类商品的定价宜高不宜低。例如，在1985年巴黎博览会期间，有些外国商人有意订购中国景德镇出产的成套瓷器，但因定价仅300法郎，大大低于其他国家同类产品，反倒使不少顾客打消了订购的念头。

4. 招徕定价

招徕定价也称为“特价品”定价。企业有意将少数几种商品的价格降低到市价以下，甚至低于成本，以招徕顾客并增加其他商品的连带性购买，进而达到扩大销售商品的目的。采用这种策略时要注意用来招徕顾客的“特价品”必须是大多数家庭都需要的，而且市场价格为大多数顾客所熟悉，只有这样，才能使顾客知道这种商品确实低于一般市价，从而招徕更多的顾客。为什么超市能够吸引很多顾客？除了其购买方式独到之外，它的生活必需品的价格也较一般的商店便宜。

5. 习惯定价

有许多日用消费品，由于顾客经常购买，就形成了一种习惯价格，即顾客习惯于按此价格购买，比如油、盐、酱、醋、米等商品，其价格是家喻户晓的。销售这类商品宜采用习惯定价，不能轻易而又频繁地变动价格，否则会引起顾客不满。

管理周视 2-11

鲍洛奇的心理定价策略

吉诺·鲍洛奇是美国著名的推销大王，他总是有独特的思路，因而又被人们称为“怪才”。20世纪50年代，他创办的公司的杂碎罐头刚上市时，按照产品的成本和商业界惯例，每斤的价格应该不超过0.5元。负责营销的经理建议将价格定在0.47元～0.49元。这个建议得到了多数人的支持，但鲍洛奇却表示反对，他觉得这种定价方式太传统了，没有一点现代意识。他认为，在现代市场经济条件下，定价一定要按市场情况随机应变，对这样的一个新产品，只要价格涨得得当，就不会影响产品的销路。

因此，他建议首先将定价从 0.49 元涨至 0.59 元，并解释说："0.49 元的价格已被人们用得太滥了，已没有原有的那种心理促销作用，顾客也已对此感到厌烦，有的甚至将它视作一种欺骗行为；其次，在一般人的心目中，0.5 元以下的产品是低级品，0.5 元以上的产品才是高级品，一般家庭都是尽可能地避免买 0.5 元以下的廉价货，以免被人笑话，而我们将价格定在 0.5 元以上，既不太贵，又能使人们把我们公司的罐头视作便宜的高级品，这样销路才会好。"

鲍洛齐让大家接受了他的观点后，便配合自己的新型定价观念，进行了大规模的促销活动，口号是"让 1 分利给顾客"。仿佛他的产品本可以卖 0.6 元，是因为让 1 分利才定价为 0.59 元的。产品的销售结果完全证实了鲍洛奇的判断，很多高收入家庭也开始购买他们的产品，公司由此获得了巧妙涨价所带来的丰厚利润。

资料来源：翟建华，孙德峰．价格理论与实务．3 版．大连：东北财经大学出版社，2009：161.

（四）差别定价策略

差别定价策略是指企业按照两种或两种以上不反映成本费用的比例差异的价格销售某种产品或服务。

（1）顾客差别定价，是指企业按照不同的价格把同一种产品卖给不同的顾客。因职业、年龄、阶层等原因，顾客有不同的需求，企业定价时可采用相应优惠或相应提高价格的策略。

（2）产品形式差别定价，是指产品款式不同或型号不同，则有不同的价格。

（3）地点差别定价，是指同一种商品在不同地理位置的市场上有差异地定价。在实际生活中，同一种商品在不同地理位置的市场上，其需求强度是不同的，因此可制定不同的价格。我国的传统出口产品茶叶、生丝、桐油、猪鬃等在国际市场上需求十分旺盛，因此价格比国内高得多。

（4）销售时间差别定价，是指对不同季节、不同时期甚至不同终点的产品或服务分别制定不同的价格。

（5）用途差别定价，针对顾客所购买产品或劳务的用途不同而制定不同的价格，以鼓励某一方面需求的增长。

（五）新产品定价策略

1. 撇脂定价

撇脂定价是指在产品生命周期的最初阶段，把产品的价格定得很高以获取最大利润。它是一种高价格策略，指厂商在新产品上市的初期把价格定得较高，以便在较短的时间内可以收回全部投资，获得利润。当产品进入生命周期的后期，或高价吸引了更多的竞争者进入市场时，就应以低价出售，以进一步扩大市场份额。撇脂定价策略可以看作一个时间上的差别定价。在新产品上市的时候，厂商针对收入较高的消费者，向他们索取较高的价格，对于这部分消费者，价格弹性较小；随着时间的推移，再采取逐渐降低价格的策略，以争取大量对价格较敏感的那部分收入较低的消费者，由此获得更高的利润。

一般来说，撇脂定价策略适用于以下几种情况：

第一，产品从设计到实际投产有足够长的时间，使产品在高价出售时，竞争者或替代品来不及很快进入市场。

第二，初期的高价格能给消费者以产品是高档的、质量是可信的印象，因而使消费者认为高价格是合理的。

第三，创新性产品，高价格树立了产品的高质量形象。具体地说，它适用于那些具有独特技术、不易仿制、有专利保护、生产能力不能迅速扩大等特点的新产品。

管理周视 2-12

施乐干式复印机的定价策略

美国施乐公司1946年研制出了干式复印机——施乐914型复印机。当时市场上所有的复印机均为湿式。湿式复印机在使用时，必须用专门涂过感光剂的复印纸，而印出来的则是湿漉漉的文件，十分麻烦。相比之下，干式复印机就要便利得多，不仅可以直接印出干燥的文件，而且成本也不高。为了打入市场，让更多的顾客了解干式复印机的优点，该公司老板威尔逊打算把首批产品以成本价格推销。

此时，他的律师建议道："这是倾销，是法律所不允许的。"威尔逊听了很受启发，于是他决定把价格定为29 500美元。这个价格比成本高十多倍，似乎"涨"得太多，但威尔逊自有理由。他认为，这是新产品，只有高价才能体现其独特性。

干式复印机以29 500美元的高价推出后，竟14年无人问津，在此期间，公司为该产品耗去了75 000万美元，陷入了艰难的困境。即便如此，威尔逊仍不放弃最初定下的高价，他坚信干式复印机一定会取代湿式复印机。到了1960年，干式复印机一下子畅销起来，公司拼命生产，仍然供不应求。仅1960年一年，公司出售干式复印机的营业额高达3 300万美元，市场占有率达15%。5年后，营业额高达39 263万美元，市场占有率达66%。

资料来源：翟建华，孙德峰．价格理论与实务．3版．大连：东北财经大学出版社，2009：158.

2. 渗透定价

渗透定价是指企业把其产品的价格定得较低以吸引大量顾客，提高市场占有率。

下述情况通常可以采用渗透定价策略：

(1) 产品存在着较大的规模经济性，需要大批量生产才能大大降低单位产品成本。

(2) 产品的需求价格弹性较大，能用一种较低的价格吸引大量新的消费者，然后再诱使他们支付较高的价格来消费这种产品。

(3) 低价格会阻止潜在竞争者进入，并能阻止替代品的开发。

(4) 出于竞争或其他企业战略的考虑，企业需要用低价格来吸引大量顾客，打开市场或尽快占领市场，扩大市场份额，以谋求有利的市场地位。

(六) 产品组合定价策略

(1) 产品大类定价，是指一组相互关联的产品定价（产品线定价）。在安排价格差额时主要考虑它们之间的成本差额、顾客对这些产品不同外观的评价、竞争者的价格等。

(2) 选择品定价，是指与主要产品密切关联的任意选择的产品定价。任选品定价较高，靠它独立盈利多赚钱。任选品定价较低，把它作为招徕顾客的吸引点。

(3) 连带产品（互补产品）定价，是指必须和主要产品一同使用的产品定价。在市场经营中，很多企业往往把主要产品的价格定得较低，而把连带产品价格定得较高。

(4) 副产品定价。企业在生产过程中往往有一些副产品，企业必须为这些副产品寻找市场。副产品定价通常由副产品的储运费等固定费用加上可变成本构成。

(5) 产品组合定价。企业以某一价格出售一组产品，这一组产品的价格低于单独购买其中每一种产品的费用总和。

知识链接 2-5

影响定价的三大因素

价格形成及变动是商品经济中最复杂的现象之一，除了价值这个形成价格的基础因素外，现实中的企业，其价格的制定和实现还受到多方面因素的影响和制约，主要有以下三大因素。

● 竞争环境。竞争环境是影响企业定价不可忽视的因素。不同的市场环境存在不同的竞争强度。企业应该认真分析自己所处的市场环境，并考察竞争者提供给市场的产品质量和价格，从而制定出对自己更为有利的价格。

● 产品成本。产品成本是构成价格的主体部分，且同商品价格水平呈同方向变动。产品成本是企业实现再生产的基本条件，因此企业在制定价格时必须保证其生产成本能够收回。随着产量的增加以及生产经验的积累，产品的成本不断发生变化，这便意味着产品价格也应随之发生变化。

● 供求关系。供求规律是商品经济的内在规律，产品价格受供求关系的影响，围绕价值发生变动。受价格的影响，供给与需求的变化方向是相反的。如果在一个价格下，需求量等于供给量，那么市场将达到均衡。这个价格称为均衡价格，这个交易量称为均衡量。均衡价格即理论上的销售价格，是相对稳定的价格，是市场竞争迫使价格趋向供求平衡时对应的价格。

资料来源：兰苓，刘志敏．市场营销学．北京：中央广播电视大学出版社，2006.

三、渠道策略

（一）分销渠道的概念与类型

分销渠道是指产品或服务在向消费者转移的过程中，为取得这种产品或服务的所有权或帮助所有权转移的所有商业组织和个人。分销渠道的类型如图 2-7 所示。

1. 直接分销渠道

直接分销渠道是指生产企业不通过中间商环节，直接将产品销售给消费者。直接分销渠道是工业品分销的主要类型。

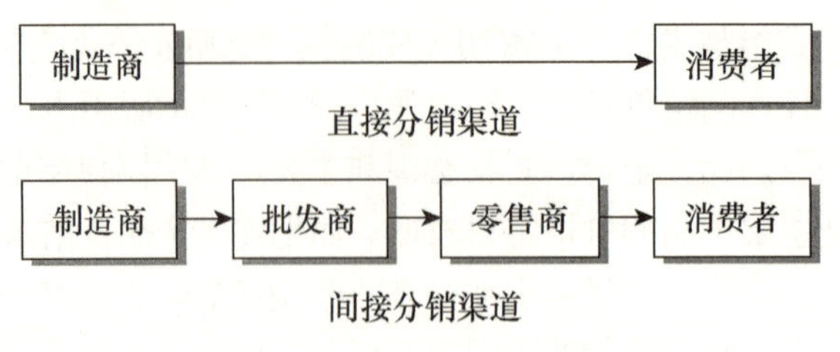

图 2-7　分销渠道的类型

2. 间接分销渠道

间接分销渠道是指生产企业通过中间商环节把产品送达消费者手中。间接分销渠道的典型形式是：制造商→批发商→零售商→消费者。间接分销渠道是消费品分销的主要类型。

知识链接 2-6

中间商及其类型

中间商由专门从事商品渠道经营活动的企业或个人组成，它们的基本职能是作为生产和消费之间的媒介，促成商品交换。中间商包括多种类型，按其在销售过程中是否拥有商品的所有权，分为经销商和代理商；按其在渠道中所起的作用，可以分为批发商和零售商。

经销商是指从事商品经销业务，并拥有商品所有权的中间商。经销商是销售渠道中主要的中间商。生产企业与经销商的关系，主要是通过买卖合同的形式维持的。

代理商是指受生产者委托，从事商品的营销业务，但不拥有商品所有权的中间商。生产企业通过合同与代理商建立代理关系，生产企业付给代理商一定数量的代理费和按销售比例提取的佣金作为报酬。

批发商是在工商企业之间进行大批量购销商品活动的商业企业。它们向生产企业收购商品（有时也向其他批发商进货），再把商品销售给零售商、生产者或其他批发商。其主要功能是集中、平衡、扩散、服务和承担风险。

零售商是指直接向消费者出售商品的商业企业，它是商品渠道的最终阶段，其功能就是为消费者和生产者服务。

资料来源：覃学强．企业管理实务．成都：电子科技大学出版社，2007：137.

（二）分销渠道成员分析

1. 选择渠道成员

生产者要明确具体渠道成员的条件，主要包括声誉、从业的历史年限、经营其他产品情况、创利润记录、债务偿还能力、资产及负债状况、协作的态度、销售人员的规模与素质等。

2. 激励渠道成员

对中间商的激励主要有如下几个方面：

（1）向中间商提供适销对路、物美价廉的产品。适销对路的产品是销售成功的基础，因而生产者提供符合市场需求的产品会受到中间商的欢迎。

（2）合理分配利润。生产者在产品定价方面要充分考虑到中间商的利益。对进货数量、信誉、财力、管理等不同的中间商给予不同的价格折扣，使中间商感到经营某生产者的产品会得到较理想的利润。

（3）促销支持。生产者承担宣传推广产品的全部或部分费用，不要求中间商承担或只承担部分费用，并且派出人员协助中间商安排商品陈列、举办展览和操作表演、帮助培训推销人员等，都会受到中间商的欢迎。

（4）资金资助。生产者可通过融资，采取售后付款或先部分付款的方式，促进中间商积极进货，努力推销产品。

（5）提供情报。生产者将获得的市场信息及时通报给中间商，同时也将生产方面的发展状况告诉中间商，使中间商心中有数，或邀请中间商共同探讨市场状态及发展动向，制定扩大销售的方案，使中间商能够有效地安排销售。

3. 评估渠道成员

评估的标准是生产者与中间商约定的项目，通常包括销售额完成情况、销量增长情况、产品的销售范围及占有率、向顾客交货的速度、平均存货水平、对损坏或损失产品的处理、对顾客服务的表现、在促销及员工培训方面的合作程度等。

4. 调整渠道成员

调整渠道成员主要包括增减渠道成员、增减销售渠道和变动分销系统等。

管理周视 2-13

美国杂志的零售渠道

美国杂志一般通过两种方式使杂志到达读者手中：一是订阅，二是零售。在美国杂志市场上，每一类杂志对这两种发行方式的倚重程度是不一样的。比如消费类杂志通过这两种方式来实现它们的销售，而专业类杂志则一般只有订阅这一种方式可以选择。

杂志出版公司编辑出版杂志，可以说是杂志零售的起点。美国杂志每年的零售量超过 20 亿份，约占全美杂志销售总量的 1/3。大约有 4 200 种杂志走的是零售市场。就零售环节来说，一本杂志从出版商到读者手中，通常要经过全国发行商、批发商和零售商三道环节。

1. 全国发行商（the national distributor）

全国发行商经营着 1 000 家出版商的 4 600 多种杂志的报摊零售业务。柯蒂斯（Curtis）、华纳（Warner）、赫斯特（Hearst）、时代发行公司和默多克杂志发行公司（Murdoch Magazines Distribution）是美国最大的几个全国发行商。出版商往往只和全国发行商联系，依赖它们销售和付款。

2. 批发商（the wholesalers）

批发商每天从全国各地的印刷厂收取杂志，安排每个零售商的发行数量，然后运送杂志，并把汇票寄给零售商。批发商的卡车司机和押送员在给零售商运送杂志的同时，收回上期未销完的杂志。

批发商通常会寄一份保证书给全国发行商以证明实际销售的杂志数量。杂志卖完之后，全国发行商向批发商支付定价收入的36%～40%，由批发商和零售商一起分享，有时则双方平分。

3. 零售商（dealer）

据统计，美国现有18万个各种杂志销售渠道，包括大约15种不同的零售商。有的零售商规模过小，以致平均每种杂志只销售2～3册，而在同一城市里，有的零售商则有销售上百册的能力。出版商几乎不和小零售商签订合同，其宣传活动只限制在大型连锁店或主要区域。全国发行商可直接从事处于零售商水平的市场营销活动，而出版商则很少有这种机会。

资料来源：叶新．美国杂志的订阅方式和零售渠道．http://www.mediaundo.com/blog/A10120－4/index.html.

（三）分销渠道策略

1. 渠道长度策略

渠道长度就是指产品在流通中经过级数的多少。营销学以中间机构的级数来表示渠道的长度。

（1）零级渠道指没有中间商参与，产品由生产者直接售给消费者的渠道类型。

（2）一级渠道包括一级中间商。在消费品市场上，这个中间商通常是零售商，而在工业品市场上，它可以是一个代理商或经销商。

（3）二级渠道包括两级中间商。消费品二级渠道的典型模式是经由批发和零售两级转手分销。

（4）三级渠道是包含三级中间商的渠道类型。

2. 渠道宽度策略

（1）密集分销。密集分销是制造商通过尽可能多的批发商、零售商经销其产品所形成的渠道。

（2）选择分销。选择分销是制造商按一定条件选择若干个同类中间商经销产品所形成的渠道。

（3）独家分销。独家分销是制造商在某一地区市场仅选择一家批发商或零售商经销其产品所形成的渠道，这是最窄的一种分销渠道形式。

3. 渠道联合策略

分销渠道还可以分为传统渠道系统和整合渠道系统两大类型。

（1）传统渠道系统是指由独立的生产商、批发商、零售商和消费者组成的分销渠道。传统渠道系统成员之间的关系是松散的。

（2）整合渠道系统是指在传统渠道系统中，渠道成员通过不同程度的一体化整合形成的分销渠道。整合渠道系统主要包括垂直渠道系统、水平渠道系统和多渠道系统。

垂直渠道系统是由制造商、批发商和零售商纵向整合组成的统一系统，包括公司式垂直渠道系统、管理式垂直渠道系统、契约式垂直渠道系统。水平渠道系统是由两家或两家以上的企业横向联合，共同开拓新的营销机会的分销渠道系统。多渠道系统是指生产企业通过多条渠道将相同的产品送到不同的市场或相同的市场。

管理周视 2-14

华为 3COM 公司的营销渠道

2004 年，华为 3COM 公司产品线进一步丰富，故进一步拓展了其二级营销渠道模式，并增多了“一级代理”的数量，开始分产品来设置分销总代。2004 年华为 3COM 公司渠道结构如图 2-8 所示。从产品销售角度来讲，华为 3COM 采用的是“混合级数”的渠道模式，既有一级渠道模式，又有二级渠道模式，大部分产品是通过总代、一代到二代，再通过二代销售给用户的。不过，产品总代和一级代理也可以将某些产品直接销售给最终用户。

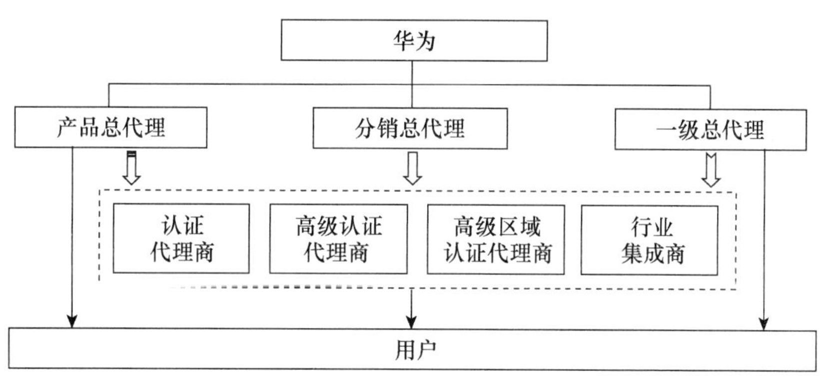

图 2-8　华为 3COM 公司渠道结构图

资料来源：http://www.1010job.com/review/ShowPost.asp?id=15230.

思考题

1. 市场营销观念的演变历程是什么样的？

2. 消费者的购买行为受到哪些因素的影响？如果你想购买一辆家用小轿车，你将考虑哪些因素？

3. 什么是市场细分？市场细分的目的是什么？

4．企业实施产品定价策略时需要考虑哪些因素？新产品进入市场时会采用哪些定价策略？

制造商将产品售出后，是顾客关系的起点，而不是终点。
——亨利·福特（1863—1947，美国汽车工程师与企业家，福特汽车公司创办人）

第三章　生产管理

科学地挑选工人，制订科学的工作标准，培训工人与完美的工作标准结合，辅之制订工作标准化，以科学的管理方法，创造出最高的生产率。

——弗雷德里克·温斯洛·泰勒（1856—1915，美国古典管理学家，科学管理之父）

学习目标

1. 掌握：生产计划的编制、生产流水线的控制、生产瓶颈的解决方法、5S管理、目视管理、看板管理。

2. 了解：生产计划、生产瓶颈、JIT生产方式、敏捷制造、精益生产、制造资源计划（MRPⅡ）。

开篇案例

上海通用汽车的精益生产

“柔性化共线生产、精益制造技术”是人们在谈到上海通用汽车先进的生产方式时经常提及的一点，但很少有人能真正明白什么是柔性化、什么是精益制造。实际上，柔性化与精益生产不仅是上海通用汽车生产制造的一个环节，更是从采购到销售整个企业流程运作的基本理念。作为一条柔性化精益制造的生产线，它仅仅是整个GMS（General Manufacture System，通用制造体系）中一个具体的工艺流程。

● 万事有道：标准化

标准化是整个GMS最基本的要素。作为一种现代化精益生产方式，最重要的是要确立标准和规范，只有在确立标准的基础上才能实现大规模的精益生产。同时，标准化所设定的基准又是持续改进的基础，它能支持最佳的操作方法，更有助于解决问题。看似简单的标准化实际上包含着众多方面，诸如工作场地布置标准化、定额工时管理的标准化、标准化的作业流程以及简单明了的视觉标记的运用和管理。

- 人人有责：制造质量

GMS 有一条原则：质量是制造出来的，而不是检验出来的。它的本质在于把质量观念置于整个产品生产制造环节，而非仅仅是最后的一道检验环节，它的意义在于不同环节、不同流程阶段的工人心中都要树立质量的观念，每发现一处缺陷都把它消灭在萌芽状态，体现了预防的理念。

- 永恒目标：缩短周期

制造周期是指从接受客户订单直至收到货款的全过程。缩短制造周期对企业有着非常重要的意义，交货期的缩短会获得客户的满意，同时客户反馈的过程加快。根据订单生产可以避免过量生产，减少流动资金的占用。

- 修正坐标：持续改进

持续改进是以标准化的实施为前提的，每一个小改进都是进一步提升的基础。持续改进的一个重要步骤就是全员的生产维修、设备维修的方式是自主保养加预防性维修加抢修。在自主保养方面强调操作工要对设备进行自主保养，形成“自己的设备自己维护”的主人翁意识。

- 以人为本：员工参与

上海通用汽车提倡员工参与的观念，不断激励员工，同时下放职权，给员工充分的参与和创造的空间。在上海通用汽车的车间里，可以看到每一个小组的休息点都有印制好的合理化建议单和建议箱，每一项被最终采纳的合理化建议都会得到物质和精神上的奖励。

资料来源：徐沁，贾洪芳．现代企业管理理论与应用．北京：清华大学出版社，2010：255-256.

第一节　生产管理概述

一、生产管理的概念

生产管理有广义和狭义之分，广义的生产管理是指对企业生产活动的全过程进行综合系统的管理，也就是以企业生产系统作为对象的管理。其内容包括生产过程的组织、劳动组织与劳动定额管理、生产技术设备工作、生产计划和生产作业计划的编制、生产控制、物资管理、设备和工具管理、能源管理、质量管理、安全生产、环境保护等。狭义的生产管理则是指以产品的生产过程为对象的管理。其内容主要包括生产过程组织、生产技术准备、生产计划与生产作业计划的编制、生产作业控制等。

知识链接 3－1

生产和生产运作概念的沿革

生产概念最初形成的是第一产业范畴意义上的。随着人类生产活动的扩展，生产的概念也被赋予新的内涵。到19世纪末，生产的含义随经济学中“效用”的概念进一步深化，生产被理解为是一种创造和增加物品效用的活动，将生产的概念进一步扩大到包括运输、销售、贸易等在内的服务活动。这样，物质产品（有形产品）的生产和非物质产品（无形产品）的生产之间的区别便不再明显，认为它们从本质上看都是能够满足人类某种需求的服务。过去习惯于将与工厂联系在一起的有形产品的制造称为生产（production/manufacturing），而将提供劳务的服务活动称为运作（operation），现在则不再加以严格区分，更多地统一称为运作，表示广泛的工作和作业，或者将两者并称为生产运作，或生产与运作（production and operation），都是将投入的要素转化为有形产品/无形劳务并由此而创造和增加物品效用的活动。

资料来源：郎宏文．企业管理基础．哈尔滨：黑龙江教育出版社，2007：149－150；王世良．生产与运作管理教程：理论、方法、案例．杭州：浙江大学出版社，2002：1．有删改．

二、生产计划的编制

生产计划是企业对在计划期内应完成的生产任务和进度做出的统筹安排。它具体规定企业在计划期内应当完成的产品的品种、质量、产量、产值、出厂期限等一系列生产计划指标。

（一）生产计划编制程序

1．明确计划期间

生产计划就期间而言，一般有月份生产计划、季度生产计划、半年度生产计划和年度生产计划。

2．确定计划的内容

制订一定期间范围内的生产计划，就必须先确定生产产品的类型、数量，以及在何处生产等。

3．进行产能、负荷分析

将要生产的工作量（负荷）与生产能力比较、分析加以调整取得平衡，如此才能使生产计划切实可行。

4．制订日程计划

日程计划是实施计划，按详细的时间计划如何进行生产。日程计划实际上是按日别或班别（轮班作业）将要生产的产品数量明确化。

（二）生产能力分析

1．生产能力分析的内容

（1）要生产哪些产品？生产进度是怎样的？生产期限是多久？

（2）生产这些产品需要哪些材料（按定额和合理损耗来推算）？每种材料需要多少？如何保证这些材料供应？

（3）生产这些产品对技术有什么要求？目前技术力量能否满足需要？如果不能，如何解决？

（4）生产这些产品需要使用哪些设备？需要多少设备？

（5）生产这些产品需要多少人力？现有多少人力？这些人力够不够？如果不够，差多少？怎样解决人力不足的问题？是重新组织，还是补充？

下面着重讲述上述问题中的技术、人力和设备负荷分析。

2. 技术能力分析

技术能力分析如表 3－1 所示。

表 3－1　技术能力分析表

产品名称	工序	各工序技术要求		企业现有技术力量		技术差距		解决方法
		人数	水平	人数	水平	人数	水平	
产品一								
产品二								
产品三								

3. 人力负荷分析

（1）计算人力需求。依据生产计划，针对各种产品的数量和作业标准时间，计算出生产每种产品所需要的人力，再将各种产品所需要的人力加总。

（2）比较现有人力与实际需要人力，求出差额（见表 3－2）。

表 3－2　人力需求计划表

序号	项目＼产品名称	产品 1	产品 2	产品 3	合计
1	标准工时				
2	计划产量				
3	标准总工时				
4	每人每月工时				
5	人员宽裕度				
6	所需人数				

注：a. 标准总工时＝计划产量×标准工时。
b. 每人每月工时＝每人每月工作天数×每人每天工作时数。
c. 人员宽裕度表示必要的机动人数，以备缺员时可以调剂，一般可定为 10%～15%。
d. 所需人数＝标准总工时÷每人每月工时×（1＋人员宽裕度）。

（3）想办法解决人力不足。一是调整负荷，延长工作时间或增长工作天数；二是向人力资源部申请补充人员。

（4）可设计并运用人力补充申请表（见表 3－3）。

表 3-3　　人力补充申请表

年　月　日

项目部门	补充人数	要求						到位时间	补充理由	补充岗位
		学历	资质	经验	身高	视力	其他			
合计										

审核：　　　　复核：　　　　制表：

4. 设备负荷分析

(1) 将所需设备进行分类。根据生产计划，分析完成计划的生产任务需要使用哪些设备，如车床、冲压机、注塑机、焊接机、电镀设备等。

(2) 计算各种机器设备的产能负荷。其计算公式如下：

单台设备产能＝作业时间÷单位产品标准时间

所有设备产能＝（总作业时间＋总标准时间）×设备台数×开机率

每日应生产数＝每种机器设备的合计计划生产数÷计划生产日期

(3) 比较现有设备负荷。将按上述方法计算出来的产能负荷减去现有设备产能负荷，则为产能负荷不足或剩余。

(4) 解决设备负荷不足或剩余问题（见表 3-4）。

表 3-4　　设备负荷不足或剩余问题分析

余缺状况 / 调整做法	不足	剩余
增减设备	增加设备	减少设备
外部	部分外包	外包收回
使用工时	加班或轮班	减少加班或轮班
临时工	增加临时工	减少临时工
开机率	增加开机台数	减少开机台数

（三）月份生产计划

月份生产计划不一定只限于一个月期间的计划，也可能是三至四个月期间的计划。

每月拟订须解决以下问题：产品的变更、库存的调整、销售计划的修订、生产能力的变化。

（四）日程计划拟订

1. 日程计划拟订要点

(1) 决定日程计划的条件：作业本身需要多少时间；各作业必须在何日开始，在何日完成。

(2) 拟订日程计划要确定的事项：能力的保证；对紧急生产量及作业的对策；对计划变更的考虑及贯彻；日程计划实施部门的工作计划；与销售、研发、资材等相关职能部门的合作。

2. 日程计划方式

(1) 负荷管理方式。

此管理方式以各日程为负荷中心，计算目前手头的订货量和必须加工作业的负荷量，按各中心累计，使负荷同能力对应，谋求平衡。制订日程计划的重心是产能负荷的分析、调整，以及与能力平衡的对策。

负荷管理方式的要领如下：首先必须掌握目前手头的工作量何时能结束，新的工作何时能开始；其次必须清楚新的工作大致需要花费多少时间；最后两者加以合计，即可推定“可完成的日期”。

(2) 基准日程计划方式。

此计划方式是使用事先已确定的，从投入到产出所需日数的“基准日程”来进行计划的方式。基准日程的构成见表 3－5。

表 3－5　　基准日程的构成

时间角度	主体作业时间
	辅助作业时间
	宽裕时间（等待加工、待检、待搬运等的停滞）
生产批量角度	同时加工批有多少
	移动批怎么样

基准日程的构成表是基准日程的体现，将各制程依序排列制作成表，具体地拟订各制程作业自开始至完成的日程。为了按交货期要求完成产品生产，就必须利用基准日程表来决定何时开始筹备、何时开始生产等，即标准地决定缓急顺序，才不至于发生材料、零件的过剩、短缺现象，才能进行合理的生产。

基准日程计划方式的步骤：

1) 同销售部门协商，确定订货产品的最后交货期。

2) 以最后交货期（出货日）作为起点，按一定的规则使用基准日程。

3) 使用基准日程，即从最后交货期做机械性的倒推算。

4) 以一定的规则算出“希望完成的日期”。

(五) 库存补充方式生产计划

1. 制订方法

(1) 运用 ABC 分析法，将产品品种按数量的大小顺序排列，确定量大及量小的品种。

(2) 量大的品种，以销售计划为基础订立生产计划。

(3) 量小而品种多的产品，则设定库存基准，依基准决定须补充的数量。

(4) 库存量一旦低于基准值即进行生产。

2. 负荷与产能的调整

按库存补充方式生产时，首先要考虑的是必须补充的量与生产能力的平衡，要很好地运用库存补充量，既需要确定适当的安全库存量，也应进行下述的负荷产能调整：

(1) 必须补充的量（负荷）大于生产能力时，把低于基准量的少数品种转至下次补充生产；同销售部协商，把适当的品种转至下次补充生产；减少某些限定品种的补充量。

（2）必须补充的量（负荷）小于生产能力时，把已接近低于基准值的品种挑出，作为本次补充生产；同销售部门协商，即使未低于基准值，只要品种适当，也作为本次补充生产。

（3）适当增加必须补充生产的量。

管理周视 3-1

先上市的板栗

在一个生产板栗的边远山村，每到深秋，漫山遍野的板栗挂满枝头，当地山民开始忙碌起来。因为新鲜的板栗最为抢手，如果谁能够先人一步运到城里，谁就能卖上好价钱，竞争可谓十分激烈。大家争先恐后地从山上采摘，然后运回家里，将刚刚收获的板栗全数倒出，全家老小围成一圈，将板栗依个头大小进行挑选分级，再马不停蹄地沿着新修的公路运往城里的批发市场销售，就像和时间进行一场赛跑。尽管每个人都在争分夺秒，但他们发现总是比村里的一个人慢半拍，每当他们心急火燎地赶到批发市场的时候，那个人早已开着空车返回了。几年下来，年年如此。人们不禁心生疑窦，他可能有什么诀窍吧？年年采摘后也不用挑选，直接运到城里去，而且还能卖个好价钱。人们带着疑问去请教，那人笑笑说：“我哪有什么诀窍？只不过每次摘下板栗，我就直接装进麻袋，并把麻袋直立在车上开进城里，路上尽量拣不平的路走，一路颠簸，小板栗自然到了下面，大板栗自然到了上面，这样就省去了挑选的时间，虽然没有你们分得精细，但我总是第一个到达市场的。”

资料来源：崔卫国，刘学虎．管理学故事会．北京：中华工商联合出版社，2005：242.

第二节 生产过程控制

管理周视 3-2

一汽大众的生产管理

一汽大众的生产计划一旦形成，就立即下达到各个生产部门，并分解到工位。同时，物料供应部门也根据计划要求，准确及时地将各种物料送往各个工位，每种物料都有各自的条形码作为标识，一旦某个工位的物料低于下限，就立即由计算机发缺料通知，这样可以边干边等，不至于发生停工待料的现象；而供货部门接到信号后，据其条形码信息可及时将物料送到所需工位。在生产和组装过程中，计算机对每一道工序都严格地进行监控，每个工位进行哪些工作、是否合格等信息都会被准确无误地存入计算机。

资料来源：徐沁，贾洪芳．现代企业管理理论与应用．北京：清华大学出版社，2010：224-225.

一、生产流水线的控制

(一) 流水线的特点

流水线就是通过某种形式将很多个各自独立的个体有机地联系在一起，并使其彼此关联、彼此制约，统一频率、统一速度，形成高效、匀速生产的作业流程。

流水线的作业特点见表 3-6。

表 3-6　　流水线的特点

序号	特点	具体解析
1	作业分工程度高，工序衔接紧密	每个人只做几道工序，加起来就生产出一件产品；但前工序若作业缺漏或者效果欠佳，就会影响后工序的顺利进行
2	生产要素有序配置且高度集中	一条生产线如何布局、每个人要完成哪几道工序、用多少材料、什么时候送到等，都需事先周密布置，不能缺漏其中任何一环，否则生产就无法进行
3	生产要素呈节拍性流动	每一道工序的加工时间是多少、隔多长时间投入材料、每一个动作需要多长时间、手工作业、机器作业、材料搬运等都要遵循该节拍，太快不行，太慢也不行。各生产要素的动作时间要么相等，要么呈整倍数关系
4	不良品成批发生，品质确保难度大	由于生产的不间断性，不良品很少在发生时就被发现并得到有效处理，往往要到一定数量才会引起重视
5	生产能力大，交货期容易确认	由于生产要素高度集中，而且是按一定节拍动作的，所以每一件产品的产出时间，每一个生产计划的完成时间都能准确计算出来

(二) 流水线管理要领

1. 线点颜色鲜艳

线点颜色要鲜艳，要与输送带底色完全不同且粘贴牢固。当有两套以上线点（混流）时，识别颜色必须不同。

2. 输送带行进速度稳定

输送带行进速度（节拍）必须经常验证，以保持稳定。

3. 特别关注连接过渡处、转弯处

要注意前后两条输送带的连接过渡处、转弯处能否顺利流动。

4. 摆放人性化

前工序跟点投入时，作业对象的摆放方向要尽量为后工序的取拿方便着想。

5. 输送带上不得搭建各种托架

如果不得已需要将一些小型设备摆放在流水线上的话，应该用统一式样的台架支撑起来，以达到美观的效果。

6. 管理好流水线的开动、停止

流水线正常班次的开动、停止，由靠近电源控制开关的作业人员代为实施即可。因生产要素不良而导致停止时，其命令要由相应的管理人员下达，作业人员不得擅自停止。如遇生命财产将要遭受重大损失时，作业人员可以紧急开动或停止流水线。

7. 控制好流水线平衡效率

在正常情况下，流水线上不熟练的顶位对工时平衡破坏最大，常会导致堆积、跳空的情况，因此一定要小心安排。

8. 管理好堆积

由于设备、材料、作业方法而引发的不良，造成中途工序出现大量堆积时，首先要把堆积的作业对象离线存放好，并做好识别管理。

9. 保持输送带整洁

可在输送带前后两头设置半湿润清洁拖布或黏物滚筒，清除输送带上的脏物。

10. 取放方法明确

一般来说，作业对象的取放遵循“左进右出”或“右进左出”，这样取放双手便可同步进行。若左侧对着流水线，则左手取放作业对象兼投料，右手操作设备、仪器较好；若右侧对着流水线，则右手取放作业对象兼操作设备、仪器，左手投料。对取放的方法和时机，在作业人员上岗培训时应加以说明，并使其严格遵守。

11. 线点数量控制

线点不是越多越好，点数设定越多，在线库存就会越多，但前后两道工序之间的点数应不少于两点。

生产结束时，必须将流水线上的产品遮盖防尘，或收回工序内暂时存放，次日重新摆放到流水线上。对于人手台面传递的流水线作业，要控制好第一道工序的投入数量，整条生产线的产出才会有保障。

（三）流水线常见问题

1. 跟不准

流水线上第一道投入工序不准确跟点，第二道工序就跟不准，要么在点的前面，要么在后面，越往后的工序越跟不准，流水线工时就无法平衡。

2. 没有点

流水线根本就不设节拍，当天生产快要结束前，后工序拼命清机，一台都不留下过夜；第二天生产启动时，后工序处于待机状态，无事可做，导致“紧尾松头”。

3. 不跟点

从第一道工序开始就不跟点，做完就走。有时跳空几点，一件产品都没有；有时加塞几点，两个点里有三四件产品一起移动。

4. 全承载

除了产品，其他如托盒、空箱，甚至连私人物品、小食品等都用流水线来传递。

以上这些问题不但没有发挥流水线的优点，反而会直接导致作业品质下降。

二、生产瓶颈的控制

（一）生产瓶颈及其引发因素

生产瓶颈是指那些限制工作流整体水平（包括工作流完成时间、工作流的质量等）的单个或多个因素。在一条生产流水线上，各个生产环节及其进度、效率和生产能力常存在很大差异，这必然会导致在整体生产运作上出现不平衡的现象。正如“木桶短板原则”中最短的一条决定水位高度一样，生产瓶颈限制了生产能力、生产进度和生产效率，从而影响生产任务的完成，使其不能按时交货。

1. 生产瓶颈的表现形式

（1）工序方面的表现：如A工序日夜加班赶货，而B工序放假休工。

（2）半成品方面的表现：如A工序半成品大量积压，而B工序停工等货。

（3）均衡生产方面的表现：各个生产环节不配套。

（4）生产线上的表现：如A工序大量滞留，B工序因此产生波动。

2. 引发生产瓶颈的因素

（1）材料供应：个别工序或生产环节所需要的材料若供应不及时，就可能会造成生产停顿而在该处形成瓶颈。

（2）品质：若个别工序在生产上出现品质问题，会造成生产速度降低、返工、补件等情况出现，从而导致生产进度放慢。

（3）工艺：工艺设计或作业图纸跟不上，从而影响生产作业的正常进度。

（4）人员因素：个别工序的人员尤其是熟练工数量不足。

（5）设备：设备配置不足，或设备的正常检修与非正常修理影响该工序的正常生产。

（6）突发性因素：因偶然事件或异动而造成的瓶颈问题，如人员调动、安全事故、材料延期、因品质不良而停产整顿等。

（7）由时间决定的因素：有些工序是必须要等待若干时间才能完成的，不可人为缩短，这类工序也容易出现瓶颈。

管理周视 3-3

如何防止事故的发生

一家工厂的冲床经常发生事故，操作工用手将工件放在冲头下时，如果不及时撤出就会被冲头砸伤。为了解决这个问题，设计人员设计了很多方案，比如红外线、超声波、电磁波等多种复杂的控制系统，力图使冲床在操作工的手接触冲头时自动停止，但由于种种原因都效果不佳。一天，有个人想出了一个绝妙的主意，他说："让工人坐在椅子上操作，在椅子两边的扶手上各装一个开关，只有当它们同时接通时冲床才能启动。操作工两手都在按开关，手自然不会伸到冲床下面，还怎么发生事故呢？"一个简单的想法就把问题解决了。

资料来源：崔卫国，刘学虎．管理学故事会．北京：中华工商联合出版社，2005：253.

（二）常见的生产瓶颈及解决方法

1. 生产进度瓶颈

生产进度瓶颈是指在整个生产过程之中或各生产工序中进度最慢的时刻或工序。

生产进度瓶颈有两类：（1）先后工序瓶颈。如A、B、C、D四个工序为先后顺序，若D工序滞后，就会存在工序瓶颈，严重影响后工序的生产进度。（2）平行工序瓶颈。如果瓶颈工序与其他工序在产品生产过程中的地位是平行的，那么瓶颈问题将会影响产品配套。

生产进度瓶颈的处理步骤：寻找生产进度瓶颈所处的位置点；分析研究该瓶颈对整体进度的影响；确定该瓶颈对进度的影响程度；找出产生瓶颈的因素并进行具体分析；确定解决的时间，明确责任人，研究解决的具体办法；实施解决办法，并在生产过程中跟踪；改进后对整体生产线再进行评估。

管理周视 3-4

泡茶的学问

数学家华罗庚教授在介绍什么是数学方法的时候，从泡茶的学问说起。华罗庚说："想泡壶茶喝，当时的情况是：没有开水，开水壶要洗，茶壶、茶杯也要洗，火已经生了，茶叶也有了，怎么办?"

办法一：洗好开水壶，灌上凉水，放在火上，在等待水开的时候，洗茶壶、洗茶杯、拿茶叶，等水开了，泡茶喝。

办法二：先做好一切准备工作，洗开水壶、洗茶杯、拿茶叶，一切准备就绪，灌水烧水，坐等水开了泡茶喝。

办法三：洗净开水壶，灌上凉水，放在火上，坐等水开，开了之后急急忙忙找茶叶，洗茶壶、洗茶杯，泡茶喝。

哪一种办法省时间？谁都能一眼看出第一种办法好，因为后两种方法都窝了工。

资料来源：崔卫国，刘学虎. 管理学故事会. 北京：中华工商联合出版社，2005：79-80.

2. 材料供应瓶颈

材料供应不及时会造成瓶颈或影响产品某一零部件的生产，甚至影响产品最后的安装与配套。

由于材料的供应工作存在一定的周期性和时间性，因此须及早发现、及早预防并及早解决。

材料供应瓶颈的处理步骤是：寻找造成瓶颈问题的材料；分析研究其影响及程序；对材料进行归类分析；材料类型分析；与供应商就该材料进行沟通协调，并努力寻找新的供应商，从而建立可靠的供应网络；进行替代品研究，或要求客户提供相关材料。

3. 技术人员瓶颈

技术人员的短缺会影响生产进度，特别是特殊人才、重要设备的操作员一时缺失又不能即刻得到补充时更是会影响生产进度，因此该瓶颈也常成为困扰生产进度的重要问题。

在生产空间允许的情况下，特别是实行计件工资的企业，应注意人员的充分配置，加强人员定编管理，确保各工序的生产能力，防止瓶颈出现。

技术人员瓶颈的处理步骤是：找到人员或技术力量不足的工序或部门；分析这种情况所造成的影响；进行人员定编研究；确定人员的定编数量、结构组成；进行技术人员的培训；积极招聘人员，及时补充人员缺失；平日积极进行人员储备。

4. 工艺技术与产品品质瓶颈

在产品的生产过程中，特别是在新产品的生产过程中，总会遇到这样或那样的工艺技术问题或者难以解决的品质问题，这就出现了工艺技术与产品品质瓶颈。

工艺技术与产品品质瓶颈的处理步骤：找到工艺技术瓶颈的关键部位；研究、讨论、寻找解决方案；进行方案实验或批量试制；对于成功的工艺技术方案，建立工艺规范；制订品质检验标准和操作指导说明书；进行后期监督。

管理周视 3－5

瑞典富豪汽车公司生产运作改革

瑞典富豪汽车公司在20世纪70年代初曾面临危机：由于生产程序呆板、工厂环境嘈杂、工人厌倦怠工，人员流动率达50%以上。

新老总上任后，立即对生产程序和工作环境进行改革。他将车间布局改成三叶草形状，25个工作站环绕着三叶草的边缘分设，使每个工作站的工人都能够靠窗工作；汽车在无人驾驶的滑车上移动，依次从一个站转到另一个站，节省了大量人力和时间；由于各工作站距离拉远了，且安装了隔音设备和油味吸管，工人们觉得舒畅多了。公司还规定只要能在指定时间内完成任务，组内工作可以自行做主，在一个工作站内，工人可以转换工作。

这样做大大激发了工人的工作干劲，人员流动率降至5%，装配一辆汽车的总成本也下降了25%，“富豪”也真的富了起来，其经验被美国汽车业权威誉为“对重建工业活力作出重大贡献”。

资料来源：徐沁，贾洪芳．现代企业管理理论与应用．北京：清华大学出版社，2010：224.

第三节　生产现场控制方法

管理周视 3－6

克罗克的“走动管理”

麦当劳快餐店创始人雷·克罗克是美国最有影响的十大企业家之一，他不喜欢整天坐在办公室里，大部分工作时间都用在“走动管理”上，即到所有分公司和部门走走、看看、听听、问问。

麦当劳公司曾有一段时间面临严重亏损的危机，克罗克发现其中一个重要原因是公司各职能部门的经理有严重的官僚主义，习惯靠在椅背上指手画脚，把许多宝贵的时间耗费在抽烟和闲聊上。于是，克罗克想出了一个“奇招”，下令将所有经理的椅子靠背锯掉。开始很多人不理解，但不久，大家悟出了他的一番苦心，于是纷纷走出办公室，深入基层

"走动管理"，以便及时了解情况，到现场去解决问题，终于使公司扭亏为盈，走出困境。

资料来源：崔卫国，刘学虎．管理学故事会．北京：中华工商联合出版社，2005：170.

生产现场控制的方法很多，这里主要介绍5S管理、目视管理和看板管理。

一、5S管理

5S管理起源于日本。5S管理就是整理（Seiri）、整顿（Seiton）、清扫（Seiso）、清洁（Seiketsu）和素养（Shitsuke），因日语的罗马拼音均以"s"开头而简称5S管理。5S管理通过规范现场、现物，营造一目了然的工作环境，培养员工良好的工作习惯，其最终目的是提升人的品质，养成良好的工作习惯。5S关系图如图3－1所示。

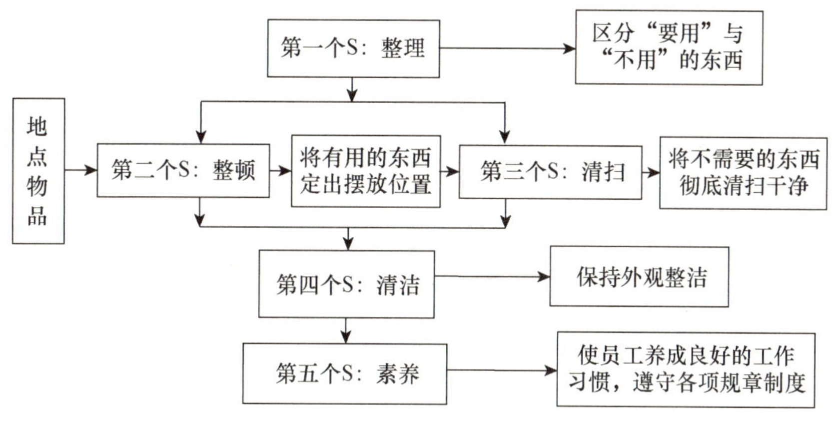

图3－1 5S关系图

知识链接3－2

5S的由来与发展

5S管理在西方和日本企业中的推行，有一个逐步发展、总结、提高的过程。开始的提法是"3S"，以后内容逐步充实，改为"4S"，后来增加为"5S"。许多日本及世界先进的企业，已经超越5S的范畴发展到6S，即包括了安全（safety），甚至7S，包括了节约（save）。

摩托罗拉提出了10S，即：（1）分类（sort）；（2）整顿（set）；（3）清扫（shine）；（4）标准化（standards）；（5）纪律（strict）；（6）安全（safety）；（7）周到（security）；（8）体能强化（stout）；（9）技能多样化（skills）；（10）作业流水线精简化（streamline）。

资料来源：陈国华．生产与运作管理．南京：南京大学出版社，2006：331.

（一）整理

1．深刻领会开展5S的目的，形成共同认识

（1）确认不需要的东西、多余的库存会造成浪费。

(2) 向全体员工宣讲，取得共识。

(3) 下发整理的措施。

(4) 规定整理要求。

2. 对工作现场进行全面检查，点检出不需要和多余的东西

具体见表 3-7 和表 3-8。

表 3-7　整理实施表

项目	整理
定义	将工作场所的所有东西区分为有必要的与不必要的；把必要的东西与不必要的东西明确地、严格地区分开来；不必要的东西要尽快处理掉
对象	现场被占而无效用的“空间”
目的	(1) 腾出空间，空间活用。 (2) 防止误用、误送。 (3) 创建清爽的工作场所
注意点	要有决心，不必要的物品应断然加以处置
实施要领	(1) 对自己的工作场所（范围）进行全面检查，包括看得到和看不到的。 (2) 制订“要”和“不要”的判别标准。 (3) 将不要的物品清除出工作场所。 (4) 对需要的物品调查其使用频率，决定日常用量及放置位置。 (5) 制订废弃物处理办法。 (6) 每日自我检查

表 3-8　整理实施检查表

检查区域	检查内容
办公场所（包括现场办公桌区域）	办公室抽屉，文件柜里的文件、书籍、档案、图表，办公桌上的物品、测试品、样品，公共栏、看板、墙上的标语、月历等
地面（特别注意内部、死角）	机器设备，大型工模夹具，不良的半成品、材料，放置于各个角落的良品、不良品、半成品，油桶、油漆、溶剂、黏结剂，垃圾桶、纸片、竹签等
室外	堆在场外的生锈材料、料架，垫板上未处理物品、废品、杂草、扫把、拖把、纸箱
工装架上	不用的工装，损害的工装，其他非工装物品、破布、手套、酒精等消耗品
仓库	原材料、废料、储存架、柜、箱子、标识牌、标签、垫板
天花板	导线及配件、蜘蛛网、尘网、单位部门指示牌、照明器具

3. 制订“需要”与“不需要”的标准

对工作现场进行全面盘点，就现场盘点的物品逐一进行确认，判明哪些是“需要的”、哪些是“不需要的”，并制订整理“需要”与“不需要”标准表，员工根据标准表实施“大扫除”。对于现场不需要的物品，如用剩的材料、多余的半成品、切下的料头、切屑、垃圾、废品、多余的工具、报废的设备、工人的个人生活用品等，要坚决清理出生产现场，这项工作的重点在于坚决把现场不需要的东西清理掉。

整理的实施要点就是对生产现场摆放的物品进行分类，从而区分出物品的使用等级。一般可以将物品划分为“不用”“很少用”“少使用”“经常用”四个等级，见表3-9。

表3-9 整理的实施分级表

区分等级	使用频率	处理结果
不用	不能使用	废弃
	不再使用	
很少用	可能会再使用（1年内）	存放于储存室
	0.5～1年使用一次	
少使用	1～3个月使用一次	
经常用	1～7天使用一次	存放于工作场所附近

对于“不用”的物品，应该及时清理出工作场所，进行废弃处理；对于“很少用”“少使用”的物品，也应该及时进行清理，改放在储存室中，当需要使用时再取出来；对于“经常用”的物品，就应该保留在工作场所附近。

4. 制订废弃物处理办法

实施分类，并根据分类的种类，该报废、丢弃的一定要报废、丢弃，该集中保存的由专人保管，如图3-2所示。

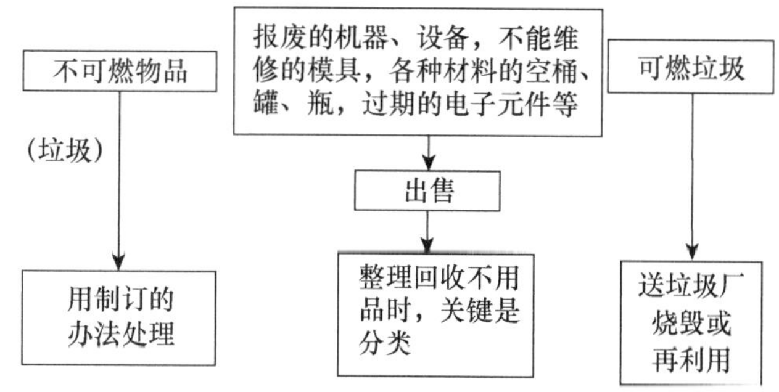

图3-2 废弃物的处理图

(1) 制订不需要物品的回收制度。

(2) 制订循环、转让、烧毁、掩埋等处理办法。

(3) 设立废弃小组。

(4) 尽量不产生无用物品。

5. 每日自我检查

(1) 所在岗位是否乱放不需要的物品。

(2) 配线、配管是否杂乱。

(3) 产品或工具是否直接放在地下。

(4) 是否按照规定整理收集废弃物或不需要的物品。

（二）整顿

整顿的实施见表3-10。

表3-10　整顿实施表

项目	整顿
定义	将整理之后留在现场的必要的物品分门别类放置、排列整齐；明确数量，有效标识
对象	工作场所中任意浪费时间的场所
目的	（1）工作场所一目了然。 （2）整整齐齐的工作环境。 （3）消除找寻物品的时间。 （4）消除过多的积压物品。
注意点	这是提高效率的基础
实施要领	（1）前一步骤整理的工作要落实。 （2）需要的物品明确放置场所。 （3）摆放整齐、有条不紊。 （4）地板画线定位。 （5）场所、物品标示。 （6）制订废弃物处理办法

1. 整顿的“三要素”

整顿“三要素”即场所、方法和标识，具体内容见表3-11。

表3-11　整顿的“三要素”

方法	内容
放置场所	（1）物品的放置场所原则上要100%设定。 （2）物品的保管要定点、定容、定量。 （3）生产线附近只能放真正需要的物品。
放置方法	放置方法——易取： （1）不超出所规定的范围。 （2）在放置方法上多下工夫。
标识方法	标识方法——放置场所和物品原则上一对一标示： （1）放置场所的标示。 （2）某些标示方法全公司要统一。 （3）在标示方法上多下工夫。

（1）放置场所：物品的放置场所原则上要100%设定；物品的保管要遵循“三定”原则，即定点（放在哪里合适）、定容（用什么容器、颜色）和定量（规定合适的数量）；生产线附近只能放真正需要的物品。

（2）放置方法：易取，并且不超出所规定的范围。

（3）标识方法：放置场所和物品原则上要一对一标示，并且某些标示方法全公司要统一。

2. 整顿的重点

（1）任何人都能立即取出所需要的东西。

(2) 要站在新人和现场操作人员的立场来看，什么东西该放在什么地方更为合适。

(3) 使用后容易恢复到原位，没有恢复或误放时能立即知道。

(三) 清扫

清扫就是使作业现场处于没有垃圾、没有脏污的状态。达到这种状态是清扫的第一目的，尤其是目前强调高品质、高附加价值产品的制造，更不容许有垃圾或灰尘的污染，以免造成品质不良。清扫的实施见表 3-12。

表 3-12　清扫实施表

项目	清扫
定义	将工作场所打扫干净；保持工作场所干净
对象	工作现场各处所发生的脏污
目的	(1) 消除脏污，保持工作场所干净。 (2) 稳定品质。 (3) 减少工业伤害。
注意点	责任化、制度化
实施要领	(1) 建立清扫责任区（室内外）。 (2) 执行例行清扫，清理脏污。 (3) 调查污染源，予以杜绝或隔离。 (4) 建立清扫标准，作为规范。 (5) 开展一次全公司的大清扫，每个地方都打扫干净。

1. 建立清扫责任区（室内外）

以平面图的形式，把现场的清扫范围划分到各部门，再由各部门划分至个人。公共区域可采用轮值和门前承包的方式进行。清扫工作必须做到责任到人，但也需互相帮助。

2. 执行例行清扫，清理脏污

规定例行清扫的时间、时段及内容。

(1) 时间：每日 5 分钟清扫；每周末 15 分钟清扫；每月末 60 分钟清扫。

(2) 内容：将各个死角打扫干净，不做表面工作。

3. 调查污染源，予以杜绝或隔离

(1) 确认脏污与灰尘对生产质量的影响，如在产品无防护层的外表面上造成腐蚀斑点，使外观不良；使通电体开路或短路或接触不良；使产品成形时表面损伤，影响外观质量；使光、电精密产品特性不稳。

(2) 废弃物放置区域的规划、定位。在室内外规划设置垃圾桶或垃圾箱，并将不需要的物品清理除掉。

4. 建立清扫标准

建立清扫标准，作为规范。

(1) 建立清扫标准。它包括清扫对象、清扫方法与重点、要求标准、周期、时间、使用的清扫工具、使用时间、负责人。

(2) 清扫点检要项。对设备的清扫，应着眼于对设备的维护保养。清扫设备要同设备的点检结合起来，清扫即点检；清扫设备要同时做好设备的润滑工作，因为清扫也是保养。

清扫的检查内容见表 3-13。

表 3-13　清扫的检查内容

清扫区	负责人	检查内容
电脑区		机器保持干净、无灰尘
检查区		作业场所、作业台不杂乱，垃圾桶已清理
计测器区		计测器摆放整齐，柜面干净，柜内无杂物
休息区		地面无杂物，休息凳摆放整齐
工具区		工具摆放整齐，工具架保持干净
不良产品区		地面无杂物，除不良品外，无其他零件和杂物存放
零件规格书放置区		柜内零件规格书摆放整齐，标识明确
文件柜及其他		文件柜内保持干净，柜内物品摆放整齐

注：a. 各清扫区由相应的责任人进行检查。
b. 下班前 15 分钟开始。
c. 其他包括清洁器具放置柜、门窗、玻璃。

（四）清洁

清洁的实施见表 3-14。

表 3-14　清洁实施表

项目	清洁
定义	将前面 3 个 S 的做法制度化、规范化
对象	工作区与环境
目的	（1）消除脏污，保持作业现场干净明亮。 （2）稳定品质。 （3）减少工业伤害。
注意点	制度化，定期检查
实施要领	（1）落实前面 3 个 S 的工作。 （2）制订目视管理的标准。 （3）制订 5S 实施办法。 （4）制订考评、稽核办法。 （5）制订奖惩制度，加强执行。 （6）高层主管经常带头巡查，带动全员重视 5S 活动。

1. 落实前面 3 个 S 的工作

彻底执行前面 3 个 S 的各种做法，如果前面 3 个 S 的实施半途而废，则原先设定的画线标识与废弃物的垃圾桶，会成为新的污染。

2. 制订目视管理、颜色管理的标准

借助物品整顿的定位、画线、标示，创建一个物品一目了然的现场。除了场地、物品的目视管理之外，对于设备、设施同样要加强目视管理，以避免产生异常。

3. 设定“责任者”，加强管理

“责任者”必须以较厚卡片、较粗字体标示，且张贴或悬挂在责任区最醒目的地方。

4. 制订考评方法和奖惩制度

建立“设备清洁点检表”，将点检表直接悬挂于“责任者”旁边；作业人员或责任者必须认真执行，逐一点检，不随意、不造假。

制订奖惩制度并加强执行。

5. 巩固成果

车间主管随时巡查纠正，巩固成果。有不对的地方，一定要沟通予以纠正。

(五) 素养

5S活动始于素养，也终于素养。在开展5S活动中，要贯彻自我管理的原则，不能指望别人来代为办理，而应充分依靠现场人员来改善。5S活动最终的结果是使每位员工养成良好的习惯，并按照规则做事。需要注意的是，开展5S活动容易，但长时间坚持必须依靠素养的提升。素养的实施见表3-15。

表3-15　素养的实施表

项目	素养
定义	人人依规行事，养成良好的工作习惯
对象	员工的道德品质
目的	(1) 培养具有好习惯、遵守规则的员工。 (2) 提高员工的文明礼貌水准。 (3) 营造团体精神。
注意点	长期坚持，才能养成良好的习惯
实施要领	(1) 制订服装、臂章、工作帽等识别标准。 (2) 制订公司有关规则、规定。 (3) 制订礼仪守则。 (4) 教育训练（新进人员强化5S教育、实践）。 (5) 推动各种精神提升活动（晨会、例行打招呼、礼貌运动等）。 (6) 推动各种激励活动，遵守规章制度。

1. 继续推动前面4个S的活动

前面4个S是基本动作，也是手段，主要借此基本动作或手段使员工养成一种习惯。前4个S没有落实，则素养无法养成。一般来说，5S活动推行6～8个月即可达到“定型化”的地步，但必须认真落实。每年可选定某一月份作为“5S加强月”。

2. 制订共同遵守的有关规则和规定

(1) 班组一般性的规则和规定，如作业要点、安全卫生守则、安全文明生产、服装仪容规定、礼貌须知等，应尽可能地让员工参与协商。

(2) 将各种规则和规定目视化，即将其制成管理手册、图表、卡片、标语和黑板报等。其中要注意的是，目视化场所应选择在容易被看见的地方。

3. 制订礼仪守则

礼仪包括语言礼仪、仪表礼仪和行为礼仪。

4. 对员工进行教育培训

对新进员工进行教育培训，讲解各种规则、规定；对老员工进行新规章的讲解。通过各种教育培训进行思想动员，使全体员工形成共同的认识。

5. 推动各种精神提升活动

如推行礼貌活动，以及实施适合员工的自主改善活动。

知识链接 3-3

5S 顺口溜

在实际推行 5S 的过程中，很多人常常混淆整理、整顿、清扫和清洁等概念。为了使 5S 喜闻乐见，能够迅速推广传播，很多推行者想出各种各样的方法来帮助理解记忆，如漫画、顺口溜或看板等。如下面几句顺口溜：

整理：要与不要，一留一弃；

整顿：科学布局，取用快捷；

清扫：清除垃圾，美化环境；

清洁：洁净环境，贯彻到底；

素养：形成制度，养成习惯。

资料来源：王建民．生产运作管理．北京：清华大学出版社，2008：133.

二、目视管理

管理周视 3-7

每个人只错了一点点

巴西桑托斯的海顺远洋运输公司门前立着一块高 5 米、宽 2 米的石头，上面密密麻麻的葡萄牙文字，记述了一个让人心情沉重的真实故事：

一天，海顺远洋运输公司收到“环大西洋号”海轮发出的求救信号，当救援船赶到出事地点时，“环大西洋号”已经消失了，21 名船员也不见了，海面上只漂着一个救生电台，还在有节奏地发出求救的摩斯电码。救援人员望着平静的大海发呆，实在不明白这么先进的船在这么平静的大海上怎么会出事。这时有人发现电台下面绑着一个密封的瓶子，打开瓶子，发现一张纸，21 种笔迹是这么写的：

一水理查德：3 月 21 日，我在奥克兰私自买了一个台灯，想给妻子写信时照明用。

二副瑟曼：我看见理查德拿着台灯回船，说了句这个台灯底座轻，船晃时别让它倒下来，但没干涉。

三副帕蒂：3月21日下午船离港，我发现救生筏施放器有问题，就将救生筏绑在了架子上。

二管轮安特耳：我检查消防设施时，发现水手区的消防栓锈蚀，心想还有几天就到码头了，到时候再换。

船长麦凯姆：起航时，工作繁忙，没有看甲板部和轮机部的安全检查报告。

机电长科恩：3月23日14时，我发现跳闸了，因为这是以前也出现过的现象，没多想，就将闸合上，没有查明原因。

电工荷示因：晚上值班时我跑进了餐厅。

…………

看完这张绝笔纸条，救援人员谁也没说话，海面上死一样沉静，大家仿佛清楚地看到整个事故的过程：火灾首先从理查德的房间引发，消防栓不起作用，救生筏放不下来……每个人只错了一点点，但最终酿成了船毁人亡的大错。

巴西海顺远洋运输公司的警示方式很有效，此后，这个公司再没有发生过一起海难。

资料来源：崔卫国，刘学虎. 管理学故事会. 北京：中华工商联合出版社，2005：210.

（一）目视管理的概念

目视管理（Visual Management）是利用形象直观又色彩适宜的各种视觉感知信息来组织现场生产活动，达到提高劳动生产率的一种管理手段，也是一种利用视觉来进行管理的科学方法。

知识链接 3-4

目视管理的常用工具

1. 红牌

红牌使用于5S的整理，是改善的基础起点，用来区分日常生产活动中非必需品，如有油污、不清洁的设备、办公室的死角等。挂红牌的活动又称红牌作战。

2. 看板

看板是写有使用物品、放置场所等基本情况的标示板。具体位置在哪里、做什么、数量有多少、谁负责哪部分工作等重要情况均要记入，让人一看就明白。目视管理多以看板为载体。

3. 信号灯

信号灯是工序内发生异常时用于通知管理人员的工具。生产现场第一线的管理人员必须随时知道作业人员和机器是否正常开动和作业。信号灯有很多种类，主要有异常信号灯、发音信号灯、运转指示灯、进度灯等。

4. 错误示范板

有时用不良统计表将不良情况以数值表现出来，现场的人仍然弄不清楚，这时就要两者结合，把不良品直接展现出来。具体表现形式有：(1) 不良现象及结果揭示表；(2) 不良品的重点事项在改正前后的对照相片；(3) 错误动作和正确动作相比较的照片。

5. 错误防止板

为了减少错误而做的自我管理的防止板，一般以纵轴表示时间、以横轴表示作业单位。以一个小时为单位，从后段工程接受不良品及错误的消息，作业本身再加上“○”“×”“△”等符号。○表示正常，×表示异常，△表示注意。持续进行一个月，将本月的情况和上个月作比较，以设立下个月的目标。

6. 操作流程图

操作流程图是指描述工序重点和作业顺序的简要作业指导书，又称为OI，有时也称为“步骤图”，用于指导生产作业。一般在现场单独使用标准作业表的情形较少，多数情况下使用将人、机器、工作组合起来的操作流程图。

7. 警示线

在仓库或其他物品放置场所标示警示线，以表示最大或最小的限量。

8. 生产管理板

生产管理板是用来揭示生产线生产状况的标示板，记录生产实绩、异常原因（停线、故障）等。

9. 各种物流图

物流图就是在一块板上形象地画出各种零件取送的数量、时间间隔、路线、目的地、工位器具种类及存放地点和数量、运输车辆类别等，是生产现场与有关取、送单位相互间物流综合平衡后的标准规定，其作用是统一各方面的步调，避免生产现场发生物流混乱现象。物流图多用于毛坯、半成品、协作品和成品等物品的集散地。

10. 地面标志

安全线：在厂房内外的地面通道两侧画的禁止逾越的黄色或白色通道线。

工位线：在生产现场画的位置线，如白色方框线等。

11. 安全生产用标牌与信号显示装置

在生产现场悬挂、张贴的安全生产的标语牌，如“安全第一”等。在危险区域安装警告性标志和标语。

资料来源：杨剑. 班组长现场管理精要. 北京：中国纺织出版社，2006：128-132.

（二）目视管理的基本要求

(1) 统一，即实行标准化，消除五花八门的杂乱现象。

(2) 简约，即各种视觉显示信号应易懂，一目了然。

(3) 鲜明，即各种视觉显示信号要清晰，位置适宜，现场人员都能看得见、看得清。

（4）实用，即不摆花架子，少花钱、多办事，讲究实效。

（5）严格，即所有人员都必须严格遵守和执行，有错必纠，奖罚分明。

（三）目视管理的实施方法

1. 强化默契实施

目视管理应该从基层做起，领导者应该在全员理解、认可的基础上，集结全员力量，建立全员参与机制。

2. 推动5S运动

实施5S运动，必须明确责任，具体实施时，遵守既定规则是非常重要的。

3. 改善流程、流向

目视管理体制非常重要，因此必须扩大视野，井然有序地改善流程、流向。

4. 规划放置场所

应该一边减少管理，一边明确物品放置场所，尽量减少库存，建立一体化生产体系。

5. 掌握突发状况

对突发状况的定义和判断基准应该进一步明确化，管理方法应更加具体，使人一目了然，同时根据不同要素、不同功能明确化，并且在对突发状况处理方法进行规则化、手册化的同时，进行异常处理训练。

6. 制作管理看板

各现场就实绩图表、作业管理看板等应建立适宜的管理体制。

7. 营造教育气氛

对于如何推动一目了然的管理，必须按功能设置不同的责任部门和责任者，要一边用具体事例进行教育，一边实施一目了然管理。

（四）目视管理的应用范围

常见的目视管理手段有标志线、标志牌、显示装置、信号灯、指示书及色彩标志等。目视管理的应用范围非常广泛，如作业管理、进度管理、质量管理、设备管理、安全管理等。具体内容见表3-16。

表3-16 目视管理的应用范围

应用范围	实施手段	实施方法
设备管理	定位管理	画线等
	状态管理	看板标识
	点检标准	点检表
	异常管理	极限标识
物料管理	限量管理	最大、最小值标识
	限高管理	极限高度标识
	购买点管理	数量和购买点标识
	异常管理	状态标识

续前表

应用范围	实施手段	实施方法
品质管理	区域划分	画上分界线等
	分色管理	用油漆等涂色
	特性值管理	文字标识
	不良状态识别	分色或使用道具
	品质异常提示	使用道具等
备品管理	定位管理	画线或形迹定位
	数量管理	文字标识或其他
	异常管理	状态标识
	购买点管理	限量和购买点标识
场所管理	场所标识	趣味命名
	区域划分	画线
	提示物整顿	格式和高度等统一
	规范化管理	提示物认可制
环境管理	垃圾回收管理	分色、分类
	环境美化	各类制作
	节能降耗提示	温馨文字提示
文件管理	文件摆放	定位标识
	分类	分色、分段、分柜
	提示	构建文件索引体系
	查询	构建文件索引体系
流程管理	操作程序提示	在地面、墙面、通道、设备上以多种方式提示
	作业要点提示	
	办事流程提示	
目标管理	方针的提示	在指定场所悬挂
	目标的展示	制作管理看板
	指标推移情况提示	制作管理看板

（五）常用的目视管理方法

目视管理的方法很多，下面就是一些很常用的目视管理方法：

（1）用小纸条挂在出风口，显示空调、抽风机是否在工作。

（2）用色笔在螺钉、螺母上做记号，确定固定时的相对位置。

（3）关键部位给予强光照射，以引起注意。

（4）以顺序数字表明检查点和进行步骤。

（5）用图片、相片作为操作指导书，直观易懂。

（6）使用一些带有阴影、凹槽的工具放置盘，使各类工具、配件的放置方法和位置一目了然。

（7）以标语的形式指示重点注意事项，将其悬挂于显要位置，便于员工正确作业。

（8）以图表的形式反映某些工作内容或进度状况，便于工作人员了解整体工作。

（9）设置“人员去向板”，以方便安排工作等。

三、看板管理

管理周视 3-8

不仅仅是写了个“6”字

查尔斯·施瓦布是美国著名企业家。有一次，他为属下一个工厂的工人总也完不成定额伤脑筋。他已经换了好几任厂长了，仍不奏效。这次他又任命了一个自己十分赏识的人当厂长，情况仍没有改观。

一天，施瓦布来到厂长办公室，问厂长：“你是个有能力的人，为什么也不能把工厂搞出个样子?”

“我也不知道，”厂长答道，“我试过许多办法了，劝过他们，骂过他们，甚至以开除相威胁，都不起作用，他们仍然完不成定额。”

“你领我到车间去看看吧。”施瓦布说。这时正值白班的工人要下班，夜班工人要接班的时候。

到了生产车间，施瓦布问一个工人：“你们今天一共炼了几炉钢?”“6炉。”工人答道。施瓦布听后再没说话，只在墙上的小黑板上写了个“6”字就离开了。夜班工人上班时，看到黑板上出现了一个“6”字，十分好奇，忙问门卫是什么意思，门卫说：“施瓦布今天来过这里，听说白班工人炼了6炉钢，就写了个6字。”

第二天早晨，施瓦布又来到工厂，特意看了看黑板，发现夜班工人已把“6”字换成“7”字，便十分满意地离开。白班工人上班时看到了黑板上的“7”字，一位爱激动的工人大声叫道：“这意思是说夜班工人比我们强，我们要让他们看看到底谁强!”当他们晚上交班时，在黑板上写了个大大的“10”字。

这样，两个班的工人竞争起来，这个落后工厂的产量很快超过了其他的工厂。

资料来源：崔卫国，刘学虎. 管理学故事会. 北京：中华工商联合出版社，2005：183.

（一）看板管理的基本原理

看板管理是日本丰田汽车公司创造的具有独特风格的生产控制方法，它把传统的由前工序向后工序送货的制度改为由后工序向前工序去取货的制度，并且通过看板把前后工序联系起来。所谓看板，就是记载由前道工序应生产的零件号，零件名称、数量，运送时间、地点，运送容器等内容的卡片或其他形式的信息载体（例如不同颜色的灯光、小球、小牌等）。前道工序根据看板所提供的信息，只在必要的时间生产后续工序所必需的工件。这样，就把整个生产系统真正组织成为由产出决定投入的闭环系统，从而把在制品的储备量压缩到最低限度，加速了流动资金周转，充分利用了人力、设备，提高了生产效率。

知识链接 3 - 5

看板管理

看板又称传票卡，是传递信息的工具，它可以是卡片，也可以是信号或告示牌。看板及其使用规则，构成了看板管理系统。

看板分为两种，即移动看板和生产看板。移动看板在上道工序的出口处与下道工序的入口处之间往返运动；生产看板在工作地的出口处之间往返运动。当下道工序需要补充零件时，移动看板就被送到上道工序出口处相应的容器上，当移动看板与上道工序出口处容器上的生产看板对上号时，生产看板就被取下，放入生产看板盒，而放满零件的容器连同移动看板一起被送往下道工序的入口处。上道工序的工人则在入口处取出零件加工，加工完毕后将生产看板挂在容器上，送往工作地出口处。

每个移动看板只对应一种零件，挂在一种容器上。移动看板通常包括以下信息：零件号、看板号、供方工作地号、需方工作地号等。

生产看板通常包括以下信息：要生产的零件号、看板号、供方工作地号、需方工作地号、所需物料清单、所需工具等。

资料来源：王晓辉．现代企业管理应用与案例．北京：北京工业大学出版社，2006：146-147.

（二）看板分类

生产中使用的看板的形式很多，应根据实际需要而定。按看板在现场的使用途径和目的，看板可以分为现场看板和行政看板两大类，其下又可细分。具体见表 3 - 17。

表 3 - 17　　看板的分类与内容

大类	小类	具体内容
现场看板	管理看板	计划、现况、制度、工程、现场布局等
	标识看板	状态、区域、标识、标记等
	宣传看板	宣传栏、宣传画、班组学习园地等
	安全看板	安全标识、安全警示、用电指示等
	专用看板	特别设置的专门用途的看板，如 JIT 生产用看板
行政看板	生活看板	洗手间标识、开水房标识、垃圾处理处标识等
	杂务看板	“请随手关门”“小心地滑”等
	迎宾看板	欢迎看板等

（三）看板管理的使用规则和作用

1. 使用规则

看板是实现准时生产的工具。在使用中，要坚持下道工序向上道工序提取零部件，各道工序尽可能做到在必要的时候只生产一件、只传送一件、只储备一件，用最后装配工序来调节平衡全部生产。出现问题，必要时宁可中断生产，采取措施解决，也决不积压。要做到看板同实物一起运动，下一道工序带着看板到上一道工序领货，上道工序只根据看板的种类和数量要求进行生产，没有看板不运送、不制造，不合格的零件、毛坯不准挂看板。

2. 作用

看板管理能把生产活动控制在“非常准时”的基点上，主要表现在以下四个方面：

（1）严格控制了生产进度。

（2）看板任何时候都与实物一起移动，生产管理者和员工只要通过看板，就可直接了解生产情况，及时发现生产中的问题。

（3）由于前后工序都必须严格按看板规定的时间和数量取货和生产，因而可以对在制品实行最有效的实物管理，杜绝在制品账实不符、过多或不足的可能。

（4）由于看板作为生产中的原始凭证记载了必要的生产信息，因而看板就成了准确传递信息、保持信息流畅的有力工具。

（四）看板的编制

1. 现场布局看板的编制

（1）内容提要。现场布局看板安装在电梯门或车间入口，其内容包括：现场的地理位置图，现场的总体布局（如车间、生产线的具体位置，内部主要通道及重要设备的布局）。必要时，可对各种图例和内容作出解释，标出观图者所处的位置。

（2）格式样式。如图 3－3 所示。

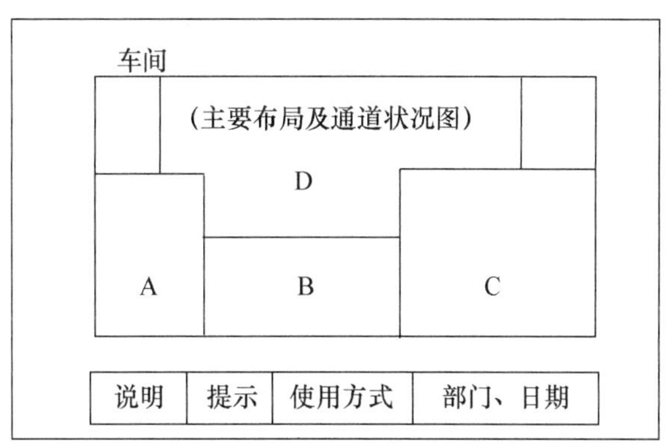

图 3－3 现场布局看板格式样式

2. 工作看板的编制

（1）内容提要。工作看板有“生产计划”“班组生产计划”“生产实绩”“个人生产实绩”“出货计划”“出货实绩”“作息时刻表”“每日考勤”“培训计划”“成品库存”等，一般张贴在生产车间办公场所或显眼位置，具体内容有一周生产计划现状、每日生产现状，生产目标、实绩、与计划的差异及变化等，通常用红色标出重点。

（2）格式样式。见表 3－18。

表 3-18　　某车间某班日生产状况看板

姓名	批号	批量	目标	1	2	3	4	合计	备注

3. 品质现状看板的编制

(1) 内容提要。张贴在车间墙壁上的品质现状看板有“QC 检查表”“QA 检查表”“工序诊断结果”“重点工序控制图”等，内容包括每月、周、日的车间或班组品质现状，品质实际状况（包括不良率、合格率及达成率）。

(2) 格式样式。如图 3-4 所示。

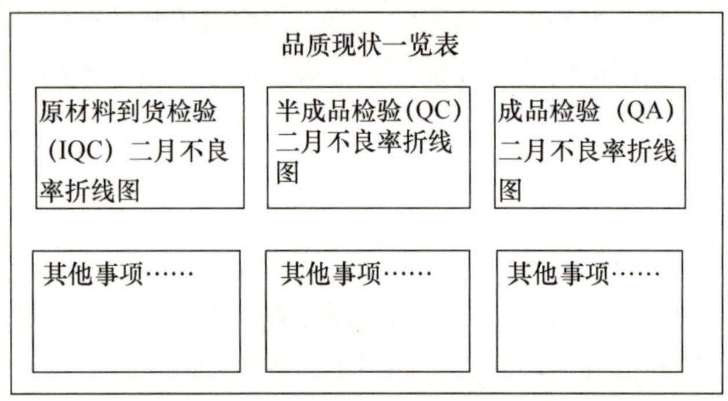

图 3-4　品质现状看板格式样式

4. 人员动态看板的编制

(1) 内容提要。人员动态看板粘贴或悬挂在本车间或显眼处，其内容就是标识人员的流动状态。

(2) 格式样式。见表 3-19。

表 3-19　　人员动态看板格式样式

序号	去向 姓名	在岗	出差	外出学习	实施支援	其他
1						
2						
3						
4						

5. 各类看板的使用技巧

看板的种类很多，因而其使用方法也不尽相同。如果不周密地制订看板的使用方法，生产就无法正常进行。

(1) 工序内看板的使用技巧。

工序内看板的使用技巧中最重要的一点是看板必须随实物，即与产品一起移动。后工序来领取中间品时摘下挂在产品下的工序内看板，然后挂上领取用的工序间看板。该工序然后按照看板被摘下的顺序以及这些看板所表示的数量进行生产，如果摘下的看板数量变为零，则停止生产，这样既不会延误，也不会产生过量的存储。

（2）信号看板的使用技巧。

信号看板挂在成批制作出的产品上面。如果该批产品的数量减少到基准数，就摘下看板，送回到生产工序，然后生产工序按照该看板的指示开始生产。没有摘牌则说明数量足够，不需要再生产。

（3）工序间看板的使用技巧。

工序间看板挂在从前工序领来的零部件的箱子上，当该零部件被使用后，取下看板，放到设置在作业场地的看板回收箱内。看板回收箱中的工序间看板所表示的意思是“该零件已被使用，请补充”。现场管理人员定时来回收看板，集中起来后再分送到各个相应的前工序，以便领取需要补充的零部件。

（4）外协看板的使用技巧。

外协看板的摘下和回收与工序间看板基本相同。回收以后按各协作厂家分开，等各协作厂家来送货时由其带回去，成为该厂下次生产的指标。在这种情况下，该批产品的进货至少会延迟一回以上。因此，需要按照延迟的回数发出相应的看板数量，这样就能按照JIT进行循环。

第四节　新型生产与运作方式

知识链接 3-6

制造管理系统的演变

在人类发明刀、弓箭等简单工具之后的很长一段时间里，人类的生产动力主要是人力，所采用的生产模式是家庭作坊式的手工生产模式。1665年瓦特发明蒸汽机之后，引发了工业革命，人类进入了机器生产的时代，从而脱离了家庭作坊式的手工生产模式。但在很长一段时间内，人类采用的也只是少品种单件小批生产模式，这种生产模式成本高，生产率低，无法满足市场需求。20世纪20年代，在惠特尼（E. Whitney）提出的“互换性”和“大批大量生产”、爱温斯（Oliver Evons）引入制造系统的传送带和泰勒倡导的“科学管理”的基础上，福特开创了机械自动流水生产线，从而导致一种新的生产模式即大量生产方式（Mass Production，MP）的产生。这种生产模式提高了生产效率，降低了产品成本，但这是以损失产品的多样性为代价的。从20世纪50年代开始，随着市场环境的变化，大量生产方式刚性地大量生产少数产品品种的局限性越来越大，人们对大量生产方式的优缺点有了进一步的认识，并试图从技术的角度改变这一模式的不足，如采用柔性制造技术，但实践证明，单纯技术上的改进已不能满足实际市场的要求，解决问题的出路只能是对生产模式或制造管理系统的变革。因此，许多工业发达国家基于现实的市场环境和技术进步（尤其是信息技术的进步），在对传统生产模式进行反思和创新的基础上，提出了许多先进的生产模式或先进的制造管理系统，如计算机集成制造系统（CIMS）、并行工程（CE）、精益生产（LP）、敏捷制造（AM）等。

资料来源：林亨．先进制造系统和管理系统．北京：高等教育出版社，2002：49.

一、JIT 生产方式

准时生产（简称 JIT）起源于日本丰田汽车公司。它是一种针对市场需求向多样化发展，如何有效地组织多品种中小批量生产而创造出来的高质量、低成本，且富有柔性的新的生产方式。JIT 被认为是丰富和发展现代生产管理理论、改变世界的生产方式。它的基本思想可以用一句话来概括，即“只在需要的时候，按需要的量，生产所需要的产品”。它的核心是追求无库存或库存达到最小，为此开发了包括看板在内的一系列具体方法。

（一）JIT 生产方式的目标与方法体系

JIT 生产方式是各种思想和方法的集合，其构造体系如图 3-5 所示。

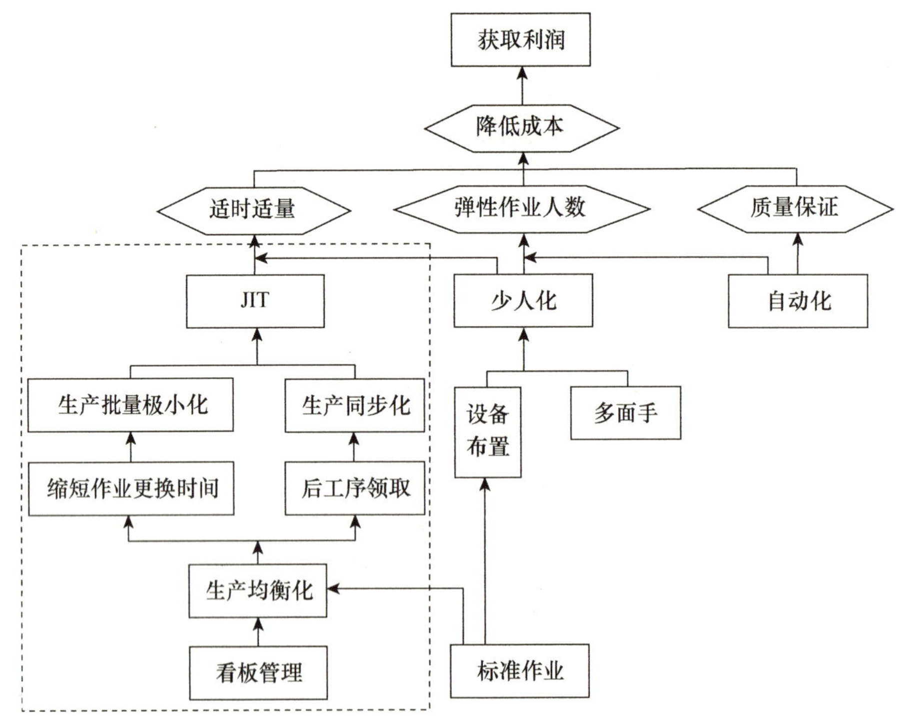

图 3-5 JIT 构造体系

1. JIT 生产方式的目标和基本方法

JIT 生产方式的最终目标是获取利润。为了实现这个最终目标，“降低成本”就成为基本目标。JIT 生产方式力图通过“彻底排除浪费”（如生产过剩、人员利用以及不合格产品所引起的浪费）来达到这一目标。为了排除这些浪费，就相应地产生了适时适量生产、弹性配置作业人数以及保证质量这些子目标，同时形成与之对应的基本方法。

（1）适时适量生产。适时适量生产，即“只在需要的时候，按需要的量生产所需要的产品”，以免由于生产过剩引起人员、设备、库存费用等一系列的浪费。

（2）弹性配置作业人数。要达到降低成本这一目的的方法是“少人化”，即根据生产量的变动，弹性地增减作业人数以及用较少的人力完成较多的生产。具体方法是：实施独特的设备布置，以便对各作业点进行柔性调整，作业人员必须是具有多种技能的“多面手”。

（3）质量保证。一般认为，质量与成本之间是一种负相关关系，但在JIT生产方式中，将质量管理与降低成本贯穿于每一工序之中。具体方法是“自动化”：第一，在设备或生产线上安装自动检测和停止装置，一旦发现异常可以自动停止；第二，生产一线操作人员发现产品或设备有问题时，有权自行停止生产。这种机制改变了“事后检验”的传统机制，避免了可能造成的大量浪费。

2. JIT生产方式的具体方法

（1）生产同步化。

生产同步化是通过“后工序领取”的方法来实现的，这样就形成了工件设备的联合U形布置（如图3-6所示）。在这种布置中，当一个加工完了的产品从出口出来时，一个单位的原材料从入口投入，两方的作业是由同一作业人员按同一生产节拍进行的，即使出现了不平衡现象，也能很快发现和改善。

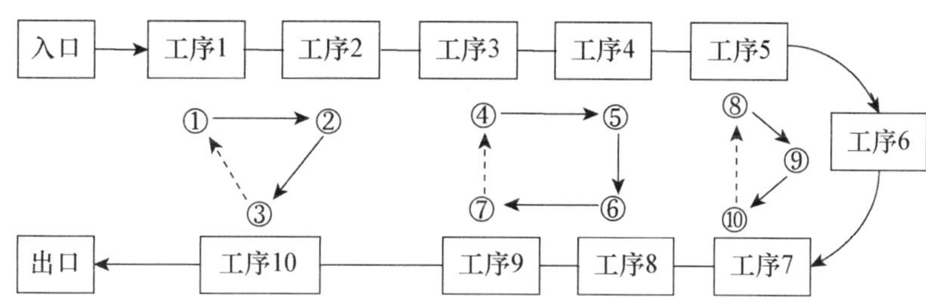

图3-6 U形布置示意图

管理周视3-9

飞机制造公司采用并行工程

飞机的研制长期以来一直采用传统的串行工作方法，遵循“方案设计、初步设计、详细初步设计、详细设计、试制生产、试飞鉴定、设计修改”的流程。由于在研制设计的早期不能很好地考虑下游的可制造性、可装配性、可维护性、质量保证等多种因素，所研制的产品存在很多缺陷，就必然会要求对设计进行反复更改，造成设计改动量大，研制周期长、成本高，不能快速形成批量生产能力，不能满足现实需要。如果以飞机整个设计过程中改善工艺性所获得的总效果为100%计，根据俄罗斯实验设计局以前的工作经验，各个设计阶段对改善构造工艺性的作用分别为：初步设计阶段可达40%，详细

初步设计阶段可达40%，详细设计阶段约为20%。美国波音公司的研究也表明，在飞机设计阶段改善飞机构造的工艺性，能够减少工程更改、错误和返工，从而极大地降低飞机研制成本，缩短研制周期。

波音公司在波音777机型的研制过程中成立了238个协同工作小组实施并行工程，采用了全新的“并行产品定义”的概念，并采用全球区域的异地无纸设计和制造技术（全数字化定义和数字化预装配），其结果是使飞机设计制造周期大大缩短，从波音757、767的9～10年，缩短到波音777的4.5年，并实现了从设计到试飞一次成功的目标。

资料来源：罗继相．并行工程关键使能技术及其发展趋势．现代防御技术，2001（2）．

（2）职务定期轮换。

实现少人化意味着生产节拍、作业内容、范围、作业组合以及作业顺序等的变更。为了使作业人员适应这样的变更，必须通过职务定期轮换使他们多能化，成为多面手。其方法一般是：定期调动、班内定期轮换、岗位定期轮换。

（二）JIT生产方式中的生产计划与控制

以看板为其主要管理工具的JIT生产方式是一种计划主导型方式，但它又在很多方面打破历来生产管理方面的观念。在JIT生产方式中，由于生产指令只下达到最后一道工序，其余各前工序的生产指令由看板在需要的时候向前工序传递，这就使得：

第一，各工序避免生产不必要的产品。

第二，避免和减少了不急需品的库存量。

第三，最后的成品数量与生产指令所指示的数量是一致的，并且该生产指令以天为单位，可以做到在生产开始的前一两天才下达，从而大大缩短了生产与市场的距离。

二、敏捷制造

敏捷制造（Agile Manufacturing，AM）是美国在报告《21世纪制造企业战略》中提出的，认为必须将柔性生产技术及有技术、有知识的劳动力与能够促进企业内部和企业之间合作的灵活管理（三要素）集成在一起，通过建立共同基础结构，对迅速改变的市场需求和市场时机作出快速响应。

知识链接3-7

敏捷制造的产生

美国国防部为了支持制订21世纪制造业发展计划而进行了一项研究。该研究始于1991年，参与的公司达100多家，核心研究队伍由通用汽车公司、波音公司、IBM、德州仪器公司、AT&T、摩托罗拉等15家著名大公司和国防部代表共20人组成。研究历时3年，于1994年年底提出了《21世纪制造企业战略》报告。这份报告提出了既能体现国防部与工业界各自的特殊利益，又能获取其共同利益的一种新的生产方式，即敏捷制造。

资料来源：李景元. 现代企业技术创新基础与成果开发转化. 北京：中国经济出版社，2010：92.

（一）敏捷制造的目标

敏捷制造的目标主要包括三个要素：生产技术、管理和人力资源。

1. 生产技术

（1）设备。

生产技术在设备上的具体体现是：由可改变结构、可量测的模块化制造单元构成的可编程的柔性机床组，具有“智能”制造过程的控制装置，用传感器、采样器、分析仪与智能诊断软件相配合，对制造过程进行闭环监视等。

（2）产品。

在产品开发和制造过程中，能运用计算机能力和制造过程的知识，用数学计算方法设计复杂产品；能可靠地模拟产品的特性和状态，精确地模拟产品制造过程。各项工作是同时进行的，而不是按顺序进行的，即能同时开发新产品，编制生产工艺规程，进行产品销售。另外，设计工作不仅仅属于工程领域，每一个阶段的代表都要参加产品设计。

（3）组织系统。

敏捷制造企业是一种高度集成的组织系统。信息在企业的市场研究、技术研究、制造、采购、财务、仓储、销售等部门之间连续地流动，信息在敏捷制造企业与其用户和供应商之间连续地流动，用户和供应商在产品设计与开发中都应起积极作用。每一个产品都可使用具有高度交互性的网络，使人员彼此合作，并且可以与其他公司的人员合作。

（4）沟通。

企业中的各个部门靠严密的通用数据交换标准、坚固的“组件”、宽带通信信道集中在一起，把所有这些技术综合到企业集成软件和硬件中去。

2. 管理

（1）虚拟公司。

敏捷制造认为，新产品投放市场的速度是当今最重要的竞争优势。推出新产品最快的办法是使分布在不同公司内的人力资源和物质资源能随意互换，然后将其综合成靠电子手段联系的经营实体——虚拟公司。也就是说，虚拟公司就像专门完成特定计划的一家公司一样，只要市场机会存在，虚拟公司就存在，该计划完成了，市场机会消失了，虚拟公司就解体了。

（2）柔性。

目前，先进工业产品及服务的激烈竞争环境已经形成，在这种环境中，采用传统的纵向集成形式，企图“关起门来”什么都自己做，是注定要失败的，必须采用具有高度柔性的动态组织结构，动用分布在世界各地的资源来完成产品的设计、制造、分配、服务。

3. 人力资源

敏捷制造在人力资源上的基本思想是，在动态竞争环境中，最关键的因素是人员。柔性生产技术和柔性管理要使敏捷制造企业的人员能够实现他们自己提出的发明和合理化建议。企业的运行原则是提供必要的物质资源和组织资源，支持人员的主动性和创造性。

因此，有知识的人员是敏捷制造企业中最宝贵的财富。不断对人员进行教育，不断提高人员素质，是企业的一项长期投资。雇员消化吸收信息的能力越强，企业取得成功的可能性就越大。

（二）敏捷制造企业的构想

1. 产品

敏捷制造企业能够迅速推出全新产品，或消化吸收外单位的经验和技术成果，不断改进自己的产品，或随着用户需求的变化重新组合产品、更新换代产品。

2. 生产系统

敏捷制造企业通过将一些可重新编程、可重新组合、可连续更换的生产系统结合成为一个新的、信息密集的制造系统，可做到使生产成本与批量无关。同时，敏捷制造系统生产的产品在质量上也要有明显提高，要使产品在整个寿命周期内让消费者满意。

3. 组织与人员

在敏捷制造企业中，权力是分散的，专业部门采用动态结构。企业的工作人员成为企业最宝贵的财富。为保持工作人员的技术基础，将连续进行智力投资。

管理周视 3-10

波音公司的危机再造

20 世纪 90 年代初，波音公司产量大幅度下降。为走出低谷，波音公司决定“以毒攻毒”，再造危机，以刺激员工背水一战。为此，波音公司摄制了一部虚拟的电视新闻片：在一个天色灰暗的日子里，众多的工人们垂头丧气地拖着沉重的脚步，从工厂鱼贯而出，厂房上面挂着“厂房出售”的牌子，扩音器传来：“今天是波音时代的终结，波音公司关闭了最后一个车间……”这是波音公司总部在告诫员工：如果再不努力，末日就是如此。工人们心理受到震动，由于充满危机感而努力工作，节约每一分钱，充分利用每一分钟，从而使波音公司走出困境。

资料来源：http://chuilin2008.blog.163.com/blog/static/9198874420081063521435/.

三、精益生产

精益生产（Lean Production，LP）是美国学者于 1990 年提出的一种较完整的生产经营管理理论。其内容不仅包括生产系统内部的运营管理，而且包括市场预测、产品开发、生产制造管理、零部件供应系统直至营销与售后服务等企业的一系列活动，形成了生产与经营一体化、制造与管理一体化的生产经营管理理论。精益生产被认为是对人类社会和人们的生活方式影响最大的一种生产方式，是新时代工业化的象征。

知识链接 3-8

精益生产的产生

精益生产方式起源于日本丰田汽车公司，又称丰田生产方式。它是继美国福特汽车公司提出大量生产方式后，对人类社会和企业生产产生重大影响的又一种生产方式，是现代工业化的一个新的代表。

日本丰田汽车公司是在19世纪末制造织机基础上发展起来的。20世纪30年代后期，受政府的影响开始生产军用载货汽车。第二次世界大战以后，日本国内汽车市场不可能大量需要同品种的同类汽车。种类要求多，但量不大，加之无更多资金购买西方汽车生产的先进技术及其他一些原因，丰田汽车公司面临困境。1950年，丰田喜一郎带队到福特汽车公司的鲁奇厂进行了为期3个月的考察。当时，鲁奇厂日产7 000辆轿车，比丰田汽车公司一年的产量还多。但丰田喜一郎却不想简单地照搬福特的生产模式，他认为“那里的生产体制还有些改进的可能”。回国后，丰田喜一郎与主管生产的大野耐一进行了认真研究，认为大量生产方式不适合日本，并进行了一系列的探索和实验，根据日本国情建立了一套新的生产管理体制。

由丰田喜一郎和大野耐一创造的新生产技术可以通过一个实例来说明。在大批大量生产方式下，制造汽车覆盖件的冲压模的更换是个很大的问题。由于精度要求极高，模具的更换既昂贵且费时，需要极高技术的工人来完成。为了解决这个问题，西方汽车制造商采用一组冲压机来生产同一种零件，可以实现几个月甚至几年不更换模具。对于20世纪50年代的丰田汽车公司，这种办法却行不通，它没有足够的资金来购买好几百台冲压机用于汽车覆盖件的生产，它必须用少数的几条生产线生产所有汽车的冲压件。于是，大野耐一发明了一种快速更换模具的新技术，这种技术使更换一副模具的时间从1天减少到3分钟，且不需要专门的模具。

1978年，大野耐一在他所著的《丰田生产方式》一书中正式把公司多年研究和创造的生产方式命名为“丰田生产方式”。

1981年，我国长春第一汽车制造厂受大野耐一指导，按照丰田生产方式的原理成功改造了两条生产线，日本人将此称为“用意咚”生产，“一汽”人翻译成“同步节拍生产”。后来，第二汽车制造厂利用这种方法进行生产线改造，改称为“一个流”生产。

1992年，美国麻省理工学院教授丹尼尔·琼斯（Daniel Jones）等50多位专家和国际汽车计划组织（IMVP）成员，在用了5年时间对17个国家的90多家汽车制造企业进行比较分析的基础上，发表了著名的报告《改变世界的机器》（*The Machine That Change The World*），该报告总结了丰田的生产方式，提出了“精简、消肿”的对策，把日本企业取得成功的生产方式称为“瘦型”（lean）方式。因为它能比大量生产方式少用一半的人员、时间、生产面积、库存面积，生产出质量好、品种多的产品。我国正式翻译过来时，用了较为贴切的名字："精益生产方式"，精，即少而精，不投入多余的生产要素，只是在适当的时间生产必要数量的市场急需的产品（或下道工序急需的产品）；益，即所有经营活动都要有益有效，具有经济性。

资料来源：张仁侠. 现代企业生产管理. 北京：经济管理出版社，1997：257-258；田英. 生产与运作管理. 西安：西北工业大学出版社，2005：271-272.

（一）精益生产的原理

1. 不断改进

改进，就是永远不满足于现状，不断地发现问题，寻找原因，提出改进措施，改变工作方法，使工作质量不断提高。改进与创新都是进步和提高。改进是渐进式的进步，是细微的改变，其过程是连续的，日积月累会获得巨大的成功；创新是跃进式的进步，是显著的变化，其过程是不连续的。创新可为少数人所为，改进则必须众人努力。如果创新之后无改进，则实际成效会降低；创新之后继续改进，成效将更大。

2. 消除浪费

对于库存和产品质量可以给出一个绝对的标准，即零库存和零缺陷。零是一种极限，可以无限地接近它，但永远不可能达到。"双零"使得改进永无止境，驱使员工不懈努力，在产品质量和库存方面消除浪费。

3. 协力工作

协力工作是将职业、专长不同的人组织到一起，以小组的形式完成特定任务的工作方式，它是对传统的分工方式的革命。

4. 沟通

人员之间，部门之间，本企业与顾客、供应商之间都需要沟通。没有沟通就谈不上协力工作。为此，小组的每位成员都必须了解其他成员的专业和工作内容，这样才能有共同语言，才能把自己的工作放到全局中去考虑，才能避免片面性。

（二）精益生产的主要内容

1. 在生产系统方面

以具有高度工作热情、多种技能的"多面手"和独特的设备配置为基础，将质量控制融合到每一生产工序中去；能够灵活敏捷地适应产品的设计变更、产品变换以及多品种混合生产的要求。

2. 在零部件供应系统方面

与零部件供应厂家保持长期稳定的全面合作关系，使零部件供应系统能够灵活、敏捷地适应产品的设计变更以及产品交换，并通过管理信息系统的支持，使零部件供应商也共享企业的生产管理信息，从而保证准时交货。

3. 在产品的研发方面

以并行工程和团队工作方式为研发的主要组织形式和工作方式。在一系列开发过程中，强调产品开发、设计、工艺、制造等不同部门之间的信息沟通和同时并行开发。这种并行开发还扩大至零部件供应厂家，促使其从早期开始参与开发。

4. 在流通方面

与顾客以及零售商、批发商建立一种长期的关系，使来自顾客和零售商或批发商的订货与工厂的生产系统直接挂钩，销售成为生产活动的起点，以迅速、周到的服务最大限度地满足顾客的需要，并尽量减少流通环节的库存。

5. 在人力资源利用方面

形成一套劳资互惠的管理体制，通过 QC 小组、提案制度、团队工作方式、目标管理等一系列方法，调动和鼓励职工进行“创造性思考”，并注重培养和训练人员的多方面技能，最大限度地发挥每一个人的潜在能力。

6. 在管理理念方面

把现有的生产方式、管理方式看作改善的对象，不断地追求降低成本、降低费用、质量完美、缺陷为零、产品多样化等。

四、制造资源计划（MRPⅡ）

（一）MRPⅡ简介

20 世纪 70 年代以来，由于计算机技术发展突飞猛进，MRP 在制造业中得到了广泛应用。在闭环 MRP 完成对生产的计划与控制的基础上，进一步将经营、财务与生产管理子系统相结合，形成制造资源计划 MRPⅡ。

MRPⅡ不仅能对生产过程进行有效的管理和控制，而且能对整个企业计划的经济效果进行模拟。所以，MRPⅡ对企业高层人员进行决策具有重要的意义。

（二）MRPⅡ流程

MRPⅡ为提供一个完整而详尽的计划，可使企业内各部门的活动处于一种互动协调的状态，形成一个整体。各部门共享数据，消除不一致，提高企业整体效率。MRPⅡ系统流程图如图 3－7 所示。

（三）MRPⅡ特点

1. 计划的一贯性和可行性

MRPⅡ是一种计划主导型的生产管理模式，计划层从宏观到微观、从大到小，始终围绕着企业的经营战略目标展开。MRPⅡ有一个指导原则：企业各职能部门集中制订生产计划，车间只是执行生产计划。在计划执行前要进行生产能力平衡，以求计划具有连贯性、有效性和在具体生产中的可行性。

2. 数据共享

MRPⅡ是一种全企业信息管理系统，该系统中包含企业全部生产活动的信息，并反映到各部门，在全企业内实现信息共享。因此，力求系统信息准确、及时地反映出各部门、各环节的实际情况。

3. 动态应变性

MRPⅡ是一种闭环系统，它要求企业的管理人员根据不断变化的环境作出正确的反应。因此，这个系统必须及时地反映环境的变化，为决策提供充分的依据。

4. 模拟预见性

MRPⅡ具有模拟预见性功能，解决“如果如何将会如何”的问题。在可预见的时间

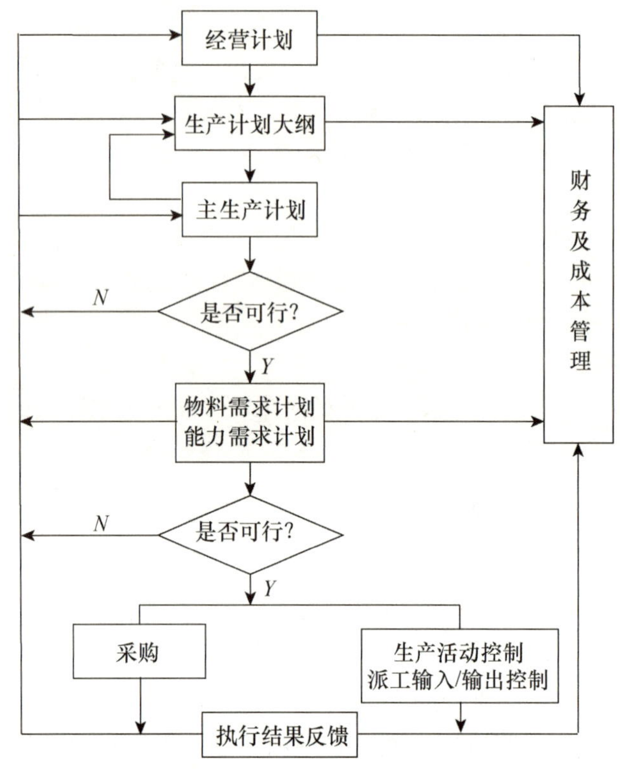

图 3－7　MRPⅡ系统流程图

期限内，预见可能发生的问题。该模型可以对这些可能发生的问题进行模拟分析，预先采取防范措施，减少可能造成的损失。

5. 物流与资金流的统一

MRPⅡ系统中包含了直接生产经营活动的财务信息，可以直接将生产经营中的物流信息转化为资金流信息。根据资金流信息可以及时、准确地得到成本信息，对成本进行控制。

思考题

1. 如何编制生产计划？请结合工作实际编制一个简单的月生产计划表。
2. 什么是生产瓶颈？请结合实际举例说明人们是怎样解决生产瓶颈的。
3. 5S 管理包括哪些内容？
4. 什么是看板管理？看板对工作有哪些改进作用？

你不能通过命令来达到某一生产率，你必须提供工具使人们发挥出最好水平。
——史蒂夫·乔布斯（1955—2011，美国发明家、企业家，苹果公司联合创办人）

第四章　质量管理

产品质量是生产出来的，不是检验出来的。

——威廉·爱德华兹·戴明（1900—1993，美国质量管理专家，日本质量管理最高荣誉“戴明奖”的设立者，“戴明环”创立者）

学习目标

1. 掌握：产品质量的特性、质量管理的发展阶段、全面质量管理的特点和基本观点、2000 版 ISO9000 系列标准的核心标准构成。

2. 了解：工作质量的概念、QC 小组、PDCA 工作循环的八个步骤、质量管理中常用的方法与技术。

开篇案例

海尔砸冰箱与拆冰箱

1. 海尔“砸冰箱”：质量意识的大管理

“砸冰箱”的故事改变了一个亏损 147 万元的集体小厂的命运。1984 年，34 岁的张瑞敏入主青岛市电冰箱厂，他是短短一年中被派来的第四位厂长。他刚一上台，就颁布了 13 条规定，从禁止随地大小便开始，开启了海尔现代管理之路。

1985 年 12 月的一天，一位朋友来买瑞雪牌（海尔的前身）冰箱，结果挑了很多台都有毛病，最后勉强拉走一台。朋友走后，张瑞敏派人把库房里的 400 多台冰箱全部检查了一遍，发现共有 76 台存在缺陷。张瑞敏随即召集全体员工到仓库开现场会，问大家怎么办。

当时一台冰箱 800 多元，而员工每月平均工资只有 40 元，一台冰箱几乎等于一个员工两年的工资。因此，多数人提出，这些冰箱只是外观划伤或部件松动，并不影响使用，建议作为福利便宜点处理给内部员工。张瑞敏却说：“要是允许把这 76 台冰箱卖了，就等于允许明天再生产760台、7 600台这样的不合格冰箱。放行这些有缺陷的产品，就谈不上质量意识……因此，必须解决这个问题。”他宣布，把这些不合格的冰箱全部砸掉，谁造的谁来砸，并抡起大锤亲手砸了第一锤。很多员工在砸毁冰箱时都流下了眼泪，平时浪费了多少产品，没有人心痛；但亲手砸毁自己制造的冰箱时，感受到这是一个很大的损失，痛心疾首。这种非常有震撼力的举动，改变了员工对质量标准的看法。

在接下来的一个多月里，张瑞敏发动和主持了一个又一个会议，讨论的主题非常集中：“如何从我做起，提高产品质量”。三年后，在1988年的全国冰箱质量评比中，海尔冰箱以最高分捧走了我国冰箱行业的第一块国家质量金奖。

2009年4月，中国国家博物馆把张瑞敏带头砸毁76台不合格冰箱所用的大锤收藏为国家文物（文物收藏编号：国博收藏092号）。国家博物馆认为，这把砸毁不合格冰箱的“海尔大锤”虽然不会说话，但是它活生生地反映了在那个时代里中国企业、中国企业家抓质量的历史，为后来的企业、行业树立了典范，是一个划时代的“文物”。

2. 海尔“拆冰箱”：诠释卓越品质

海尔“砸冰箱”成为有口皆碑的品牌故事。为了向消费者诠释产品可靠的内在品质，以及为什么冰箱能运行20多年无故障的原因，海尔冰箱又上演了一幕“拆冰箱”。

2010年3月，在全国经销商大会上，海尔工作人员将一台完好的冰箱拆了个七零八落，人们看到海尔冰箱的保温层不仅密度大，而且比其他品牌要厚2厘米，这意味着海尔冰箱的保温效果更好、更节能；在海尔冰箱的角蒸发器上滴上一滴水，立刻结成了冰，让消费者真正体验到“滴水成冰”的效果，这是因为海尔冰箱是行业中唯一采用角蒸发器的品牌，所以海尔冰箱的制冷速度最快；将玻璃搁物架从冰箱里拉出来直接抛到地上，玻璃搁物架完好无损，一个体重75千克的成年人站在海尔冰箱的玻璃搁物架上也不成问题，因为海尔冰箱的搁物架使用的是钢化玻璃。

为了保证研发出的每一款冰箱都能做到零缺陷，海尔除了在制造中采用上好的原材料外，还有严格精湛的制造工艺。譬如，为了保证内胆不会被消费者在生活中的菜汤腐蚀，海尔冰箱会先用油酸与棉籽油按照1∶1的比例混合后涂到内胆上进行防腐蚀试验，以确保产品在用户家中使用时不会出现问题。

同时，在海尔冰箱的实验室里，产品还要接受极其苛刻的“魔鬼实验”。譬如，在760毫米的高度上，分别从六个角度重复十次跌落；以高于国际标准的速度进行的撞击试验……每一个环节都努力保证产品更可靠，从而给用户良好的体验。

事实上，支撑海尔制造出“零缺陷”冰箱的，并非表面所见到的零部件，也不是精湛的制造工艺，而是根植于海尔人内心的“零缺陷文化”。这种文化贯穿于海尔冰箱研发、制造、运输的全过程。

资料来源：眼见为实，海尔“拆冰箱”诠释卓越品质.（2010-03-11）[2011-11-19]. http://www.prnews.cn/press_release/32386.htm；青岛海尔24年前砸冰箱所用大锤成为国家文物.（2009-04-24）[2011-11-19]. http://www.jiaodong.net/news/system/2009/04/24/010512284.shtml.

第一节　质量与质量管理

一、质量

质量有狭义和广义两种解释。狭义的质量是指企业提供的产品（包括劳务）的质量；广义的质量除了产品质量外，还包括工作质量。

（一）产品质量

产品质量是产品满足明确或隐含需要的能力的特性总和。就工业产品来讲，其质量一般包括产品的结构、性能、精度、纯度、形状、气味、色彩、手感以及包装装潢等方面的特性。综合起来，产品质量可以概括为以下三方面。

1. 适用性

指产品的用途、性能、规格、等级等方面的特性。包括：物质方面的，如物理性能和化学成分等；运行操作方面的，如运转可靠、安全、操作方便等；结构方面的，如轻便灵活、拆装方便、易于保养维修等；外观方面的，如款式新颖、美观大方、油漆电镀光亮、包装精美等。

2. 可靠性

又称可靠度，指产品在规定的时间和使用条件下，无故障地完成规定功能的能力或可能性。即要求产品具有性能稳定、精度保持、零部件耐用、工作准确、安全可靠等特性。

3. 经济性

指产品寿命周期总费用的大小，包括制造成本和使用成本。使用成本是指产品在使用过程中所发生的安装、维护保养、修理费用、生产效率以及对原材料、动力、燃料的消耗等。

产品质量可通过产品质量特性来表现。一般来说，对工业产品质量特性的要求是高效、经济、可靠、耐用、易造、易修、好看和好用。其中又应把高效、经济、可靠、耐用放在前列。

（二）工作质量

工作质量就是指企业的技术工作、管理工作对产品质量的保证程度。它是产品质量的基础和保证。

工作质量和产品质量是两个既相互区别又相互联系的概念。工作质量反映的对象是工作，产品质量反映的对象是产品，是事和物的关系。工作质量指标是反映企业生产技术和经营管理水平的一类重要指标，如劳动生产率、盈利率、品级率、平均等级率、合格品率等；而衡量产品质量的指标是产品的质量标准，如国家标准、行业标准、企业标准等。

二、质量管理

（一）质量管理的含义

质量管理是指确定质量方针、目标和职责，并通过质量体系中的质量策划、质量控制、质量保证和质量改进来实现所有管理职能的全部活动。

（二）质量管理的内容

质量管理是企业管理活动的一个重要方面，具体包括以下内容。

1. 制订质量方针和目标

质量方针又称质量政策，是指由某机构的最高层领导正式颁布的总的质量宗旨和目标。质量方针是企业开展工作的指南。质量目标是企业按照质量方针所提出的在一定时间内质量上要达到的预期成果。在实践中，应注意通过质量策划使质量方针和目标具体化。

知识链接 4-1

世界著名质量奖简介

1. 日本戴明奖

日本戴明奖（Deming prize）是日本科学技术联盟（JUSE）于1951年设立的奖项。1950年，W. E. 戴明博士应日本科学技术联盟之邀向日本企业界人士做了为期8天的演讲，这次讲习班使日本企业界对于开展统计质量控制的意义有了深刻认识。此后，日本科学技术联盟以戴明博士捐赠的讲义稿酬作为基金，创设了这一奖项。

戴明奖分为本奖和实施奖两类。戴明奖的本奖旨在奖励在统计质量管理的理论研究和应用研究方面，或是在统计质量管理的理论普及方面做出突出贡献的个人。戴明奖的实施奖则是为了奖励在开展统计质量管理方面取得显著成绩的企业。企业的成效按四项标准予以评定：（1）计划（包括方针、组织和管理）；（2）执行（包括利润管理、成本控制、过程标准化和控制、质量保证等）；（3）效果；（4）对以后的策划。

2. 美国国家质量奖

美国国家质量奖（US national quality award）又称波多里奇奖。美国联邦政府以前美国商务部长马尔科姆·波多里奇的名字命名，于1987年设立国家质量奖项目。从1988年开始正式评选，参评对象包括制造业企业、服务业企业和小企业3种类型。自1999年开始，教育质量奖和医疗卫生质量奖也正式纳入评奖范围。每类企业每年最多只能有2家企业获奖，每年获奖的企业总数不超过6家。获奖企业于每年的质量月期间由美国总统亲自颁奖。

美国国家质量奖评奖标准分别从领导、战略、顾客与市场、资源、过程管理、测量、分析与改进及经营结果7个方面对企业进行考核评价，总分1 000分。美国国家质量奖受到美国企业的广泛欢迎和支持，每年申请参评的企业多达几十万家。

3. 欧洲质量奖

欧洲质量奖（European quality award）由欧洲质量管理基金会（EFQM）于1992年设立，其宗旨在于认可那些特别重视全面质量管理的组织并鼓励其他组织以这些组织为榜样。欧洲质量管理基金会于1988年由西欧14家主要跨国公司共同发起成立。

欧洲质量奖的评奖内容涉及9个方面：领导、方针和策略、人事管理、资源（财务、信息、材料、技术应用）、过程（鉴定、管理、参数分析、以革新和创造性为基础的改进、受益估测)、顾客满意、员工满意、社会影响和业务效果等。欧洲质量奖扩展了质量概念，把社会责任等项目列入了卓越质量管理的标准之内。

资料来源：宁夏质量技术监督局. 质量奖励制度.（2008-10-17）[2011-11-19]. http://www. nxzj. gov. cn/zjyw/zlgl/zljl/ 200810/328. html.

2. 建立质量体系

质量体系是指为实施质量管理所需的组织结构、程序、过程和资源。建立质量体系时，应形成必要的体系文件，如质量手册、管理性程序文件、技术性程序文件、质量计划、质量记录等。因此，质量体系的意义不仅在于建立组织机构，更重要的在于明确组织机构的职责范围和工作方式；不仅在于使企业各方面的质量工作有效地开展，更重要的在于使这些工作相协调，构成一个有机的整体，实现企业整体质量的完善。

3. 开展质量控制和质量保证活动

质量控制是指为满足质量要求所采取的作业技术和活动。质量控制的作用，就是根据质量标准，监测各环节的工作，使其在受控制状态下运行，从而及时排除和解决所产生的问题，保证满足质量要求。质量保证是指使人们确信某实体能满足质量要求，在质量体系内开展的并按需要进行证实的有计划和有系统的活动。因此，“证实”是质量保证的关键，这意味着企业必须就是否具有满足质量要求的能力提供充分必要的依据，接受第三方权威机构客观、公正的评价。

知识链接 4-2

全国质量奖简介

全国质量奖（China quality award），原名“全国质量管理奖”，由中国质量协会于2001年创办，2006年更名为“全国质量奖”。全国质量奖由中国质量协会组织评审，评选范围包括国有、股份、集体、私营和中外合资及独资企业，非紧密型企业集团不在评审范围之内。

全国质量奖是我国质量领域的最高奖项，2001年，由全国质量奖工作委员会办公室组织质量专家起草了全国质量奖评审标准。2003年对评审标准进行了修订，基本以美国国家质量奖的卓越绩效模式标准为主。2004年9月，我国《卓越绩效评价准则》国家标准正式发布，于2005年启用。评分体系共有1 000分，其中结果占400分。

目前，全国质量奖奖项设置为三类：制造、建筑业奖项，服务业奖项，小企业奖项。全国质量奖每年组织评审一次，每个申请企业或组织交纳申报费1 000元，不论能否获奖，都将收到一份综合反馈报告和一份逐条反馈报告。

资料来源：中国质量协会. 全国质量奖介绍.（2008-07-25）[2011-11-18]. http://www. caq. org. cn/html/nqa_intro/2008-7/25/150344. shtml; MBA智库·百科. 全国质量奖. [2011-11-18]. http://wiki. mba lib. com/wiki/全国质量奖#. E5. 85. A8. E5. 9B. BD. E8. B4. A8. E9. 87. 8F. E5. A5. 96. E7. AE. 80. E4. BB. 8B.

4. 进行质量改进

质量改进是指为各类组织及顾客提供更多的收益，在整个组织内所采取的旨在提高活动和过程的效益和效率的各种措施。质量改进是无止境的，只要不断地寻找问题，积极进行改进，就可以提高企业的质量水平，增强企业的竞争力。

三、质量管理的发展

质量管理从产生到发展走过了漫长的道路，人类历史上自有商品生产以来，就开始了以商品的成品检验为主的质量管理。按照质量管理所依据的手段和方式，我们可以将质量管理的发展历程大致划分为以下三个阶段。

（一）质量检验阶段

质量检验阶段从 18 世纪中叶欧洲革命开始，直到 19 世纪 30 年代第二次世界大战爆发前。当时，人们对质量管理的理解还只限于质量的检验，检验工作是质量管理活动的主要内容。其主要特点是严格把关，对已完成了的全部产品进行事后的、百分之百的检验。而由谁来执行检验这一职能则有一个变化过程。

初期的检验由工人自己进行，工人依靠自己的手艺和经验把关，故有人称为“操作者的质量管理”。

其后，美国出现了以泰勒为代表的“科学管理运动”。“科学管理”提出了在人员中进行科学分工的要求，并将计划职能与执行职能分开，质量管理的责任就由操作者转移到了工长，有人称之为“工长的质量管理”。

后来，由于公司规模的扩大，这一职能又由工长转移到专职检验人员，由专职检验部门实施质量检验，有人称之为“检验员的质量管理”。

质量检验是在成品中挑选出废品，以保证出厂产品质量，这确实可以保证产品质量，但这种事后检验把关无法在生产过程中起到预防、控制的作用，废品已成事实，很难补救；且百分之百的检验会增加检验费用。随着生产规模进一步扩大，在大批量生产的情况下，这样做在经济上是不合理的，而且缺乏系统的观念，责任不明，一旦出现质量问题容易发生扯皮、推卸责任。

（二）统计质量管理阶段

统计质量管理阶段始于第二次世界大战期间，但在战后才得以传播和广泛应用。其主要特点是应用数理统计原理和抽样技术对生产过程进行控制，以预防不良质量产品的出现，即进行事前的、预防性的生产过程控制。

早在 20 世纪 20 年代前后，一些著名的统计学家和质量管理专家就注意到事后质量检验的弱点，尝试运用数理统计的原理来解决这一问题。例如，美国的质量管理专家休哈特提出了控制和预防缺陷的概念，并发明了控制图，把数理统计方法引入质量管理中。他认为质量管理不仅要搞事后检验，而且在发现有废品生产的先兆时就应进行分析改进，从而预防废品的产生。同时，美国人道奇和罗米格提出了抽样检查法，它既能满足一定的质量要求，又能大大地减少检验工作量。

然而，休哈特等人的创见，开始只有少数美国企业采用。第二次世界大战开始以后，由于战争的需要，美国军工生产急剧发展，尽管增加了大量检验人员，但是产品积压待检的情况还是十分严重，结果不仅废品损失惊人，而且在战场上经常发生武器弹药的质量事故。在这种情况下，美国组织一批专家和工程技术人员于 1941—1942 年间先后制定并公布了《Z1.1 质量管理指南》《Z1.2 数据分析用控制图》《Z1.3 生产过程质量管理控制图法》，强制生产武器弹药的厂商推行，并收到了显著的效果。从此，统计质量管理的方法才被很多厂商应用，统计质量管理的效果才得到广泛承认。

第二次世界大战结束后，美国许多企业扩大了生产规模，除原来生产军火的工厂继续推行统计质量管理的方法以外，许多民用企业也纷纷采用这一方法，美国以外的许多国家，如加拿大、法国、德国、意大利、墨西哥、日本也都陆续推行了统计质量管理，并取得了成效。

但是，统计质量管理也存在缺陷，它过分强调质量控制的统计方法，使人们误认为“质量管理就是统计方法”“质量管理是统计专家的事”，使多数人感到高不可攀、望而生畏；同时，它对质量的控制和管理只是局限于制造和检验部门，忽视了其他部门的工作对产品质量的影响，不能充分发挥各个部门和广大员工的积极性，从而在一定程度上制约了质量管理统计方法的普及和推广。

知识链接 4－3

美国和日本质量管理模式简介

美国和日本都是质量管理领域的领先者，很多现代质量管理理论都出自这两个国家，其产品也因高质量而誉满全球。但总的来说，美国更重视质量管理理论的研究和创新，很多理论像质量检验理论、控制图理论、全面质量管理理论均首先产生于美国；日本则更注重将引进的各种现代质量管理理论和方法本地化，并应用于生产实践中，日本非常注意在本地化过程中注入适合国情的元素，因而本地化的过程实际上也是创新过程。

美国质量管理的特点：（1）强调质量管理专家的作用；（2）强化检验部门和质量管理部门的职能；（3）重视质量成本分析。

日本质量管理的特点：（1）开展全公司性的质量管理；（2）实行质量管理的审核制度；（3）重视质量管理的教育和培训；（4）开展质量管理小组活动；（5）灵活应用质量管理的统计方法；（6）开展全国范围的“质量月”活动。

资料来源：王晓辉．现代企业管理应用与案例．北京：北京工业大学出版社，2006：196.

（三）现代质量管理阶段

20 世纪 60 年代以来，社会生产力迅速发展，科学技术日新月异，质量管理也出现了很多新情况，仅仅依靠事后质量检验和运用统计方法已难以保证和提高产品质量，因此，许多企业开始了全面质量管理的实践，促使全面质量管理的理论逐步形成。最早提出全面质量管理概念的是美国通用电气公司质量经理菲根堡姆。1961 年，他出版了《全面质量控制》一书，该书强调在最经济的水平上考虑充分满足用户要求的条件下进行市场研究、设计、生产和服务，把企业各部门的研制质量、维护质量和提高质量的活动构成一体的有效体系。

20 世纪 60 年代以来，菲根堡姆的全面质量管理理论逐步被世界各国所接受，但在运用时各有所长。随着国际贸易的发展，产品的生产销售已打破国界，不同民族、不同国家有不同的社会历史背景，质量的观点也不一样，往往会形成国际贸易的障碍或鸿沟。这就需要在质量上有共同的语言和共同的准则。1987 年，国际标准化组织在总结各国全面质量管理经验的基础上，制定了 ISO9000《质量管理和质量保证》系列标准，1994 年和 2000 年又对 ISO9000 系列标准进行了两次修改。我国也等效、等同采用了 ISO9000 系列标准，广大企业在认真总结全面质量管理经验与教训的基础上，通过宣传 GB/19000 或 ISO9000 系列标准，全面深入推行这种现代国际通用的质量管理方法。

管理周视 4-1

小天鹅波尔卡空调 5 000 小时无故障运行

无锡小天鹅波尔卡空调器有限公司的前身是无锡迎燕制冷设备工业公司。1995 年公司陷入了亏损的困境，2 000 多名职工饭碗眼看被砸。危难之时，无锡小天鹅公司与之资产重组。“以人为本”是小天鹅理念的内核。工厂新领导班子首先抓凝聚士气，提高人的素质；接着又全面实施“质量取胜”战略。

首先，建立外协件质量奖罚制度。全厂抽出 30 多人对外协件进行严格把关，并考核送检合格率。外协件送检合格率每降低一个点，相应降低 10%的收购价格。这引起协作厂的强烈不满，有的以拒绝供货要挟。工厂的回答是，停止供应造成停产将相应扣抵以前所欠的货款，最终逼协作厂提高质量。

其次，在本厂生产流水线上建立质量循环责任制。第一道工序发生问题，第二道必须检查出来，否则将被连锁扣罚；而下道工序检查出上道工序的质量问题则有奖。这种有效提高员工责任心的制度已成为企业惯例沿用至今。在生产流水线上的每一件半成品都系着一张洁白的质检卡，每道工序操作员的工号清清楚楚地盖在上面。

让质量起脱胎换骨变化的关键之举是建立企业的内控标准。当时国家制定的空调制冷量标准规定，窗机必须达到所标明制冷量的 92%，分体机要达到 95%。而小天鹅公司的波尔卡空调的制冷量内控标准则定为 100%，不允许有丝毫马虎；噪音的内控标准要求比国标低 5 个分贝；能耗比更要比国际标准高出 12%。达不到企业内控标准的，一件也不许出厂。为了达到企业内控标准，工厂组织了攻关小组，在计算机上设计程序，然后按照程序道道工序进行工艺改革、质量登顶。经过一个多月的质量攻关，制造成本增加了 7%，生产流水线上终于出现了符合内控标准的高质量波尔卡空调。

为了使质量内控标准在大批量生产中得以持续稳定，公司在核心技术和独特材料（配件）上下了很大功夫。空调的噪音和压缩机的运转关系很大，波尔卡空调就采用了当时世界上最先进的日本“大金”“东芝”涡旋式压缩机。为保证空调的功效，公司采用独特的桥式“V”形结构翅片和折式蒸发器，增加了换热面积，减少了体积，提高了制冷、制热功效。

小天鹅波尔卡空调的质量可与洋名牌叫板。1999 年 4 月中旬，在同行业中又率先发起了产品 10 000 小时无故障运行试验。同年 12 月 10 日，在北京中国家用电器质量检测中心，小天鹅波尔卡空调已无故障运行了 5 000 多小时，各项性能指标依旧处于良性循环状态，创下了我国空调行业的质量新纪录。工厂 1999 年开发的波尔卡新型分体机系列，最小噪音仅 30 分贝，窗机系列噪音也仅有 43 分贝，在 2000 年广交会上一出货就引起轰动，接到了 1 000 万美元的出口订单。

资料来源：小天鹅波尔卡空调 5 000 小时无保障运作. 科技日报，2000-03-06.

第二节　全面质量管理

一、全面质量管理的特点

国际标准 ISO8402－1994《质量管理和质量保证术语》指出：全面质量管理（total quality management，TQM）是指一个组织以质量为中心，以全员参与为基础，目的在于通过让顾客满意和本组织所有成员及社会受益而达到长期成功的管理途径。

全面质量管理就是企业全体职工及有关部门同心协力，把专业技术、经营管理、数理统计和思想教育结合起来，使产品质量产生、形成和实现全过程中的所有保证和提高产品质量的活动构成一个有效的体系，从而充分地利用人力、物力、财力、信息等资源，以最经济的手段生产出顾客满意的产品。

全面质量管理有以下特点。

（一）全面性的质量管理

全面性的质量管理包括三个方面的内容：一是管理对象的全面性，即全面质量管理的对象是质量，而且是广义的质量，不仅包括产品质量，而且包括工作质量。影响产品质量的各种因素均为管理的对象。二是管理方法的全面性，即在质量管理过程中要针对不同的情况，灵活动用各种现代化管理的方法和手段，将众多的影响因素系统地控制起来，具体包括数理统计、质量设计、反馈控制、计算机管理等技术。三是经济效益的全面性，即企业除保证自身能获得最大的经济效益外，还应从社会和产品寿命循环全过程的角度考虑经济效益问题。

（二）全过程的质量管理

不仅要对产品质量制造过程进行质量管理，而且要对产品的市场调查、设计过程、销售直至售后服务等环节进行总体的质量管理。企业为了实现全过程的质量管理，就必须建立企业的质量管理体系，将企业的所有员工和各个部门的质量管理活动有机地组织起来，将产品质量产生、形成和实现全过程的各种影响因素和环节都纳入质量管理的范畴，只有这样才能在日益激烈的市场竞争中及时地满足用户的需求，不断提高企业的竞争力。

（三）全员参与的质量管理

质量管理，人人有责。加强质量管理不是某个部门的少数几个人的工作，而是许多部门，特别是包括技术部门在内的有关科室和生产车间的共同任务。企业全体职工根据各自的岗位特点，为提高产品质量、加强质量管理尽各自的职责。全面质量管理要求专职质检人员、质量控制人员、质量管理人员参与，还要求所有管理人员、生产服务人员和相关的消费者共同参与。要注意培养人员的质量管理意识，人人关心产品质量，个个对质量负责，建立健全质量责任制，积极开展 QC 小组活动。

二、全面质量管理的理念

（一）一切为用户服务

一切为用户服务就是要树立用户第一的思想，明确企业的产品是为用户、消费者服务的，不仅要使产品的质量达到用户的要求，做到物美价廉、供货及时、服务周到，而且要使产品质量达到规定的质量标准。这样，用户才会满意。用户第一的思想在企业内部就是要明确下道工序就是用户，上道工序要为下道工序服务。用户第一的思想是全面质量管理的最重要的基本思想。

（二）一切以预防为主

全面质量管理强调产品质量是设计制造出来的，而不是检验出来的。因此要求把不合格品消灭在形成过程中，做到防检结合、以防为主，把质量管理的工作重点从“事后把关”转到“事先控制”上来，从注重“结果”发展到注重“原因”，从而控制影响质量的各种因素与原因。

这就要求事先采取有效措施，把设计、工艺、设备、工装、原材料和生产不均衡等方面可能造成不合格品的因素控制起来，形成一个稳定生产合格品的生产系统，保证产品质量不断提高。但是，坚持以预防为主并不是不要质量检验工作了，产品质量检验的作用在于把关，它是按照质量标准的要求把废次品剔出来，不让它们混进合格品出厂。所以，全面质量管理仍要坚持质量检验工作。

（三）一切用数据说话

一切用数据说话就是提倡在质量管理中要凭事实说话，用数据判断问题；要深入实际，不仅要知道影响质量的因素，而且要知道各因素对质量影响的程度。质量管理的统计方法，是通过研究数据来控制产品质量的。根据反映客观事实的数据资料，找出不良产品的主要问题和原因，掌握质量波动的规律，应用适当的方法控制和消灭不良品。因此，数据是质量管理的基础。

（四）一切按循环办事（PDCA 工作循环）

在质量管理活动中应当按照 PDCA 工作循环（又称戴明环）开展工作，也就是按照计划（P）、执行（D）、检查（C）、处理（A）四个阶段的顺序来开展管理工作。它要求滚动上升和大中小环紧扣相连。PDCA 工作循环是质量管理的基本方法，实际上也是企业管理各项工作的一般规律。

三、全面质量管理的内容

全面质量管理包括设计开发过程、生产制造过程、辅助生产过程、使用服务过程四个过程的全面质量管理。

（一）设计开发过程的质量管理

设计开发过程包括市场调研、产品研发、技术工艺准备、新品试制和鉴定过程，是正式投产前的全部工作。设计开发过程是改进老产品和开发新产品的第一道工序，也是产品质量产生和形成的起点。其主要内容包括：

（1）建立、健全产品设计的工作程序。该程序规定了设计开发工作的步骤和质量要求，确保设计工作在科学规律的指导下进行。

（2）建立早期预警系统。该系统通过质量标准评价、产品性能评价、可靠性评价和市场评价等环节，使产品缺陷早期暴露，及时改善。

（3）运用科学的设计方法。科学方法的应用，有助于保证产品的质量，降低成本，使设计方案逐步优化。

（二）生产制造过程的质量管理

生产制造过程就是产品生产加工或服务形成过程，在整个生产过程中处于中心地位。产品质量能否达到预定的标准、能否长期稳定，取决于生产过程的质量管理。

概括地说，生产制造过程质量管理工作的任务就是“把关”和“帮助把关”。所谓“把关”，就是对制造过程中各个环节进行质量检验，保证不合格的原料不投产，不合格的零部件不转工序，不合格的成品不出厂。所谓“帮助把关”，就是贯彻“预防为主”的方针，即通过检验和质量分析，找出产生质量缺陷的原因，推动生产部门和操作者采取预防措施，把废品、次品、返修品等减少到最低限度。根据这一任务的要求，生产制造过程的质量管理工作主要包括：

（1）做好质量检验工作。包括质检人员培训组织、质检方法的确定、质检技术手段的准备、质检程序设定和监控、质检报告的形成、质检效果的反馈等。

（2）组织和促进文明生产。在生产环节开展“5S”运动。

（3）组织质量分析，掌握质量动态，及时反馈，指导生产，预防质量缺陷的产生。

（4）加强工序的质量控制，建立重点环节监控体系。重点环节包括关键工序、质量不稳定工序、问题出现频繁工序。

（5）建立完善的质量监控体系，从原料进入车间到产品入库，建立职能部门检验、车间专兼职质检和巡检、抽检制度。

（三）辅助生产过程的质量管理

辅助生产过程包括物资采购供应、动力生产、设备维修、器具制造或采购、仓储、运输服务等。辅助生产过程质量管理的基本任务是提供优质服务和良好的物质技术条件，以保证和提高产品质量。主要内容有：

（1）物资供应的质量管理。除物资的入厂检验和库房管理外，还要对供货厂家质量保证能力进行调查和控制，必要时签订质量协议。

（2）设备的质量管理。要在做好设备管理的基础上，定期测算机械能力，并作相应调整，保证设备运行的完好率。对关键工序的设备要设立“点检卡”，以控制其精度。

（3）工装量具仪表的质量管理。对重要的工装设备应设立“周期检查卡”；量具仪表要建立量值传递和定期检验的制度。

（四）使用服务过程的质量管理

使用服务过程是真正考核产品质量，反映产品在用户手中的使用价值，实现生产目的的过程，它是质量管理的归宿点，同时又是出发点。使用服务过程质量管理的主要内容有：

(1) 开展对用户的技术服务工作。建设维护好售前的宣传推广、售中的技术指导、售后的服务体系，如提供适用的使用说明书，编写用户培训教材，帮助培训操作人员，设置维修站点，及时提供备品、备件等。

(2) 认真处理客户投诉问题。对用户投诉要充分关注，要热情、耐心、细心处理，可采用投诉首问负责制，即第一个接到投诉的部门和人员有责任全程跟踪服务，直到客户得到了满意的答复，还要追诉到企业内部，找到问题所在并彻底解决为止。

(3) 做好产品质量信息的反馈分析工作。通过走访用户、投寄调查表、整理维修资料等方式，收集用户对产品质量的意见，发现问题和新的、潜在的质量要求，为改善设计、提高产品质量提供真实可靠的依据。

管理周视 4-2

HP 的质量管理

HP 公司认为，保证产品质量是提高竞争力、赢得用户信誉的重要因素。而且，产品质量越高，技术支持费用就越少，因而质量管理也是获取利润的手段之一。例如，HP 公司从 1975 年起开始执行一项可靠性改进计划后，其产品保修成本大大低于预期的成本，据称一般可降低 33%。

HP 公司对待质量管理的一个原则是，质量要设计进每个产品。因此，质量保证首先从研制设计阶段开始执行，然后贯彻到生产和销售全过程，并反馈回研制设计。

在研制设计阶段，设计人员用先进的仪器对所选用的器件、集成电路和插件板进行百分之百的测试。他们对失效的器件进行详尽分析，精确地指出器件供应商在工艺和测试方面所存在的问题，以帮助其提高器件质量。

设计人员还非常重视仪器内部产生的热量的分布问题，认为这是仪器发生故障的主要原因。他们采用数学模型来估计产品的可靠性，以保证产品达到可靠性设计指标。

应力试验是 HP 公司在研制设计阶段和生产阶段广泛采用的可靠性试验方法。有关人员把极限温度、极限湿度、极限振动和其他参数极限加在产品上，有意地使产品发生故障。通过分析随时间和应力而变化的失效机理，就可以获得重要的线索来了解问题的相对严重性以及最经济的解决途径。这些应力试验再加上随后的纠正措施，有助于保证产品在正常工作条件下的长期质量。

在试生产阶段，HP 公司要用 6 台仪器做 4 星期的试验，或用 4 台仪器做 6 星期的试验。

在正式生产阶段，每个产品分部的质量保证部门，还要站在用户的立场上对产品进行抽样检查，而不重复生产线测试人员业已做过的试验。他们同产品分部管理人员密切配合，审查已经发现的故障和问题。他们画出生产故障的概率曲线，以便使产品分部所有的人都了解潜在的问题，从而采取对策，不让产品带着潜在的故障出厂。

HP 公司也非常强调系统能力的测试。像计算机外部设备这类产品，虽然也单独出售，但常常成为大型 HP 系统的组成部分。因此，这类产品不仅在单独使用时性能要可靠，而且在同其他仪器互联时也要可靠。

在市场销售服务中，HP 公司认真听取用户对产品质量的反映。销售服务办事处每个月向产品分部提出一次质量分析报告，供改进产品质量使用。

四、全面质量管理的基本组织——QC 小组

QC 小组就是质量管理小组，是一种行之有效的、群众参与的质量管理活动形式，其具体活动步骤如下：

（1）组成小组，确定组长。小组一般由 5～7 人组成，组长要有一定的领导能力和专业技术能力。小组的组成要以自愿组合为原则。

（2）命名。小组通常以要解决的问题为名称。

（3）分析问题，确定主题。分析部门内部可能存在的问题，包括效率问题、成本问题、质量问题、浪费问题、服务问题、组织协调问题、程序问题、制度问题等。通过分析现状，找出主要问题，结合小组自身能力、兴趣、特长来确定要攻关的问题。

（4）确立目标。采用“5W2H”来确立目标，what——做什么，主题项目与数据；why——为何做，明确其目标；who——谁来做，组员分工；where——何处进行，活动场所及配合部门；when——何时，确定进度；how to do——如何做，选择方法，制订步骤、措施；how much——成本多少，费用的预算。

（5）制订工作计划，内容包括工作内容、进度、负责人、效果评价、举措等。

（6）找出问题的主要方面和原因分析。可用鱼刺图法和头脑风暴法等。

（7）提出对策。

（8）对策实施。

（9）效果评价。评价良好则进入下一步骤，如果效果评价不好则回到步骤（7），重新提出对策。

（10）效果维持。

（11）总结发表成果。

管理周视 4-3

日立的质量管理

日立公司的质量管理是典型的日本式质量管理。日立也将其质量管理思想、组织制度和管理方法推广到它在中国的合资和独资企业。上海日立家用电器有限公司总经理小岛正义主持的公司第一次高级管理人员会议，主题就是如何抓产品质量，会议提出“把质量意识注入每位员工的血脉之中”。日立在中国的第一家合资企业——福日公司自成立时起一直推行“双零管理”（以降低成本为目的的“零库存管理”和以提高产品质量

为目的的“零缺陷管理”)。上海日立电器有限公司正是凭借对质量的超前意识雄霸市场的。

日立质量管理的核心是全员参与质量管理，其具体体现是“3N、4M、5S”的质量管理模式。

“3N”是指质量管理的原则为“不接受（no accepting）不合格产品、不制造（no manufacturing）不合格产品、不移交（no transferring）不合格产品”。其目的是控制生产全过程的质量，确保经过每位员工之手加工的零部件达到100%的合格率，达到零缺陷的质量目标。日立要求每个操作者将“3N”原则铭记在心，以便使生产的各个环节始终处于受控状态，使生产全过程进入有序的良性循环中。通过执行“3N”原则，日立希望在每一个岗位上、每一个员工中牢固树立起“生产自己和顾客都满意的产品”的市场新理念，形成人人注重质量、环环相扣保证质量的有效机制。

“4M”是指对“人（man)、机器（machine)、材料（material)、方法（methods)”4种质量管理要素的科学运用。人——激发最大的竞争意识；机器——保持最高的开工率；材料——达到合理的投入产出；方法——应用最佳的手段与途径。其中，突出对人的管理和发挥人的能动作用是“4M”的精髓。日立在中国的企业和日本日立在机器、材料、方法等方面基本上是相同的，唯一不同的是人的素质。要达到国际先进水平，制造一流产品，就必须着力在“人”字上下工夫，变“三个一样”为“四个一样”，使“4M”都能与国际先进水平接轨。为此，上海日立电器公司确立了“以人为本”的建企方针。

“5S”是指进行文明生产的5个管理手段，即“整理、整顿、清扫、清洁和素养”。整理就是把要与不要的东西彻底分开，要的摆在指定位置挂牌明示，不要的则坚决处理掉；整顿是指一经检查发现未作标志又未被处理的物品，现场管理干部将追究当事人的责任；清扫就是将工作场所、环境、仪器设备、材料、工具夹等上的灰尘、污垢、碎屑、泥沙等脏物清洗抹拭干净；清洁是指在以上三个环节之后的日常性维持活动，在每天下班前3分钟（或5分钟）实行全员参加的清洁作业，使整个环境随时都维持良好状态；素养就是培养全体员工的良好礼貌礼节、工作习惯、组织纪律、敬业精神。其目的是创造一个清洁、舒适、文明的生产环境，规范员工行为，塑造良好的企业形象。“5S”在每天为3～5分钟，每周末为15分钟，每月末为半小时，每年底为2小时，这样不间断地坚持下去，文明生产持之以恒，产品的质量即可提高到更新更高的水平。

资料来源：http://www.chauyo.cn/news.asp? id=&show=75.

五、全面质量管理的基本工作方法——PDCA工作循环

（一）PDCA工作循环的含义

美国质量管理专家戴明博士在20世纪50年代提出一种质量管理的工作程序：全面质量管理体系的运动就是周而复始地通过计划（plan)、执行（do)、检查（check)、处理（action）四个阶段的科学管理工作程序，简称PDCA工作循环。

PDCA工作循环可分为四个阶段、八个工作步骤，如图4-1和图4-2所示。

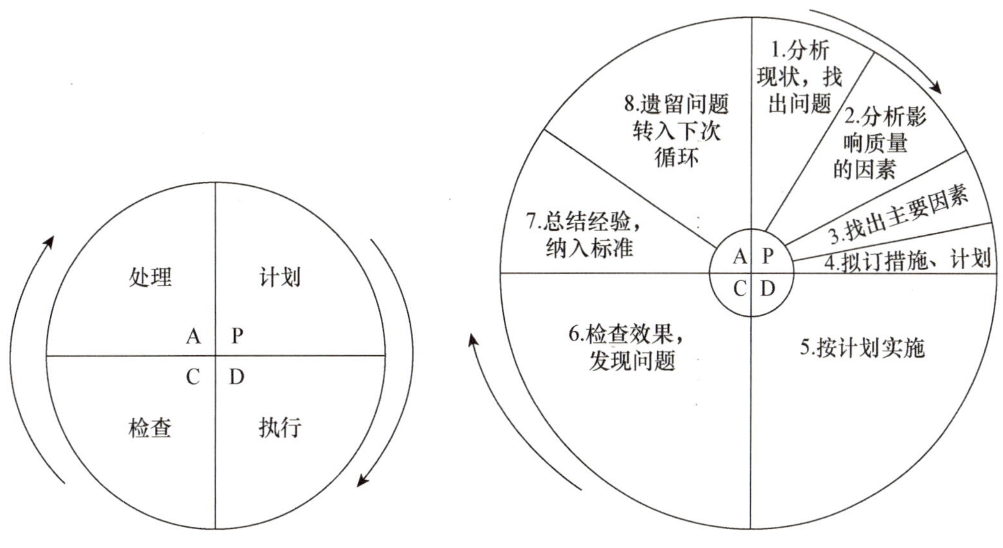

图 4-1 PDCA 工作循环的四个阶段　　**图 4-2 PDCA 工作循环的八个步骤**

1．第一阶段：计划（P）

确定企业总的质量目标和质量计划，把总目标落实到各部门和各环节，提出改进目标和改进措施。这一阶段分为四个步骤实现：

（1）分析现状，寻找存在的质量问题。

（2）分析产生问题的各种原因。

（3）找出主要矛盾和主要原因。

（4）制订计划，拟定措施，并且具体落实到执行者。

2．第二阶段：执行（D）

根据计划要求具体实施措施，实现计划。

3．第三阶段：检查（C）

把实施结果与预定目标、计划对比，检查计划执行情况是否达到预期目标。

4．第四阶段：处理（A）

根据检查结果，总结经验教训，处理问题。这一阶段分为两个步骤实现：

（1）把有效措施纳入质量管理标准，进行标准化，总结经验，巩固成绩。

（2）将遗留问题转入下一个循环，作为下一个循环的计划目标。

（二）PDCA 工作循环的特点

1．大环套小环和相互促进、不断运动

企业的方针目标和措施的计划、执行、检查、处理可视为大循环；各车间、科室按大循环的要求进行本部门的小循环；班组的循环保证车间计划的完成，最终实现大循环。通过循环把企业各部门、各环节的工作有机结合起来，互相促进。如图 4-3 所示。

2．不断循环，不断提高质量

循环每进行一次，就解决一些问题，使产品质量提高如同爬楼梯一样，推动 PDCA 工作循环前进。如图 4-4 所示。

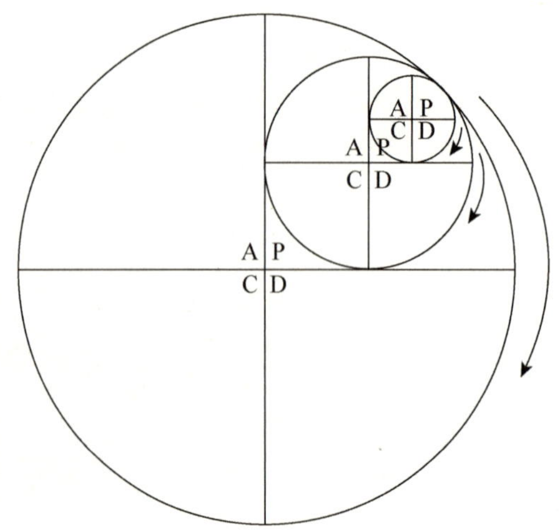

图 4-3　大环套小环

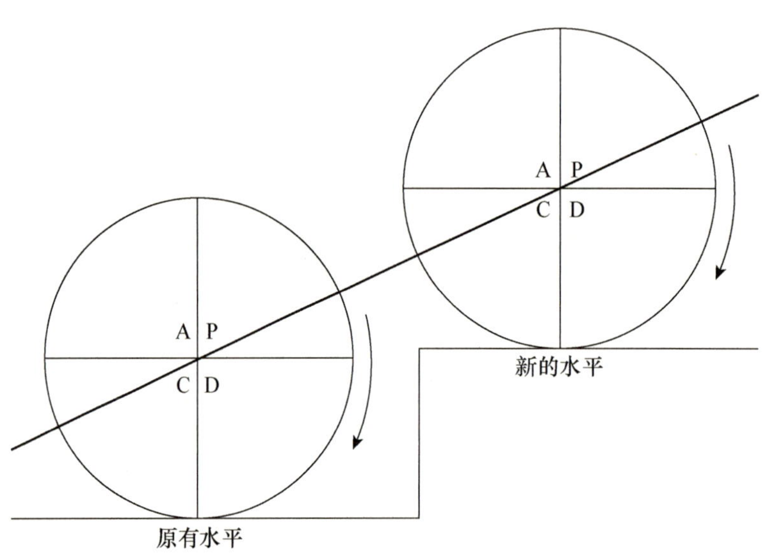

图 4-4　PDCA 工作循环上升

3. 实事求是，讲究实效

PDCA 工作循环强调从分析本单位的实际情况入手，从现状中找问题，从问题中分析各种因素，找出主要矛盾，能解决的问题就在本次循环中加以解决，不能解决的问题，留下来在下一次循环中作为改进计划的内容。

 管理周视 4-4

日本企业质量管理成功的奥秘

20 世纪初，日本企业的产品质量并不好，在人们心目中简直就是假冒伪劣产品的代名词，当时日本人崇尚中国的“上海货”。但是，到了20世纪80年代，人们争相购买日本企业的产品，日本货成了优质产品的象征。日本企业从劣质产品到优质产品，前后间隔仅几十年。日本企业质量管理成功的奥秘究竟是什么？

日本企业质量管理的成功，得益于美国著名质量管理专家爱德华·戴明。1951年，日本设立戴明国家质量奖。该奖主要面向日本国内的制造企业，评奖标准非常严格，获奖企业每年只有1～2家，日本国内称戴明奖为“企业诺贝尔奖”。戴明的质量管理思想集中体现在PDCA工作循环上。

戴明的质量管理思想对日本企业影响很大，日本企业纷纷使用PDCA工作循环来找问题，然后改进产品质量。经过几十年的努力，到20世纪80年代中期，日本经济达到最辉煌的时期，其产品如汽车、家电等充斥世界各国市场。著名质量管理专家朱兰对日本经济奇迹的评价是：“日本的经济振兴是一次成功的质量革命。”

资料来源：杨湘洪．现代企业管理．南京：东南大学出版社，2003：169.

第三节　ISO 9000系列标准

一、ISO 9000系列标准的产生与发展

（一）ISO 9000系列标准产生的背景

质量管理和质量保证标准的产生是现代科学技术和生产力发展的必然结果，是国际贸易发展到一定时期的必然要求，也是质量管理发展到一定阶段的必然产物。

1. 科学技术和生产力发展的必然结果

20世纪后半叶，由于科学技术迅速发展，新产品不断出现，其中相当一部分是具有高安全性、高可靠性、高价值的产品。这些产品在质量上的缺陷不仅会给生产企业带来巨大的损失，而且会给顾客造成巨大的损失，有的后果相当严重，甚至影响到国家安全、生态环境和人类生存。因此，社会和顾客都要求生产企业能建立一套质量体系，对产品质量形成的每一环节的技术、管理和人员等方面的因素进行控制，长期稳定地生产满足顾客需要的产品。

2. 国际贸易发展的必然要求

自20世纪60年代以来，世界贸易有了长足的发展。随着国际交往的日益增多，出现产品国际化，其结果必然出现产品责任国际化的问题。为了有效开展国际贸易、分清产品责任、减少产品质量问题的争端，人们希望在产品国际化的基础上再提高一步，要求质量管理国际化。在这样的背景下，为保证国际贸易的迅速发展，制定质量管理和质量保证方面的国际标准已势在必行。

3. 质量管理发展的必然产物

从20世纪初期开始，质量管理先后经历了“质量检验阶段”和“统计质量管理阶

段”。在20世纪60年代，美国的菲根堡姆提出了“全面质量管理”的概念，提出企业经营的目的是要生产出满足用户需要的产品，必须对质量、成本、交货日期和服务水平进行全面管理，对产品形成全过程管理，还要把质量与成本联系在一起考虑，以及“预防为主”等一套指导思想。这一新的质量管理理论，较快地被各国所接受，先后在日本等国家和地区取得成功。全面质量管理理论的不断完善，质量管理学科的日趋成熟和众多企业的广泛实践，为各国的质量管理和质量保证标准的相继产生提供了充分的理论依据和坚实的实践基础。

（二）ISO与ISO 9000系列标准

1. 国际标准化组织（ISO）

国际标准化组织（International Standardization Organization，简称ISO）是目前世界上最大的、最具权威的国际标准化专门机构，是由160多个国家的标准化机构参加的世界性组织。其宗旨是：在全世界范围内促进标准化工作的开展，以便于商品和服务的国际交往，并扩大在知识、科学、技术和经济方面的合作。ISO的主要活动是制定国际标准，协调世界范围内的标准化工作，组织各成员国和各技术委员会进行情报交流，以及与其他国际机构进行合作，共同研究标准化问题。ISO的技术工作成果是正式出版的国际标准，即ISO标准。

2. ISO质量管理和质量保证技术委员会（ISO/TC176）

ISO为适应质量认证制度的实施，1971年正式成立了认证委员会（CERTICO），1985年改名为合格评定委员会（CASCO）。1979年9月，在ISO理事会全体会议上通过决议，决定在原ISO/CERTICO第二工作组“质量保证”的基础上，单独成立质量保证技术委员会（TC176），专门研究质量保证领域内的标准化问题，并负责制定质量体系的国际标准。TC176下属的概念及术语分委员会（SC1）和质量体系分委员会（SC2）分别负责ISO9000系列标准的制定和修订工作。由于质量管理以及质量认证工作的开展，1987年在挪威举行的会议上，TC176更名为质量管理和质量保证技术委员会，制定发布质量管理标准，指导世界性质量管理工作。

3. ISO9000系列标准的制定与修订

（1）第一版ISO9000系列标准。TC176/SC1在总结各国质量管理经验的基础上，经过各国质量管理专家的努力工作，于1986年6月正式发布了ISO8402《质量——术语》。TC176/SC2于1987年3月正式发布了ISO9000－9004质量管理和质量保证系列标准。ISO9000质量管理和质量保证系列标准由以下五个标准组成：1）ISO9000：1987《质量管理和质量保证标准——选择和使用指南》；2）ISO9001：1987《质量体系——设计/开发、生产、安装和服务的质量保证模式》；3）ISO9002：1987《质量体系——生产和安装的质量保证模式》；4）ISO9003：1987《质量体系——最终检验和实验的质量保证模式》；5）ISO9004：1987《质量管理和质量体系要素——指南》。其中，ISO9000为该标准选择和使用提供原则指导，ISO9001、ISO9002、ISO9003是一组三项质量保证模式，ISO9004是指导企业建立内部质量体系的指南。ISO9000系列标准的发布，在国际范围内达成广泛一致，ISO9000系列标准被许多国家、地区、组织采用，提高了它在经济活动中的影响。

（2）ISO9000 系列标准的修订。ISO/TC176 早在 1990 年第九届年会上提出的《90 年代国际质量标准的实施策略》（国际上通称《2000 年展望》）中，就确定了一个宏伟的目标："要让全世界都接受和使用 ISO9000 系列标准，为提高组织的运作能力提供有效的方法；增进国际贸易，促进全球的繁荣和发展；使任何机构和个人，可以有信心从世界各地得到任何期望的产品，以及将自己的产品顺利销往世界各地。"为此，ISO/TC176 决定按《2000 年展望》提出的目标，对 1987 版的 ISO9000 系列标准分两个阶段进行修订：第一阶段在 1994 年完成；第二阶段在 2000 年完成。

（3）第二版 ISO9000 系列标准。在 ISO9000 系列标准发布之后，TC176 又陆续发布了一些质量管理和质量保证标准，且于 1994 年对第一版 ISO9000 系列标准进行了第一次修订，至此，ISO9000 系列标准共有 16 个。1994 年之后，ISO9000 系列标准的队伍不断扩大，至 2000 年改版之前，共有 2 个标准和 2 个技术报告（TR），通常被称为第二版 ISO9000 系列标准。

知识链接 4－4

ISO9000 系列标准的由来

1979 年英国标准化学会（BSI）向国际标准化组织（ISO）提交了一份建议，希望在 ISO 成立一个技术委员会，以制定有关质量保证技术和实践的国际标准。这一建议立即得到批准。ISO 理事会于当年决定，在原 ISO/CERTICO（认证委员会）第二工作组的基础上，单独建立质量保证技术委员会，即 ISO/TC176，并于 1980 年正式成立。后来，因其工作范围扩大到质量管理，故于 1987 年改名为"质量管理和质量保证技术委员会"。

ISO/TC176 成立后，以英国和加拿大质量管理实践为主要参考依据，加紧对国际标准的制定，于 1986 年 6 月 15 日颁布了第一个国际标准 ISO8402《质量——术语》，1987 年 3 月又颁布了举世瞩目的 ISO9000 系列质量管理和质量保证国际标准。

为了使 1987 年版的 ISO9000 系列标准更加协调和完善，ISO/TC176 于 1990 年决定对标准进行修订，提出了《90 年代国际质量标准的实施策略》（国际上通称为《2000 年展望》）。

按《2000 年展望》提出的目标，标准分两个阶段修改：第一阶段修改称为"有限修改"，即修改为 1994 年版本的 ISO9000 系列标准；第二阶段修改是在总体结构和技术内容上作较大的全新修改，其主要任务是："识别并理解质量保证及质量管理领域中顾客的需求，制定有效反映顾客期望的标准；支持这些标准的实施，并促进实施效果的评价。"

2000 年 12 月 15 日，ISO/TC176 正式发布了 2000 年版本的 ISO9000 系列标准。该标准的修订充分考虑了 1987 年和 1994 年版标准，以及现有其他管理体系标准的使用经验。因此，它使质量管理体系更加适合组织的需要，可以更适应组织开展其商业活动的需要。

ISO9000 系列标准一经发布，立即获得世界工业界的承认和各国的普遍欢迎，许多国家都等同转化为本国标准。我国是 1992 年 10 月将此标准等同转化为国家标准的，代号为 GB/T19000-ISO9000。它表明现行的国家标准与国际标准无任何差别。1994 年 7 月 1 日，我国正式出版了 ISO9000 系列标准的第一修订版。

资料来源：郎宏文．企业管理基础．哈尔滨：黑龙江教育出版社，2007：210；杨湘洪．现代企业管理．南京：东南大学出版社，2003：173.

二、2000 版 ISO 9000 系列标准的构成及核心标准

（一）2000 版 ISO 9000 系列标准的构成

2000 版 ISO9000 系列标准对原有的标准有四种处置方式：并入新的标准；以技术报告（TR）或技术规范（TS）的形式发布；以小册子的形式出版发行；转入其他技术委员会（TC）。该标准的文件结构如下。

1. 核心标准

核心标准有 4 个：ISO9000：2000《质量管理体系——基础和术语》；ISO9001：2000《质量管理体系——要求》；ISO9004：2000《质量管理体系——业绩改进指南》；ISO19011《质量和环境管理体系审核指南》。

2. 其他标准

其他标准有 ISO10012《测量控制系统》。

3. 技术报告

现已列入计划的有：ISO/TR10006《项目管理指南》；ISO/TR10007《技术状态管理指南》；ISO/TR10013《质量管理体系文件指南》；ISO/TR10014《质量经济性管理指南》；ISO/TR10015《教育和培训指南》；ISO/TR10017《统计技术指南》。

4. 小册子

现已列入计划的有《质量管理原理》《选择和使用指南》《小型企业的应用》。另外，为防止将 ISO9000 系列标准发展为质量管理的百科全书，ISO/TC176 与其他委员会或相关行业合作，以扩大 ISO9000 系列标准的使用范围。例如，ISO/TC176 与国际汽车行业合作，制定了汽车行业的国际标准 ISO/DTR16949《质量体系——汽车业供应方》（草案），以取代美国、法国、德国和意大利的汽车行业标准 QS9000、VD-6.1、EAQF 和 AVSQ；ISO/TC176 和医学行业合作制定了 ISO/FDIS13485《质量体系——ISO9001 在医疗器械中的应用》国际标准。

（二）2000 版 ISO9000 系列标准的核心标准

1. ISO9000：2000《质量管理体系——基础和术语》

该标准取代 1994 版 ISO8402 和 ISO9000-1 两个标准。

（1）该标准规定了质量管理体系应遵循的基本原则，也是 2000 版 ISO9000 系列标准制定的指导思想和理论基础。

（2）规定质量管理体系的术语，共 10 个部分、80 个词条。在语言上强调采用非技术性语言，使所有潜在用户易于理解。为便于使用，在标准附录中，推荐以“概念图”方式

来描述相关术语的关系。

(3) 提出了质量管理体系的基本原理，作为对本标准引言中质量管理八项原则的呼应。

2. ISO9001：2000《质量管理体系——要求》

该标准替代并合并了 1994 版三个质量保证标准 ISO9001：1994、ISO9002：1994、ISO9003：1994。

(1) 该标准的结构从 1994 版的"要素结构"变为 2000 版的"过程模式"，取代 1994 版 ISO9001 标准中的 20 个要素。

(2) 为适应不同类型的组织需要，在一定情况下，允许有条件地剪裁，但对剪裁的原则作了明确的规定。

(3) 标题发生变化，不再用质量保证一词，这反映了质量管理体系的要求包括产品质量保证和顾客满意两层含义。

3. ISO9004：2000《质量管理体系——业绩改进指南》

该标准替代了 1994 版 ISO9004-1。

(1) 该标准不是 ISO9001 的实施指南，而是为了超越 ISO9001 的最低要求改善组织业绩的指南。

(2) 该标准的基础是八项质量管理原则。ISO9004：2000 和 ISO9001：2000 是一对协调一致并可一起使用的质量管理体系标准，两个标准采用相同的原则，但应注意其适用范围不同。

(3) 该标准给出了质量改进的自我评价方法，并以质量管理体系的有效性和效率为评价目标。

4. ISO19011《质量和环境管理体系审核指南》

该标准合并取代 ISO10011-1、ISO10011-2、ISO10011-3 和 ISO14010、ISO14011、ISO14012 等几个标准。

(1) 该标准是 ISO/TC176 与环境管理技术委员会（ISO/TC207）联合制定的，以使遵循"不同管理体系可以共同管理和审核"的原则。

(2) 该标准规定了审核的基本原则、审核大纲的管理、环境和质量管理体系审核的实施以及评审员的资格要求等内容。

三、质量认证制度

(一) 现代质量认证制度的由来

质量认证是随着现代工业的发展，作为一种外部质量保证的手段逐步发展起来的。在现代质量认证产生之前，供方为了推销产品，往往采取"合格声明"的方式，以取得买方对产品质量的信任。所谓"合格声明"，就是供方单方面通过有关的产品说明或文件或"合格"标记等形式，表明所供产品的全部特性能够符合买方的要求。这对于质量特性比较简单的产品而言，不失为一种增强买方购买信心的有效手段。随着科学技术的发展，产品的结构和性能日趋复杂，仅凭买方的知识和经验很难判断产品是否符合要求，加之供方的"合格声明"并不总是可信的，于是供方单方面的"合格声明"的作用逐渐下降。在这种情况下，顺应供方树立其产品信誉、社会保障、消费者利益以及安全和法律的需要，由第三方证实产品质量的现代质量认证制度便应运而生。

为了协调和推动认证工作，国际标准化组织于1970年建立了认证委员会，1985年又改名为合格评定委员会（CASCO），其主要任务是研究评定产品、过程、服务和质量体系符合适用标准或其他技术规范；制定有关认证方面的国际指南，促进各国和各地区合格评定制度的相互承认。

知识链接 4-5

我国质量认证制度及其发展

由于受到外界经济封锁的历史原因，我国质量认证工作的起步较晚，直至1978年9月我国加入ISO之后，才引入质量认证的概念。1988年12月颁布《中华人民共和国标准化法》，我国的质量认证工作开始纳入法制轨道。2001年12月我国正式成为WTO的成员，我国的认证认可工作步入了一个崭新的发展时期。

从我国质量认证工作的总体发展情况来看，产品质量认证工作起步较早，而独立的质量体系认证相对较晚。1981年4月，成立了我国第一个产品质量认证机构——中国电子元器件质量认证委员会（QCCECC），按照国际电工委员会元器件评定体系（IEQC）的章程和程序规则，组建机构，开展产品认证工作，以后又相继成立了若干行业性的产品认证委员会。

1993年我国第一批第三方质量体系认证机构经国家认可相继成立，并进行认证试点工作，且发展迅速。截至2002年12月31日，经国家认监委认可的100家认证机构对外颁发各类认证证书近8万份（其中质量管理体系75 755份，环境管理体系2 803份，职业安全卫生管理体系131份，QS-9000是553份）。到2011年11月，我国有经批准的认证机构174家，累计颁发各类认证证书177万余张，获证组织61万余家。

2001年4月，国家质量技术监督局与国家出入境检验检疫局合并，组建国家质量监督检验检疫总局。8月，国家认证认可监督管理委员会（CNAB）正式成立，履行国务院赋予的行政管理职能，统一管理、监督和综合协调全国认证认可工作。

2003年9月3日，国务院颁布《中华人民共和国认证认可条例》，自2003年11月1日起施行。新的国家认证认可/合格评定工作体系的建立进一步改革了政府管理经济的手段和方式。

资料来源：龚益鸣. 质量管理学. 上海：复旦大学出版社，2006：138-140.

（二）质量认证制度的含义

认证制度又称为合格评定，是指为进行认证工作而建立的一套程序和管理制度。一般包括两个方面的内容：产品和质量体系的认证、认证机构的认可。

1. 产品和质量体系的认证

产品质量认证是指依据产品标准和相应的技术要求，经认证机构确认并通过颁发认证证书或认证标志证明某一产品符合相应标准和相应技术要求。质量体系认证是指依据国际通用的质量管理和质量保证系列标准，经过认证机构对企业的质量体系进行审核，并以颁发认证证书的形式，证明企业的质量体系和质量保证能力符合相应要求，授予合格证书并予以注册的全部活动，又称为质量体系注册。一般在进行产品认证的同时往往要进行企业质量体系的检查和评定，以此来证明企业具备持续稳定地生产符合标准的产品的能力，这是一种较经济、简便的方法。

产品或质量体系认证普遍称为第三方认证。它是由一个认证机构直接管理或监督的认证制度。认证机构通常是政府或非政府的公共团体，它具有可靠地执行认证制度的能力。认证机构必须是独立于制造厂、销售商和使用者的权威机构，并且应具有独立的法人资格。

2. 认证机构的认可

认可是指由权威性组织依据程序对某一团体或个人具有从事特定任务的能力予以正式承认。为了确保产品认证和体系认证的客观性、公正性和科学性，应对认证机构的资格进行评价和认可。需认可的认证机构包括：产品认证机构；体系认证机构；检验、鉴定机构；培训机构，还包括审核员的资格注册等。

管理周视 4-5

中国造船质量的崛起

20 世纪 70 年代末，我国开始引进全面质量管理，在船舶工业率先推行，很快以高质量船舶成功地打入国际市场，并长盛不衰至今，创世界造船业之奇迹。我国造船业之所以独占鳌头，应归功于扎实、认真，特别是创造性地推行了全面质量管理。突出的是，我国造船业早于 ISO 十年就提出了“质量保证体系”的理论框架和实务操作，以其优异的质量管理一举夺得国际造船市场。

1979 年，我国船舶工业开始正式推行全面质量管理。从初始的学步到以后的日臻成熟，经历了由浅入深、由“点”到“线”到“面”稳扎稳打渐进式的发展过程。

初期工作首先抓“点”，从工序质量控制开始试点，运用数理统计的基本方法（统计分析表、排列图、因果图、控制图、散布和分层法等），进行单一工序、单一流程的单一质量特性的 PDCA 工作循环，迅速取得了明显效果，解决了多年船舶建造中一系列重大质量技术问题，初步尝到了推行全面质量管理的甜头，奠定了全面质量管理的基础。

这种仅实施于生产现场的工序质量控制所涉及和解决的仅仅是有关设计、工艺、设备、工艺装备等技术问题。若要全面抓好某艘船舶的建造质量，必须再上一个台阶，建立该船舶的“产品质量保证体系”。在此基础上，最终应在管理上再上一个层次，即建立全局性和长期性的“全厂质量保证体系”。

这就是我国造船业在推行全面质量管理过程中，根据国情，通过实践摸索出来的经验，成效卓著，为充实现代质量管理内涵做出了贡献。

资料来源：杨湘洪. 现代企业管理. 南京：东南大学出版社，2003：157.

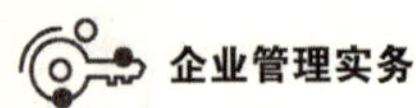

（三）质量认证制度的组成

1. 认证的要素

认证的基本要素包括下列四项：

（1）形式试验——为了证明产品质量符合产品标准的全面要求而对产品进行的抽样检验，是构成许多类型认证的基础。

（2）质量体系检查——对产品生产企业的质量保证能力进行的检查和评定。

（3）监督检验——对获取认证后的产品进行的一项监督措施。它是从企业最终产品中或市场上抽取样品，由认证独立检验机构进行检验。如果检验结果证明符合标准的要求，则允许继续使用认证标志；如果不符合，则要采取必要的措施改进产品质量等。

（4）监督检查——对取得认证资格的生产企业的质量保证能力进行定期复查，这是保证产品的质量持续符合标准的又一项监督措施。

2. 认证制度的形式

（1）自愿性认证和强制性认证。自愿性认证是企业自愿申请接受认证，它适用于一般性产品；强制性认证是必须接受指定机构的认证，它适用于有关人身安全、身心健康和具有重大经济价值，关系国计民生的产品，产品未经认证，不许销售。

（2）国家认证、区域认证和国际认证。国家认证以本国批准颁布的技术标准为基础；区域认证以一个地区的参加国共同制定的标准为依据，例如欧洲标准化认证委员会有自己的标准和认证标志；国际认证以国际标准为基础。

（3）合格标志认证和安全标志认证。合格标志认证是以技术标准为基础的自愿性认证，认证合格后，发给“合格认证标志”；安全标志认证是以安全标准为基础的强制性认证，认证合格后发给“安全认证标志”。

3. 认证证书和认证标志

认证证书是认证机构证明产品质量符合标准和技术要求的具有法律效力的文件。认证证书由国家产品质量监督部门统一管理、审批、发布认证证书书样，并负责组织印制和规定编号；由产品质量认证委员会负责对产品质量进行认证，并对符合认证要求的企业颁发产品质量认证证书。取得认证证书的企业，可以按照国家法规和认证机构的规定使用认证证书。

产品质量认证标志是认证机构为了证明某个产品符合认证标准和技术要求而设计、发布的一种专用质量标志。产品质量标志作为一种质量标志，其根本作用在于向产品购买者传递正确可靠的质量信息。产品质量认证标志是一种法定标志，由国家标准化行政主管部门统一管理、审批、发布认证标志式样。我国已颁发的产品质量认证标志可分为三类：方圆标志及其变形、PRC 标志和长城标志。

申请质量体系认证的企业经过审查和评定，若通过认证，则认证机构向获准企业颁发带有该认证机构专有标志的体系认证标志。企业可以利用该认证标志做广告宣传，表明本企业所具有的质量信誉，但不得标在产品上，也不得以任何可能误认为产品合格的方式使用。

第四节 质量管理的方法与技术

知识链接 4-6

质量管理新七种工具

“质量管理新七种工具”是日本科学技术联盟的质量管理研究会经过多年的研究和实践，于1979年提出的。其内容有：(1) 关联图；(2) 亲和图 (KJ)；(3) 系统图；(4) 矩阵图；(5) 矩阵数据分析；(6) 过程决策图 (PDPC)；(7) 矢线图。这些方法相对于传统的“老七种工具”(排列图、因果图、调查表、直方图、控制图、散布图、分层法) 而言是新的。

质量管理新七种工具把统计方法和思考过程结合起来，充分体现TQM的全过程、全员性和以预防为主的特点，建立了思考型TQM。它和“老七种工具”结合起来，相互补充、相辅相成。可以说，“老七种工具”偏重于统计分析，而新七种工具偏重于思考过程分析。

资料来源：李晓春. 质量管理学. 北京：北京邮电大学出版社，2008：169-170.

一、统计分析表

统计分析表是利用统计表对数据进行整理和初步分析的一种工具。统计分析表的格式可以多种多样，一般使用空白表格，表中列出项目，统计产品质量时在表中标注记号即可。表4-1是其中的格式之一。

表 4-1 统计分析表

项目	统计	频数	排序
A	////	4	3
B	//// //// ////	12	1
C	//	2	4
D	//// ///	7	2
合计		25	

统计分析表的具体形式有五种：

(1) 不合格项目表。不合格项目是指过程或产品不达标的质量项目。此表适合调查不合格项目发生的次数和比率。

(2) 缺陷位置表。用于调查同批次产品位于相同位置发生缺陷的数量和比率。

(3) 不合格原因表。用于调查生产过程中不同班组、员工、设备、时间、发生质量问题的原因。

(4) 工序分布表。用于调查加工全过程中各工序出现问题的频数，不涉及具体员工、产品，适用于工序稳定性控制。

(5) 矩阵表。矩阵表是一种多因素调查表。它利用一定的表格形式，把产生质量问题的对应因素分别排列成行和列，形成矩阵，并在其交叉点上标出各种缺陷、问题及其出现的频数。

二、分层法

分层法也称分类法。数据分层就是把性质相同、在同一条件下得到的数据归并在一起，以便进行比较分析。因为在实际生产中，影响质量变动的因素很多，如果不把这些因素区别开来，难以得出变化的规律。分层法可以帮助我们从纷繁复杂的数据资料中分出类别，简化分析工作。运用分层法时，要根据分层目的，按照一定的标志，把性质相同、在同一生产条件下收集的数据进行分层、集中，使同一层中的数据波动幅度尽可能减小，而层与层之间的差别则应尽可能大，这是应用分层法的关键。一般按以下标志对数据进行分层：操作者、机器设备、操作方法、原材料、检验手段、时间、环境因素、质量缺陷等。

分层法与统计分析表是所有质量管理方法的基础，两种方法经常结合使用。例如，某车间三个班组在同一组设备上，一天分早、中、晚三个班次生产产品，要统计它们各自产品的质量、数量及不合格情况，可综合采用分层法和统计分析表，如表 4-2 所示。

表 4-2　不合格品统计分类表

项目	班组		
	早	中	晚
产量（个）	1 000	1 050	960
不合格率（个数）	1.3%（13）	0.76%（8）	1.46%（14）

通过表 4-2 可以发现晚班的产量低，不合格率最高，经过进一步分析发现这与晚班员工注意力不易集中、光线不好和无人管理有直接关系，可以采取调整休息时间、增加照明和增派晚班值班管理人员等措施解决问题。

三、排列图

排列图又叫做帕累托图。排列图遵循“关键的少数和一般的多数”的原则，是主次矛盾的辩证思想的实际应用。此法通过对数据的分类，找出产生产品质量问题的主要原因，以便有针对性地解决产品的质量问题。

排列图作图的具体步骤：按影响因素确定分类项目；确定计量单位；确定时间间隔；按分类项目进行统计，求出其频数；将各分类项目按其影响程度的大小，在排列图的横坐标轴从左至右依次排列；按分类项目分别求出其频率（分类数据占全部数据的百分比）和累计频率（累计百分比）；在排列图各分类项目中的相应位置上画一长方形，其高度代表该项目的频数（率）值；将各项目的频数（率）从左至右累加，并画出累计频数（率）曲线，称为帕累托曲线。

绘制排列图时，通常把影响因素按其频率高低分为两类：把累计频率为 0%～80%的有关因素称为主要因素，也可称为 A 类因素，其项目一般为 1～2 个；把累计频率为 80%～

95%的有关因素称为次要因素，亦可称为B类因素，次要因素一般较主要因素多，但影响程度较低；其余因素为一般因素，亦可称为C类因素，其累计频率为95%～100%。在图中按大小顺序排列，关键性因素一目了然，使问题显而易见。

例如，某车间生产的产品中有不合格品414个，造成不合格的原因和件数如表4-3所示，绘制排列图如图4-5所示。

表4-3 不合格品统计表

序号	不合格原因	不合格品件数（个）	占总不合格品比率（%）	累计比率（%）
1	破损	195	47.1	—
2	变形	90	21.7	68.8
3	剐痕	65	15.8	84.6
4	尺寸不准	45	10.9	95.5
5	其他	19	4.5	100
合计		414	100	—

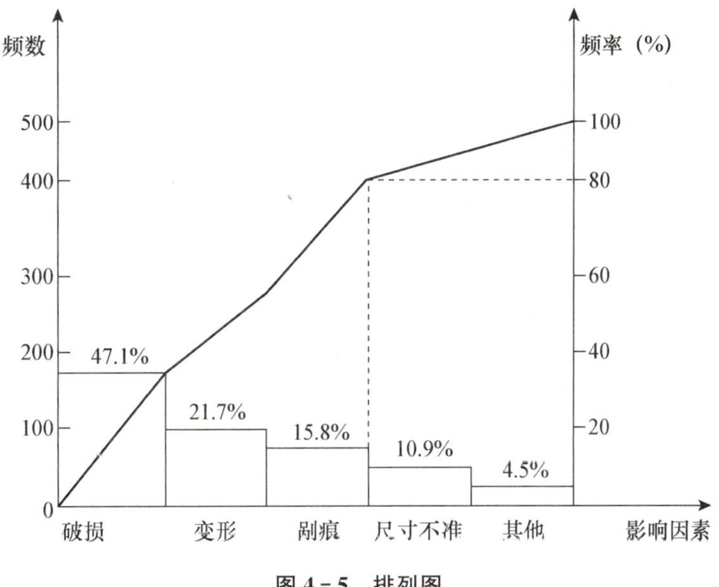

图4-5 排列图

由图4-5可以看出，不合格品最主要成因是破损，占47.1%，破损、变形和剐痕三项合计为84.6%，应是主要原因，要重点分析解决办法。接下来还可以用帕累托图进一步分析破损的次品中以哪种产品为主，进而有针对性地解决该种或几种产品的破损问题。

四、因果分析图

因果分析图又称鱼刺图或石川图，它是在排列图的基础上，为清晰而有效地整理和分析质量特性（果）的波动和影响要素项目（因）之间的关系，由大到小，由粗到细，寻根溯源，直至找到问题症结所在的图示法。

从影响产品质量的主要因素看，一般包括人、机（机械）、料（原材料）、法（方法）、环（环境）五个方面。每个方面可看成是一个大原因；每一个大原因下面，可包括许多个中原因；每一个中原因下面，又包括很多个小原因；每个小原因视需要还可进一步分析，构成了因果之间的逻辑关系。正因为影响质量特性的因素很多，关系又比较复杂，才要求有一种方法能同时整理出平行关系和因果关系，这种方法就是因果分析图法。

画此图要先确定要解决的质量问题，问题为终点，画出带箭头的主干线，然后从人、机、料、法、环几个方面去分析成因，这五个方面分别画在主干线两侧，均匀交叉分布，然后就某一方面进行深入分析原因，直至无法继续分解为止，把分析的结果分层次画在图上即为鱼刺图，如图 4－6 所示。

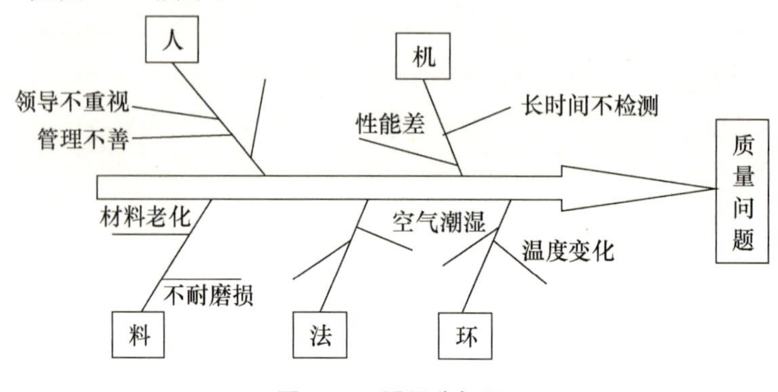

图 4－6　因果分析图

在制作鱼刺图时应注意：鱼刺图上的问题应是主要问题，问题要具体；要一个问题一张图；分析出的成因要简明扼要地绘在图上；原因分析要到具体解决办法产生为止。在主要原因处注上记号，以便分析后具体落实。

解决措施实施后，用排列图检验原来的质量问题是否得到解决。

五、散布图

散布图又称相关图，是用来表示一组成对的数据之间是否有相关性，进而控制影响产品质量的相关因素的一种有效方法。产品质量是以一系列的特性表现出来的，而这些特性又与各种因素相关联，通过散布图将两种有关的数据列出，用点子打在坐标图上，然后观察两种因素之间的关系。

绘制散布图的方法如下：

（1）收集数据。收集不少于 30 组（量小不易发现趋势）的数据，并按一一对应关系列成数据表。

（2）画出坐标图 X 轴、Y 轴，并标出刻度。X 轴、Y 轴的极限长度最好取基本相等的长度，以便分析相关性。若两组数据是特性和原因关系（如价格与成本），X 轴表示原因数据（成本），Y 轴表示特性数据（价格）；若两组数据是特性关系（如身体健康状况与遗传基因），则常用 X 轴表示易测定的特性（身体健康状况），Y 轴表示难测定的特性（遗传基因）。

（3）描点。将一一对应的数据描绘到图上，若有两组或多组数据完全相同，则可用圈（○）表示。

（4）判断。研究点子的分布状况，确定其相互关系的类型及密切程度。

根据测量的两组数据绘成散布图后，即可从图上点子分布状况来分析两组数据间的关系及密切程度。数据关系通常有六种基本形状：

（1）强正相关。即 X 增大，Y 也显著增大。对此，一般控制了 X，Y 也能得到相应的控制。

（2）弱正相关。即 X 增大，Y 也增大，但增大不明显。对此，除考虑 X 因素外，还要分析是否有其他因素的影响。可进行分层处理，寻找工序以外的其他影响因素。

（3）强负相关。即 X 增大，Y 显著减小。对此，一般控制了 X，Y 也能得到相应的控制。

（4）弱负相关。即 X 增大，Y 减小，但不明显。对此的处理与弱正相关相同。

（5）不相关。即 X 与 Y 两个因素不存在相关关系。

（6）非线性相关。即 X 增大，Y 也增大（或减小），但当 X 增大到一定程度时，X 再增大，Y 反而减小（或增大）。对此，在某一数值前，按正（负）相关处理；超过该数值后，按负（正）相关处理。

六、直方图

直方图又称质量分布图，是一种通过对生产过程中大量计量值数据的收集、整理，用一系列宽度相等、高度不等的矩形表示质量特性分布规律的图示方法。它是定性调查工序能力的常用方法。

在直方图中，通过对测定或收集的数据进行整理，并按一定数据范围的间隔分成若干组，以矩形的宽度表示组距，以矩形的高度表示组内数据的频数，从而直观而形象地显示出数据波动的规律，如图 4－7 所示。图中横坐标表示产品的某种质量特性值（如产品的长度），在横坐标上分出若干间距相等的区间（域值区间），纵坐标表示总体样本中落入某个域值区间的次数（频数），图中的长方形的高度由频数决定，宽度是某个域值区间（如 10.00～10.10 cm）。

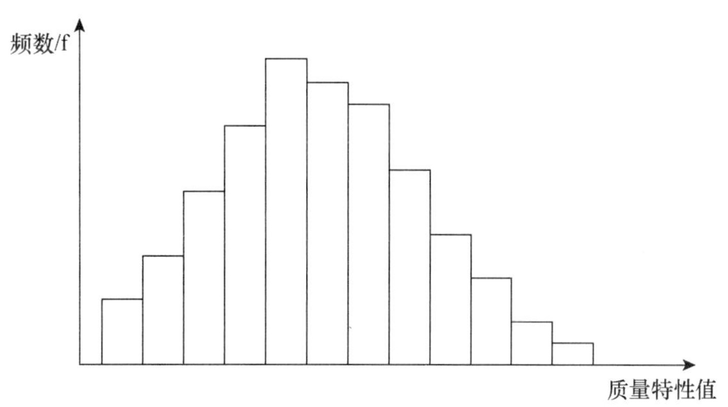

图 4－7　直方图

直方图一般有以下几种用途：

（1）报告产品质量情况。通过直方图既可直观看出质量问题，又有数据说明。

（2）质量分析。可以按照不同标志（如员工、设备、原料、班组、批次、规格等）分别画出直方图，例如同一班组两位员工在相同设备和时间内生产同一种产品，画出两人生产产品质量直方图，通过对比可以发现问题。

(3) 判断质量问题成因。

(4) 调查工序和设备能力，合理安排生产计划。

(5) 定期绘制并公布，有较强的视觉冲击，有利于提高员工的质量意识。

七、控制图

控制图又称管理图，是以控制图形式，判断和预报生产过程中质量状况是否发生波动的一种常用的质量控制统计方法。控制图是工序质量控制的主要手段，是一种动态的质量分析与控制的方法。控制图不仅对判断质量稳定性、评定工艺过程质量状态以及发现和消除工艺过程的失控现象、预防废品发生有着重要作用，而且可以为质量评比提供依据。

控制图的纵坐标表示质量特性值，横坐标表示样本的编号，样本按生产加工顺序进行编号，这与其他方法是完全不同的，样本的排序即是加工的过程，如图 4－8 所示。图中 CL 为中心线，是标准特性值；UCL 是上控制线，LCL 是下控制线。把样品特性值绘到坐标系中，如果一组数据均在上下控制线内，且排序正常，则说明质量稳定。否则，就是存在质量问题。

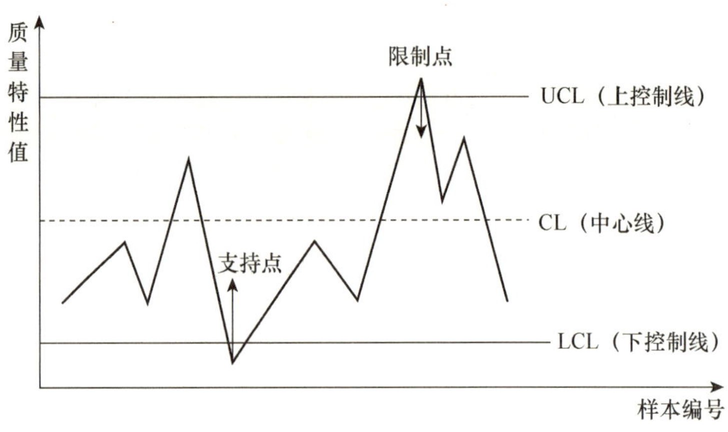

图 4－8　控制图

知识链接 4－7

控制图使用中的两类错误

控制图利用抽查对生产过程进行监控，因而是十分经济的。但抽查可能存在风险。在控制图的应用过程中可能会犯以下两类错误：

(1) 虚发警报，也称第Ⅰ类错误。在生产正常的情况下，纯粹由于偶然而点子出界的概率虽然很小，但并不是绝对不可能发生的。因此，在生产正常、点子出界的场合，根据点子出界而判断生产异常就犯了虚发警报的错误或第Ⅰ类错误，发生这种错误的概率通常记以 α。

（2）漏发警报，也称第Ⅱ类错误。在生产异常的情况下，产品质量的分布偏离了典型分布，但总还有一部分产品的质量特性值是在上下控制界限之内的。如果抽到这样的产品进行检测并在控制图中描点，由于点子未出界而判断生产正常就犯了漏发警报的错误或第Ⅱ类错误，发生这种错误的概率通常记以β。

由于控制图是通过抽查来监控产品质量的，所以要想不犯错误是不可能的。事实上，在控制图上中心线一般是对称轴，所能变动的只是上下控制界限之间的间距。若将此间距增大，则α减小而β增大，这二者是矛盾的；反之，若将此间距减小，则α增大而β减小，这二者也是矛盾的。因此，只能根据第Ⅰ类错误和第Ⅱ类错误这两类错误所造成的总损失为最小这个准则来确定上下控制界限。

资料来源：张公绪．质量管理．北京：冶金工业出版社，1993：48-49.

控制图是一种通过控制界限，对生产过程进行分析和控制的重要方法。控制图主要用于工序质量诊断、工序质量控制、工序调查，还可用于正确制订工序质量标准和工序成本及质量成本的预测。控制图的主要用途是判断生产过程是否处于稳定状态。通常，控制图中用点子来反映生产过程的稳定程度。如果生产过程处于控制状态，图中的点子就随机地分散在中心线的两侧附近，越接近上、下控制线，点子就越少。具体地讲，当控制图同时满足下列两个条件时，可以认为生产过程处于稳定状态或控制状态：点子没有超出控制界限；点子的排列没有缺陷（异常）。如果点子超出了控制界限，或虽未超出控制界限，但其排列出现缺陷（异常），可以判断生产过程受到了系统性因素的干扰，发生了异常变化。

管理周视 4-6

开关装配工序质量难题的解决

1961年，日本质量管理专家新江滋生在松下公司的山田电器厂帮助解决一个开关装配质量问题。这个工厂里有一道工序总是发生质量问题，质量管理部门想了许多办法也没有解决。为此，厂长很是头痛。这道工序是这样的：装配工人在流水线前操作，负责开关的组装。装配中工人只要从一盒子弹簧中取出两个装入开关，然后装上按钮即可。问题是操作工人总是会偶尔少装入一个弹簧，因此产生质量问题。新江滋生到现场观察了以后，建议他们改变一下操作的程序：在操作工人面前增加一个小盘，每次从盒中拿出两个弹簧先放入这个小盘，再从小盘中取弹簧装入开关。这样一来，若开关装配完成后盘内仍有一个弹簧，工人会立即意识到发生漏装，马上就可以纠正错误。结果，彻底解决了弹簧漏装的问题。

事后，该厂厂长问新江滋生："你怎么会想到这么一个办法呢？我们为什么就想不到呢？"新江滋生的回答很有意思："这是一个管理观念的问题。真正明白其中的奥妙，你的管理观念会提高一大步。"

显然，新江滋生把握了一个重要问题：作为企业管理者究竟是要靠效率求效益还是靠质量求效益。这个问题如果按照科学管理的原理，一定不会这样处理：因为设置小盘，意味着降低效率，不符合工作研究的原理；第一线的工人是不允许发生遗忘之类的错误的，如果发生，应该扣工资或奖金。但如果是靠质量求效益的观点，结论就会完全不同。虽然增加小盘会降低一些效率，但是工作流程的改变会改善质量。美国质量管理专家戴明博士有一次在日本讲课时，指着日本那些大名鼎鼎的企业家们说："你们认为产品质量不好是因为职工不负责任？不对。在引起产品质量的许多因素中，职工的责任感只占大约10%，而90%是由于企业家对企业生产系统的设计和推动不利造成的。所以，产品质量问题大部分原因就在你们身上。"从现代科学观点看，效率应该是全方位的，不但包括速度，还包括质量。没有质量的速度就是没有效率。

资料来源：教育部高等教育司. 现代企业管理. 北京：高等教育出版社，2003：371-373.

思考题

1. 产品质量可从哪些方面去衡量？它与工作质量有何关系？
2. 质量管理经历了哪几个发展阶段？
3. 全面质量管理的特点是什么？又有哪些基本理念？
4. 2000版ISO9000的核心标准是怎样构成的？
5. PDCA工作循环有哪八个步骤？
6. 质量管理中的常用工具有哪些？

愚笨的商人卖产品，聪明的商人卖牌子。

——约瑟夫·M. 朱兰（1904—2008，美国质量管理大师，朱兰学院和朱兰基金会的创建者）

第五章　物流管理

流通是经济领域里的黑暗大陆。

——彼得·德鲁克（1909—2005，美国管理学家，现代管理学之父）

学习目标

1. 掌握：供应链及供应链管理的概念、基于产品的供应链设计策略、物流的含义和要素、物流信息管理的内容、第三方物流的概念。

2. 了解：供应链的基本结构模型，供应链设计的步骤，供应链管理的目标和基本要求，物流管理各层次的内容，物流技术及其应用，第三方物流的产生背景、分类和运作模式。

开篇案例

联合邮包服务公司的管理

联合邮包服务公司（UPS）雇佣了上万名员工，平均每天将900万个包裹发送到美国各地和全球180多个国家。为了实现其宗旨——在邮运业中办理最快捷的运送，UPS的管理当局系统地培训员工，使他们以尽可能高的效率工作。

下面以送货司机的工作为例，介绍UPS的管理风格。

UPS的工业工程师们对每一位司机的行驶路线进行时间研究，并对每种送货、暂停和取货活动都设立标准。这些工程师们记录了红灯、通行、按门铃、穿过院子、上楼梯、中间休息喝咖啡时间，甚至上厕所时间，将这些数据输入计算机中，从而给出每一位司机每天工作的详细时间标准。

为了完成每天取送130件包裹的目标，司机们必须严格遵循工程师设定的程序。当车接近发送站时，他们松开安全带，按喇叭，关发动机，拉起紧急制动，把变速器推到一挡上，为送货完毕的启动离开做好准备，这一系列动作严丝合缝。然后，司机从驾驶室出来，右臂夹着文件夹，左手拿着包裹，右手拿着车钥匙。他们看一眼包裹上的地址并记在脑子里，然后以每秒约 0.9 米的速度快步来到顾客的门前，先敲一下门以免浪费时间找门铃。送完货后，他们在回到卡车上的路途中完成登记工作。

这种刻板的时间表是不是看起来有点繁琐？也许是，它真能带来高效率吗？毫无疑问！生产效率专家公认，UPS 是世界上效率最高的公司之一。

资料来源：徐沁，贾洪芳．现代企业管理理论与应用．北京：清华大学出版社，2010：19.

第一节　物流与物流管理

管理周视 5-1

云南白药：物按标准“流”

云南白药是一个典型的国有制药集团，是云南省实力最强、规模最大、品牌最优的大型医药企业集团。

1. 对物流中心进行整合

先将各个物流中心按区域、商品类型、客户类型进行业务划分，由分公司分别出资、出人成立物流管理办公室，主要负责制订采购计划、商品采购、各物流中心的商品调配、仓储和运输资源的合理规划和调配。各个物流中心的商品采购原则上由物流管理办公室统一进行。

集团公司进行业务流程管理重组（BPR），将各个物流中心合并成一个大型物流中心，物流中心进行独立核算，成立财务中心对各分公司和物流中心进行内部往来结算，各分公司只是一个销售业务和管理部门。

2. 高效、快速的连锁配送物流体系管理

建立一个快速的物流响应系统，通过准确、高效的配货运输体系达到降低成本、优化库存结构、减少资金占压的目的。支持配送中心统计配送对象库存，并主动补货，配送中心是一个完整的大系统，在系统里可将门店的所有库存都统计出来。

3. 高效、科学、快速的仓储、运输物流管理

配货过程由计算机自动配位生成拣货单，加速货物周转。这些出库业务操作，在物流管理系统中均有明确的操作提示，从而提高了库管人员的工作效率，并可以有效地降低错发、记录错误的可能，为提高客户服务质量提供保障。

资料来源：郭承群，韩刚．物流——运作典型案例诊断．北京：中国物资出版社，2006：90-93.

一、物流的概念与要素

（一）物流的概念

我国国家标准中将物流定义为：物品从供应地向接收地的实体流动过程，是将运输、

储存、装卸、搬运、包装、流通加工、配送、信息处理等基本功能实施有机结合的过程。

物流概念中应把握以下几个要点：（1）物流的研究对象是“物”；（2）物流是物的“流动”；（3）物流是物的“物理性”流动。

知识链接 5-1

物流名称的由来

1918 年，英国犹尼利弗的商人哈姆勋爵成立了“即时送货股份有限公司”，公司的宗旨是在全国范围内把商品及时送到批发商、零售商以及用户的手中，这一史料被认为是有关物流活动的早期文献记载。

物流“physical distribution”中的“distribution”一词最早出现于美国。1921 年阿奇·萧在《市场流通中的若干问题》（*Some Problem in Market Distribution*）一书中提出“物流是与创造需要不同的一个问题”，并提到“物资经过时间或空间的转移，会产生附加价值”。这里，“market distribution”指的是商流，时间和空间的转移指的是销售过程的物流。

1935 年，美国销售协会最早对物流进行了定义：物流是包含于销售之中的物质资料和服务，与从生产地点到消费地点流动过程中伴随的种种活动。

日本于 1964 年开始使用物流这一术语。在使用物流这个术语以前，日本把与商品实体有关的各项业务，统称为“流通技术”。1956 年日本生产性本部派出“流通技术专门考察团”，由早稻田大学教授宇野正雄等一行 7 人去美国考察，弄清楚了日本以往叫作“流通技术”的内容，相当于美国叫作“physical distribution”（实物分配）的内容，从此便把流通技术按照美国的简称，叫作“PD”。从而使“PD”这个术语得到了广泛的使用。1964 年，日本池田内阁的五年计划制订小组成员平原谈到“PD”这一术语时说，叫作“PD”不如叫作“物的流通”更好。1965 年，日本在政府文件中正式采用“物的流通”这一术语，简称为“物流”。

我国使用“物流”一词始于 1979 年。1979 年 6 月，我国物资工作者代表团赴日本参加第三届国际物流会议，回国后，在考察报告中第一次引用和使用“物流”这一术语。但当时有一段小的曲折，商业部提出建立“物流中心”的问题，曾有人认为“物流”一词来自日本，有崇洋之嫌，便改为建立“储运中心”。物流作为“物的流通”的简称，提法既科学合理，又确切易懂。因此，不久仍恢复称为“物流中心”。1988 年我国台湾地区也开始使用“物流”这一概念。1989 年 4 月，第八届国际物流会议在北京召开，“物流”一词的使用日益普遍。

1986 年，美国物流管理协会将“physical distribution”改为“logistics”，其理由是因为“physical distribution”把物流的领域局限于狭窄的商品流通范围，“logistics”的概念则把物流活动扩大到生产领域，物流已不仅仅从产品出厂开始，而是包括从原材料采购、加工生产到产品销售、售后服务，直到废旧物品回收等整个物理性的流通过程。现在，欧美国家把物流称作“logistics”（现代物流标志性用词）多于“physical distribution”（传统物流标志性用词）。

资料来源：林勇. 物流管理基础. 武汉：华中科技大学出版社，2008：1-2.

（二）物流的要素

物流包括许多具体活动，人们进行物流活动的方式多种多样，不管用什么样的方式进行什么样的具体物流活动，都要具备以下三个基本的要素，即流体、载体和流向。

1. 流体

流体是指物流中的“物”，因为物流的目的是实现“物”从供应者向需求者的流动。尽管为实现此目的，有一部分“物”要不断地储存在仓库中，这也是流动的前提，是流动的一种形式，但所有的“物”终究都要经过运输等形式实现空间上的移动。因此，总的来说，“物”是处于不断流动状态的。

2. 载体

载体是指流体借以流动的设施和设备。载体分成两类：一类是指基础设施，如铁路、公路、水路、港口、车站、机场等；另一类是直接承载并运送物体的设备，如车辆、船舶、飞机、装卸搬运设备等。

3. 流向

流向是指流体从起点到止点的流动方向。物流的流向有四种：

（1）自然流向，指根据产销关系所决定的商品的流向，即商品要从产地流向销地。

（2）计划流向，指根据政府部门的商品调拨计划而形成的商品流向，即商品从调出地流向调入地。

（3）市场流向，指根据市场供求规律由市场确定的商品流向。

（4）实际流向，指在物流过程中实际发生的流向。

二、物流管理的层次

从企业经营的角度看，物流管理是以企业的物流活动为对象的。根据企业物流活动的特点，企业物流管理可以从三个层面展开。

（一）物流战略管理

企业物流战略管理就是站在企业长远发展的立场上，就企业物流的发展目标、物流在企业经营中的战略定位以及物流服务水准和物流服务内容等问题做出整体规划。

（二）物流系统设计与运营管理

作为物流战略制订后的下一个实施阶段，物流管理的任务是设计物流系统和物流网络、规划物流设施、确定物流运作方式和程序等，形成一定的物流能力，并对系统运营进行监控，及时根据需要调整系统。

（三）物流作业管理

根据业务需求，制订物流作业管理，按照计划要求对物流作业活动进行现场监督和指导，对物流作业的质量进行监控。

三、物流管理的内容

（一）物流业务管理

物流业务管理是指对有关物流的业务活动进行的管理，主要包括以下内容。

1. 物流计划管理

（1）物流长远计划。它是指在较长（一般在 5 年以上）的时间对物流未来发展的规划。它通常包括：预测未来的流量及构成，未来运输、储存的发展规模，物流机械化、自动化的发展水平，未来物流经济效果的分析等。

（2）物流年度计划。它的具体内容与物流长远计划基本相同，所不同的是物流年度计划比物流长远计划更加详细、具体，更具有针对性。

（3）物流季、月、旬生产计划。这是物流部门具体执行年度计划，用于指导和组织日常物流活动的一种计划形式。

2. 物流经济活动管理

物流管理的目的，就是使人、时、物得到合理的运用，以取得最佳的经济效果。物流经济活动管理包括物流成本管理、物流费用分析、物流成果预测等。

3. 物流系统管理

物流系统管理主要通过物流信息系统和物流作业系统两方面的管理来实现。通过对订货、发货、库存等一系列信息的管理，掌握物流运行的状况。物流信息管理又为物流信息的准确性、及时性、可靠性给予了必要的保证。物流的作业系统由包装、装卸、运输、保管等子系统组成，对上述这些子系统进行合理的组织、安排、调度是物流作业系统的管理。

4. 物流人才管理

（1）物流人才的合理运用。选用合理的、理想的人选在各个物流岗位、物流部门任职或工作，以发挥他们的聪明才智，调动他们的积极性，对物流管理有着重要的影响。

（2）物流人才的培养。物流需要人才，人才需要培养。根据物流发展的要求，培养和造就大量的物流人才已成为我国当前的迫切任务。除此之外，对物流在职人员进行在职教育和培训提高，也是物流人才培养的重要途径。

管理周视 5-2

宝供物流

首先，大力推行“量身定做、一体化运作、个性化服务”模式。宝供打破传统业务分块经营模式，在各大中心城市设立分公司或办事处，建立强大的、遍布全国的物流运作网络，将仓储、运输、包装、配送等物流服务广泛集成，为客户“量身定做”，提供“门到门”的一体化综合服务以及其他增值服务。

其次，广泛采用具有国际水准的 SOP 运作管理系统和质量保证 GMP 体系。宝供有一套完整而严格的运作管理系统和质量保证体系，确保为客户提供优质高效的专业化物流服务，即 SOP 标准操作程序及 GMP 标准质量保证体系。

几年来，公司的铁路运输货物缺损率控制在万分之一左右，公路运输和仓储缺损率为零，铁路运输时间达标率在 95%以上。

资料来源：郭承群，韩刚. 物流——运作典型案例诊断. 北京：中国物资出版社，2006：267-271.

（二）物流技术管理

物流技术管理是指对物流活动中的技术问题进行科学研究、技术服务的管理。物流技术在发展过程中形成了物流硬技术和物流软技术两大技术领域。

1. 硬技术及其管理

物流硬技术是物流管理发展初期起主导作用的一门技术，它是指组织物资实物运动所涉及的各种机械设备、运输工具、仓库建筑、站场设施以及服务于物流的电子计算机、通信网络设备等。20 世纪 70 年代中期以前，物流活动以硬技术为主导，以后硬技术又得到迅速发展，如专门从事原油、矿石运输的专用船只，集装箱车、船，立体自动化仓库等。

2. 软技术及其管理

物流软技术是指为组成高效率的物流系统而使用的应用技术，是对各种物流设备的最合理的调配和使用。物流软技术能够在不改变物流硬技术设备的情况下，充分地发挥现有设备的能力，获取较好的经济效益。

管理周视 5-3

马士基物流

马士基海陆班轮公司是世界第一大班轮公司，目前在全球范围内拥有雇员约 10 000 人，在 100 多个国家设有 325 个下属单位，经营着 250 条远洋船舶，每年航行里程 3 200 万海里，平均每年承运 700 万 TEU，约占全球集装箱运输量的 15%。

马士基处处刻意直接控制自己的业务，港口和码头操作仅仅是一个方面，还有其他一些方面，如班轮业务。马士基迄今不愿加入班轮公会或与其他班轮公司结成合作伙伴，它可以将自己在泛大西洋和泛太平洋航线上的过剩舱位卖给其他班轮公司，却不愿向其他班轮公司购买舱位。

第一，使用自己的代理：马士基在全球范围内设立自己的代理公司或机构，很少使用自己系统以外的港口代理。

第二，系统内造船：马士基的大多数船舶是通过马士基物流公司安排在 A. P. Moller 集团属下的造船厂建造的。

第三，公司资金投资：与大多数航运公司不同，马士基的投资资金多来源于公司内部的资金，而不是银行贷款。

第四，自己培训雇员：马士基培训雇员，都是采用自己的方式、自己的培训机构、自己的教材，而不采用其他班轮公司将雇员送往国内外著名学府深造的做法。马士基雇用的外籍海员必须先通过“马士基式”的培训，考试合格后方可上船。

资料来源：郭承群，韩刚. 物流——运作典型案例诊断. 北京：中国物资出版社，2006：81-83.

第二节 物流信息与物流技术

管理周视 5-4

海尔的物流管理实践

1. ERP+CRM：快速响应客户需求

在业务流程再造的基础上，海尔形成了“前台一张网，后台一条链”（前台的一张网是海尔客户关系管理网站，后台的一条链是海尔的市场链）的闭环系统，构筑了企业内部供应链系统、ERP（企业资源规划）系统、物流配送系统、资金流管理结算系统和遍布全国的分销管理系统及客户服务响应 Call-Center 系统，并形成了以订单信息流为核心的各子系统之间无缝连接的系统集成。

海尔 ERP 系统和 CRM（客户关系管理）系统的目的是一致的，都是快速响应市场和客户的需求。前台的 CRM 网站作为与客户快速沟通的桥梁，将客户的需求快速搜集、反馈，实现与客户的零距离；后台的 ERP 系统可以将客户需求快速触发到供应链系统、物流配送系统、财务结算系统、客户服务系统等流程系统，实现对客户需求的协同服务，大大缩短对客户需求的响应时间。

2. CIMS+JIT：海尔 e 制造

海尔 ERP 系统每天准确自动地生成向生产线配送物料的 BOM（物料清单），通过无线扫描、红外传输等现代物流技术的支持，实现定时、定量、定点的三定配送；海尔独创的过站式物流，实现了从大批量生产到大批量定制的转化。

实现 e 制造还需要柔性制造系统。在满足用户个性化需求的过程中，海尔采用计算机辅助设计与制造（CAD/CAM），建立计算机集成制造系统（CIMS）。在开发决策支持系统（DSS）的基础上，通过人机对话实施计划与控制，从物料资源规划（MRP）发展到制造资源规划（MRPⅡ）和 ERP。还有集开发、生产和实物分销于一体的适时生产（JIT），供应链管理中的快速响应和柔性制造，以及通过网络协调设计与生产的并行工程等。这些新的生产方式把信息技术革命和管理进步融为一体。

海尔在全集团范围内已经实施了 CIMS，生产线可以实现不同型号产品的混流生产。如海尔电脑建成国内首条 FIMS 柔性电脑生产线。海尔电脑从接到订单到出厂，中间的每一道工序都是在电脑系统的集成管理和严格监控之下完成的。为了使生产线的生产模式更加灵活，海尔有针对性地开发了 EOS（电子订货系统）、ERP 系统、JIT 系统等六大辅助系统。正是因为采用了这种 FIMS 柔性制造系统，海尔不但能够实现单台电脑客户定制，还能同时生产千余种配置的电脑，而且可以实现 36 小时快速交货。

资料来源：郭承群，韩刚. 物流——运作典型案例诊断. 北京：中国物资出版社，2006：73-77.

一、物流信息管理

物流信息管理是对物流信息进行统一规划和组织，进行物流信息的收集、加工、存储、检索、传递和应用的全流程控制。通过物流信息管理，能够有效改善客户关系，实现商流、信息流、资金流和物流的高度统一。

（一）物流信息的标准化

现代物流企业进行外包业务的分解后，其供应链中的上下游企业的物流作业流程需要一整套的物流标准来保证其物流活动的重复操作、准确性和可靠性，从而从根本上实现物流分工所带来的成本控制与企业核心竞争力问题的解决。

知识链接 5－2

供应链

供应链（supply chain）是指产品生产和流通过程中所涉及的原材料供应商、生产商、分销商、零售商以及最终消费者等成员通过与上游、下游成员的连接（linkage）组成的网络结构。也就是由物料获取、物料加工并将成品送到用户手中这一过程所涉及的企业和企业部门组成的一个网络。

一般来说，供应链包括供应商、厂家、分销企业、零售企业、物流企业五个基本要素，以及物流、商流、信息流、资金流四个流程。

1. 物流术语标准化

2001 年 8 月，物流与采购联合会和中国物流学会颁布了《物流术语》这一国家性物流信息代号的标准，收录了物流领域 145 条常用术语及定义，是我国开展现代物流标准化的一个开端。

2. 物流信息收集与加工标准化

对物流信息的收集与加工方法、手段、格式等进行统一规定，如在条形码标准中，对使用条形码的种类、使用范围，以及每种条形码的排列规则、起始符、终止符、数据符、校验符和空白区等参数进行规定，并统一条形码的阅读和处理程序标准等。在射频识别（RFID）的电子标签（TAG）标准中，对电子标签的信息存储格式、外形尺寸、电源形式、工作频率、阅读方式、有效距离、信号调制等进行统一规定。在全球定位系统（GPS）技术标准中，对覆盖范围、可靠性、数据内容、准确性及多用性等指标进行规定。

知识链接 5-3

条形码简介

条形码技术是20世纪20年代由约翰·科芒德（John Kermode）在美国的威斯汀豪斯（Westinghouse）实验室里发明的，于20世纪70—80年代在国际上得到了广泛的应用。最早被打上条形码的产品是箭牌口香糖。世界上应用的条码有许多种，应用范围最广的主要是UPC条形码和EAN条形码。UPC条形码是由美国统一代码委员会制订的一种条形码；EAN条形码是由国际物品编码协会制订的一种条形码，是国际上通用的商品代码。

我国于20世纪70年代末到80年代初开始研究，并在部分行业完善了条码管理系统，如邮电、银行、连锁店、图书馆、交通运输及各大企事业单位等。1988年12月，我国成立了“中国物品编码中心”，并于1991年4月19日正式申请加入了国际物品编码协会。其后，条形码技术在我国得到广泛的应用。我国通用商品条码采用EAN条码结构，其主版由13位数字及相应的条码符号组成，在较小的商品上也采用8位数字及相应的条码符号。在北美地区广泛使用UPC条码，我国出口到该地区的商品，必须使用UPC条码。

条码按照使用目的可以分为商品条码和物流条码。商品条码直接为销售和商品管理服务。以个体商品为对象的商品条码由13位数字组成，最前面的3位数为前缀码，是国家或地区的代码，如690、691、692是国际物品编码委员会分配给我国的代码。第4～7位数是制造厂商代码，由我国物品编码中心统一分配并统一注册，一厂一码。第8～12位数是商品代码，表示厂商生产制造的产品，由厂商确定，可识别10万种商品。第13位数是校验码，用以校验前面各码的正误。通用商品条码结构如图5-1所示。

图5-1 通用商品条码结构

物流条码直接为出入库、运输、保管和分拣等物流作业管理服务，以集合包装商品为单位，使用条码由 14 位数字组成，除第 1 位数字外，其余 13 位数字代表的意思与商品条码相同。物流条码第 1 位数字表示物流识别代码，如“1”代表集合包装容器装 6 件商品，“2”代表装 12 件商品。如果装入同容器的商品种类不一样，前缀的物流识别码用“0”标识。商品条码与物流条码的比较如图 5－2 所示。

商品条码

0 690123 456789 2

物流条码

图 5－2　商品条码与物流条码的比较

资料来源：黄中鼎．现代物流管理．上海：复旦大学出版社，2005：295－296；钱廷山．现代物流管理．南京：东南大学出版社，2003：168－169.

3. 物流信息传输与交换标准化

对物流信息的通信协议、传输方式、传送速度、数据格式、安全保密、交换程序等进行统一规定。如在电子数据交换（EDL）标准中，国际物品编码协会（GS1）对数据格式和报文标准进行了规定。联合国在 UN/EDIFACT 标准基础上制定了流通领域的 EAN-COM 标准。通信标准 ISO－OSI 国际标准化组织在开放系统互联参考模型的基础上，针对不同的对象采用不同的标准，如对运输行业采用 TDCC 标准（运输数据协调委员会）、对汽车行业采用 AIAG 标准（汽车行业行动小组）等。

4. 物流信息设备标准化

对交换机、集线器、路由器、计算机、不间断电源、条码打印机、条码扫描器、存储器、数据终端等一系列物流信息设备所制定的通用标准和技术规范，有《信息技术——设备用不间断电源技术条件》（GB/T14715－1993）、《信息处理系统——小型计算机系统接口》（GB/T15533－1995）等。

5. 物流信息系统评价标准化

现有的标准如《工业控制用软件评定准则》（GB/T13423－1992）、《计算机软件单元测试》（GB/T15532－1995）、《信息技术软件产品评价质量特性及其使用指南》（GB/T16260－1996）、《信息技术——软件包质量要求和测试》（GB/T17544－1998）、《商场管理信息系统基本功能要求》（GB/T17917－1999）。

（二）物流信息的收集与处理

1. 物流信息的收集

物流信息的收集要有计划和针对性。一方面，要进行信息收集的需求分析，准确了解物流企业各级管理人员在进行管理决策和开展日常管理活动过程中何时、何处以及如何需要何种物流信息，确定物流信息需求的层次、目的、范围、精度和深度，从而达到物流信息收集上的人力、物力和财力的节省，提高产出效益；另一方面，要求收集到的物流信息要客观地、系统地反映物流活动的情况，并能根据时间的变化，记录经济活动的状况，为预测未来物流发展提供依据，同时要求保证物流信息的准确性。这就要求在众多的信息源中选择能提供所需信息的最有效信息源，建立起固定的且信息量大、种类多的信息源和渠道。

2. 物流信息的处理

物流信息的处理有以下几个步骤：

（1）分类和汇总。按照一定的分类标准或规定存储和提取信息，将信息分成不同的类别进行汇总。

（2）编目（或编码）。计算机在将物流信息保存前，可先将信息进行编目（或编码）。在信息项目、信息数量很大的情况下，编目及编码是将物流信息系统化、条理化的重要手段。

（3）储存。应用计算机及外部设备的储存介质，建立有关数据库进行信息的存储，或通过传统的纸质介质如卡片、报告、档案等对信息进行抄录存储。

（4）加工及更新。物流信息户还存在一些隐性信息，这就需要进行必要的信息加工，对原有信息进行选择、净化、推测、转换、缩减等技术操作。同时保证信息时效性，还要将失效信息进行删除，并及时补充更新相关信息。

（5）物流信息传递。物流信息的传递主要是从时空的角度来看的。信息的时间传递方式是通过对信息的存储来实现信息流在时间上连续传递的过程。信息的空间传递方式是通过现代通信技术，如电视传真、激光通信、卫星通信等手段实现信息在空间上的传递过程。

（三）物流信息系统

1. 物流信息系统的概念

物流信息系统是指为了实现物流目的而与物流作业系统同步运行的信息管理系统。物流信息系统作为信息系统的主要组成部分，可以理解为通过对与物流相关信息的收集、加工、处理、储存和传递来达到对物流活动的有效控制和管理，并为企业提供信息分析和决策支持的人机系统。

2. 物流信息系统的内容

以批发业为例，物流信息系统包括以下几个子系统：

（1）接受订货系统：办理从零售处接受订单、准备货物、明确交货时间、交货期限、剩余货物管理等的系统。

（2）订货系统：与接受订货系统、库存管理系统互动，库存不足时应防止缺货；库存过多或库存不合理时，根据订货，适时适量地调整订货系统。

（3）收货系统：根据收货预订信息，对收到的货物进行检验，与订货要求进行核对无误之后，计入库存、指定货位等的收货管理系统。

（4）库存管理系统：对保存在物流中心内的商品进行实际管理、指定货值和调整库存的系统。

（5）发货系统：与接受订货系统、库存管理系统互动，向保管场所发出拣选指令或根据不同的配送方向进行分类的系统。

（6）配送系统：将商品按配送方向进行分类，制订车辆调配计划和配送计划的系统。

3. 物流信息系统的特征

物流信息系统的特征主要有：(1) 不同地域对象之间的系统；(2) 不同企业之间的系统；(3) 大量信息的实时处理；(4) 对于波动的适应性；(5) 可得性；(6) 准确性；(7) 及时性；(8) 以异常情况为基础的物流信息系统。

4. 物流信息系统的功能

物流信息系统的各个层次以及不同环节之间是通过信息流紧密联系在一起的。从物流管理的角度来看，其主要功能有以下四个方面：

(1) 采购管理。采购管理包括物品的采购计划、审批、国内外采购合同、合同执行情况的跟踪反馈、物品到货入库、物品发货、结算与统计等环节。

1) 采购计划管理。主要任务是产生物品采购计划，供物品采购使用。主要功能有：查询修改及报表打印，根据需要对物品的采购进行合理安排。

2) 采购合同管理。主要功能是产生备用物品及其他设备的采购合同，包括合同生成、合同录入、查询修改、合同审核、合同处理及报表打印、对于合同的处理执行情况。

3) 出入库管理。含单据录入、查询、修改、调整，统计报表输出、打印、自检以及月结算等功能。在物品入库后，可以根据不同购物的属性，以及出入库条件进行查询和修订，可以对不同的库存情况进行及时调整，可以产生一些管理及结算报表，可以对指定日期前的数据进行结算，准确反映物品的价值和数量。

4) 物品进销查询。提供物品管理子系统所覆盖业务的信息查询。

(2) 配送管理。配送管理包括备货管理和送达服务。

备货管理是配送企业根据客户的要求或自身经营的需要从供应商处集中商品、储存商品的过程，是配送的前提和基础，目的是为配送商品提供货源保证。通常包括筹集货源、订货或购货、集货及有关的质量检查、结算、交接等基本业务。

配好的货运输到用户还不算配送工作的完结，这是因为送达货和用户接货往往还会出现不协调，使配送前功尽弃。因此，要圆满地实现运到之货的移交，并有效地、方便地处理相关手续并完成结算，还应讲究卸货地点、卸货方式等。送达服务也是配送独具的特殊性。

(3) 运输与调度管理。运输与调度管理包括运输任务产生、运输过程管理、服务结算、运输跟踪及运输信息查询。

1) 运输任务产生。根据起运地和到达地生成运输任务，对每一个承运企业生成运输任务交接，同时打印装箱单、运单，系统支持条形码输出。

2) 运输过程管理。对于未完成的运输任务进行状态更新，生成各种统计报表，同时记录每一单运费。

3) 服务结算。对每一个承运企业进行运费结算，联网查询本企业的运输费用结算信息。

4) 运输跟踪。包括客户签收回单的回收与审核、配送承运商的协调管理、客户走访与调查及关系维护、重点订单的配送现场管理等工作。

5) 运输信息查询。对所有的运输任务进行查询，包括该运输任务的货物细目、到达状态、签收情况。

(4) 客户服务。客户服务是物流企业与客户之间联系的重要环节，是物流企业提高服务质量和企业竞争能力的有效手段。

1）网上订单。客户可以通过网络下订单，将自己的物品需求品种、数量和时间发送给物流公司，物流公司也可以通过网络向供应商发出订货请求。

2）物流跟踪。客户可以通过物流公司的网络实时跟踪自己的货物状态。

3）合同更改。客户可以通过网络及时更改合同的内容，物流公司根据更改后的合同及时调整采购和运输计划，承运公司通过网络对承运的任务进行更新。

4）网上支付。物流公司可以通过网络与客户和供应商进行网上支付，客户也可以在网上查询其费用。

管理周视 5-5

安利（中国）公司储运中心介绍

安利（中国）公司成立于1992年，投资近1亿美元。安利（中国）能够取得骄人的业绩，其良好的物流运作起着举足轻重的作用。

1. 高效率、低成本的仓库作业

安利（中国）的物流部门主要的功能是建设补货、配送渠道，确保库存、运输、包装、安全等方面的管理。安利（中国）储运中心相当重视对物流设备、设施的投资，主要的储运设施、设备多从国外进口，如各式电瓶叉车、高层货架、打包机及运输车辆等。

2. 贯彻四个“right”满足顾客要求

安利（中国）为了更好地服务顾客，物流部门贯彻四个“right”（即以正确的成本费用，把正确的产品在正确的时间，送到正确的地点）。安利（中国）坚持首先满足客户的需求、再降低物流运作成本的原则。

3. 电子商务完善物流配送系统

为了进一步完善库存管理，安利（中国）建设公司内部和外部信息网络，实现了公司办公自动化，使生产销售、库存、文件处理、通信联络、信息反馈有机衔接。目前，安利（中国）的产品销售渠道主要是通过店铺的形式，还开展家居送货业务。这种情况一般在同一城市内可实现；若客户在异地订货，就通过零担方式送货上门。同时，安利（中国）还开展基于VRU/Internet电子商务配送服务业务，客户可通过电话语音、网上、电传订货，通过这种方式，订单形成后24小时内可送货到客户手中。

资料来源：郭承群，韩刚. 物流——运作典型案例诊断. 北京：中国物资出版社，2006：228-233.

二、物流技术

物流技术一般是指与物流要素活动有关的方法、设施、设备、装置等工艺的总称。可以包括各种操作方法、管理技能等，如流通加工技术、物品包装技术、物品标识技术、物品实时跟踪技术等。当计算机网络技术应用普及后，物流技术中还综合了许多现代信息技术，如地理信息系统（GIS）、全球卫星定位系统（GPS）、电子数据交换（EDL）、条码

(BAR CODE) 等。

知识链接 5-4

GPS的诞生

GPS是美国1973年11月开始研制的第二代卫星被动式无线电导航系统，是美国继阿波罗登月飞船和航天飞机之后的第三大航天工程。经历20余年的研制，耗资300多亿美元，1994年7月GPS全部完成。2000年5月1日，美国政府取消对GPS的保护政策，向全世界用户免费开放。

资料来源：陈文安．新编物流管理．上海：立信会计出版社，2003：489.

（一）物流技术的应用

目前，我国物流技术的应用现状可以概括为以下几个方面。

1. 存储技术

存储技术、连续物流和跨码头直接发运（cross docking）使得库存量和库存时间都大大减少，通过应用缓冲站、积累区以及一些相关操作，仓储已不只是一个短暂的物料停留过程。

存储技术的主要特征有：（1）开放性、客户机/服务器结构；（2）Oracle、SQL等大型数据库；（3）面向对象的设计；（4）扩展的仓库管理功能（包括供应商管理、拼盘管理、零部件检验和质量跟踪、存储、生产计划管理、BOM管理、销售管理等）；（5）具有在线监控仿真和离线设计仿真，与物流管理系统集成并能够自动转换；（6）投资成本估算；（7）大量采用新技术（支持WEB数据库、并行数据处理与仿真和虚拟现实技术）。

知识链接 5-5

几个相关概念辨析

与仓储密切相关又有不同的概念有以下几个：

（1）仓储（storing）：保护、管理、贮藏货物。与运输相对应，仓储主要以协调需求、供应在时间上的差异为目的，以充分实现产品的价值，满足社会需求。一般而言，仓储具有保管功能，即仓储保管。

（2）仓库（warehouse）：储存保管货物的建筑物和场所的总称。

（3）保管（storage）：对货物进行保存及对其数量、质量进行管理控制的活动。

（4）储备（reserves）：将货物储存起来以备急需的活动。有当年储备、长期储备、战略储备之分。

（5）库存（inventory）：处于储存状态的货物。广义的库存还包括处于制造加工状态和运输状态的货物。

资料来源：黄中鼎．现代物流管理．上海：复旦大学出版社，2005：156.

2. 分拣技术

在分拣领域，很多运输设备，包括叉车、自动引导车（AGV）以及传送带都起着重要作用。在叉车的设计方面，人机工程学仍然是重点。有很多叉车控制部分座位改造的例子，比如使控制器的轮廓更符合人手的轮廓，增加多功能装量以及采用高度可调节的面板、座椅下的减振装置等。分拣有三种形式：严格分拣、批量分拣和区域分拣。严格分拣是一次完成一个订单的分拣，当每一订单涉及的产品项目不多时，这种策略是理想的。批量分拣是指操作者同时分拣多个订单，主要好处是操作者在仓库中走一趟就可完成多个订单的分拣任务。区域分拣类似批量分拣，只是每个操作者固定负责一定区域，好处是大大减少了行走距离。

3. 信息技术

典型的途径是通过条形码扫描或射频标签识别，将得到的信息输入仓库管理系统或制造执行系统（MES），当订单完成后，订单的状态被送到信息系统的最高层，企业资源计划（ERP）又将这一信息发布给供应链软件和电子数据交换（EDL），以便向客户发货。

4. 包装技术

包装是制造过程的一个延伸，它通过纸箱树立机、标签打印机、电子秤、自动分配机、码垛机等一些包装设备的集成应用，使包装物流更加流畅。包装的关键是将包装设备集成于制造和订单完成过程，使得从订单到货物发运码头形成自然的流动。工业包装的发展着重于两个区域：集装箱和托盘。

知识链接 5－6

托盘

中国国家标准《物流术语》对托盘（pallet）的定义是：用于集装、堆放、搬运和运输的放置作为单元负荷的货物和制品的水平平台装置。如图 5－3 所示。作为与集装箱类似的一种集装设备，托盘现已广泛应用于生产、运输、仓储和流通等领域，被认为是 20 世纪物流产业中两大关键性创新之一。托盘作为物流运作过程中重要的装卸、储存和运输设备，与叉车配套使用，在现代物流中发挥着巨大的作用。托盘给现代物流业带来的效益主要体现在：可以实现物品包装的单元化、规范化和标准化，保护物品，方便物流和商流。

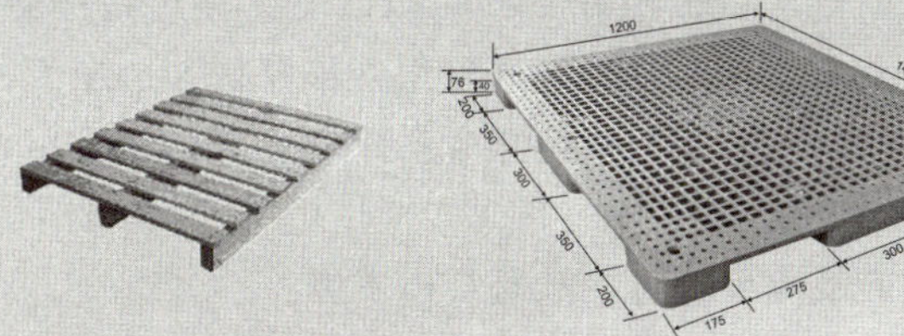

图 5－3　不同的托盘

资料来源：http://baike.baidu.com/view/91235.htm.

（二）物流技术的发展趋势

1. 集成化物流技术的开发与应用

随着立体仓库数量的增加，立体仓库技术的普及，很多企业已经开始考虑如何使自动存储系统与整个企业的生产系统集成在一起，形成企业完整的合理化物流体系。国外这种集成的趋势表现在将企业内部的物流系统向前与供应商的物流系统连接，向后与销售体系的物流集成在一起，使社会物流（宏观物流）与生产物流（微观物流）融合在一起。

2. 柔性化

随着市场变化的加快，产品生命周期正在逐步缩短，小批量多品种的生产已经成为企业生存的关键。目前，国外许多适用于大批量制造的刚性生产线正在逐步改造为小批量多品种的柔性生产线。

3. 虚拟物流系统走向应用

随着全球卫星定位系统的应用，社会大物流系统的动态调度、动态储存和动态运输将逐渐代替企业的静态固定仓库。由于物流系统的优化目的是减少库存直到零库存，这种动态仓储运输体系借助于全球卫星定位系统，充分体现了未来宏观物流系统的发展趋势。随着虚拟企业、虚拟制造技术不断深入，虚拟物流系统已经成为企业内部虚拟制造系统一个重要的组成部分。

4. 绿色物流

随着环境资源恶化程度的加深，人类生存和发展的威胁越来越大，因此人们对资源的利用和环境的保护越来越重视，对于物流系统中的托盘、包装箱、货架等资源消耗大的环节可以进行有效控制。例如：包装箱材料采用可降解材料；增强供应链管理来降低托盘和包装箱的使用。

第三节　第三方物流

管理周视 5-6

中集的第三方物流服务

某家电企业在国外有着比较长的历史，品牌也有相当的知名度。其产品种类齐全，质量比较好，但其品牌在国内比较陌生，并且国内同类产品竞争非常激烈。为了打开国内市场，该公司决定采取“精耕细作，加强服务”的策略来赢得市场，在全国各地设立了30多个分公司或办事处，负责销售和售后服务。

企业自己负责物流业务，但运作了近两年时间，问题层出不穷：

（1）各分公司物流成本大幅增加（因为既要有人负责仓库，又要有车辆和司机）。

（2）库存大量增长，坏机现象严重。

（3）销售回款逐步下降，呆坏账太多。

（4）总部难以掌握和了解各地情况。

因此，国外总部及国内分公司都下决心运用第三方物流模式，并委托中国集装箱总公司（以下简称“中集”）为其完成物流服务。

中集接受该公司委托后，制订了“配合销售、加强服务、总部控制、透明及时”的物流战略。中集利用本系统网点多、服务网络覆盖范围广、功能齐全的优势，组织有关公司参与该项目，中集总部及各所属公司成立项目组，中集总部负责管理和协调，提供一体化管理。

双方根据业务特点制订出严密的业务流程，并在物流业务中启用中集物流信息管理系统。通过中集物流信息管理系统，还可以随时随地查询各物流中心的业务发生情况、库存及指令的执行情况等。在操作保障方面，由该公司所在地的中集公司负责货物的铁路集装箱、铁路快件、公路整车和零担运输，各地的中集物流中心负责货物的库存管理和配送及其他服务。

经过两年的运作，双方已成为合作伙伴。该公司在运作过程中逐步体会到第三方物流的优势：

（1）产品物流信息得到了及时反馈。

（2）库存下降近40%。

（3）取消了各分公司办事处的物流管理人员，因而大大减少了成本。

（4）物流环节投入资金减少。

（5）物流过程中风险降低，坏机差错损失为零。

（6）物流服务的质量提高。

资料来源：http://news.machine365.com/arts/051216/37/81755.html.

一、第三方物流的概念

第三方物流（Third-Party Logistics，简称3PL或TPL）的定义是：由供方与需方以外的物流企业提供物流服务的业务模式。更具体地说，第三方物流是一种接受客户企业的委托，专门为厂商或商家提供专项或全面的物流系统设计以及系统运营的物流服务模式。

第三方物流与一般物流的比较见表5-1。

表5-1　第三方物流与一般物流比较表

比较层面	第三方物流	一般物流
合约关系	一对多	一对一
法人构成	数量少	数量多
业务关系	一对一	多对一
服务功能	多功能	单一功能
物流成本	较低	较高
增值服务	较多	较少

续前表

比较层面	第三方物流	一般物流
质量控制	难	易
运营风险	大	小
供应链因素	多	少

广义和狭义的第三方物流如图 5-4、图 5-5 所示。

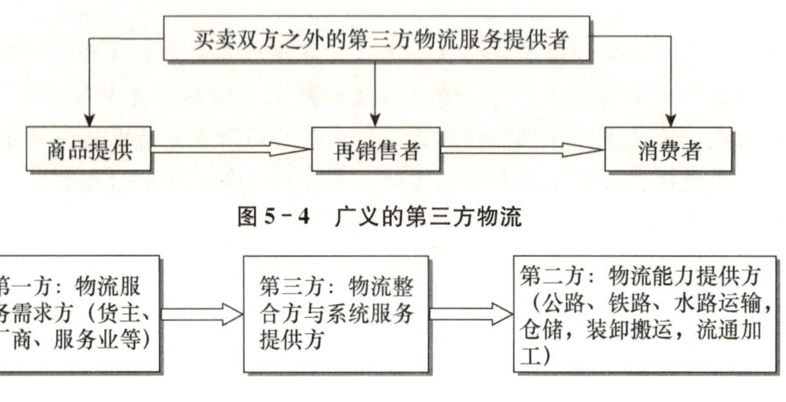

图 5-4　广义的第三方物流

图 5-5　狭义的第三方物流

知识链接 5-7

世界十大物流公司简介

1. 美国联合包裹服务公司（UPS）

1907 年诞生于美国西雅图，以传递信件以及为零售店运送包裹起家。20 世纪 30 年代，开发了第一个机械包裹分拣系统。UPS 是全球最大的速递机构、全球最大的包裹递送公司，同时也是世界上一家主要的专业运输和物流服务提供商。公司提供物流服务，其中包括一体化的供应链管理。总部设在美国佐治亚州亚特兰大市。

1986 年，UPS 在新加坡设立亚太地区总部，设有上海浦东、台北、香港、新加坡、菲律宾潘帕嘉、深圳宝安六个亚太地区航空中转站。

2. 美国联邦快递公司（FedEX）

FedEX 公司的前身为 FDX 公司，是一家环球运输、物流、电子商务和供应链管理服务供应商。1971 年由前美国海军陆战队队员 Frederick W. Smith 在阿肯色州小石城创立。1973 年公司迁往现在的公司总部田纳西州孟菲斯。1978 年公司上市。

FedEX 的子公司包括 FedEX Express（经营速递业务）、FedEX Ground（经营包装与地面送货服务）、FedEX Custom Critical（经营高速运输投递服务）、FedEX Global（经营综合性的物流、技术和运输服务）以及 Viking Freight（美国西部的小型运输公司）。

随着亚洲经济的蓬勃发展，1992 年公司将太平洋总部从夏威夷迁至香港。2004 年

11 月在上海设立中国业务分区总部。2009 年 2 月，FedEX 全新的亚太转运中心在广州白云国际机场建成并投产运营。

3. 德国邮政世界网（DPWN）

德国邮政世界网（Dertsche Post World Net，DPWN），原名德国邮政，是德国的国家邮政局，是在欧洲地区处于领先位置的物流公司，是 UPS 在欧洲市场的主要竞争对手。集团包括 DHL（德国邮政世界网拥有 25%的股权）、德国邮政、邮政银行三大著名品牌。

德国邮政通过 Danzas 和 DHL 在亚洲的物流和快递领域进行业务拓展。作为最早进入中国的国际速递业巨头，DHL 和中方合作伙伴共同组建的“中外运敦豪国际航空快递有限公司”在中国市场建立了完善的快递网络，业务网络覆盖全国 300 多个城市。

4. 马士基集团（Mearsk）

马士基集团创立于 1904 年，是在航运、石油勘探和开采、物流、相关制造业等方面具有雄厚实力的国际公司，是全球最大的集装箱承运商，服务网络遍及六大洲。总部设在丹麦哥本哈根。

马士基集团旗下与物流业务直接有关的子公司主要有：马士基航运公司（Mearsk Line）、马士基物流公司（Mearsk Logistics）、马士基集装箱码头公司（APM Terminal）、马士基集装箱工业公司（Maersk Container Industri）、马士基油轮公司（Maersk Tankers）、丹麦超市公司（Dansk Supermarket）。

马士基集团 1984 年在广州设立中国第一个办事处；2005 年，设立马士基中国公司，作为大中华地区所有马士基旗下公司的控股公司。

5. 日本通运公司（Nippon Express）

1937 年日本通运株式会社（日通公司）正式成立。日通公司是日本典型的、最具代表性的物流公司，其物资运送范围非常广泛，从民用物资到军用物资、从原材料到商品、从现钞到黄金珠宝等贵重物品……

以家庭投递为主的“宅配便”业务是公司的新领域，从电器安装、拆卸到搬家服务，甚至处理家庭废旧物品，均是“宅配便”的服务内容。“鹈鹕便”业务是“宅配便”中的一种。

1994 年，日通公司分别在上海和深圳成立代表处。

6. 美国莱德物流公司（Ryder）

莱德物流公司成立于 1933 年，是美国最大的供应链物流公司之一，全球财富 500 强企业。Ryder 在全球范围内提供尖端的物流、供应链、运输管理和分拨管理等一揽子服务。Ryder 的客户遍及亚洲、北美、拉丁美洲、欧洲。

Ryder 公司在深圳设立华南总部，是惠普在深圳的物流服务商。

7. 荷兰 TNT 快递公司

TNT 于 1946 年成立，是世界顶级的快递与物流公司，为企业和个人客户提供全方位的快递和邮政服务，其母公司荷兰邮政集团在纽约等证券交易市场上市。公司总部设在荷兰的阿姆斯特丹。

TNT 的快递服务利用公司遍布全球的航空与陆运网络，提供全球门到门、桌到桌的文件和包裹的快递服务；特别是在欧洲、亚洲和北美洲等地，TNT 快递可以针对不同顾客的需求，提供 9 点派送、12 点派送、次日派送、收件人付费快件等服务内容。TNT 快递的电子查询网络也是全球最先进的。TNT 物流是全球第二大的物流服务公司，为汽车、电子、快速消费品及生物制药等行业提供包括仓储、运输、配送、物流加工、物流信息管理等完整的供应链解决方案。

TNT 快递 1988 年进入中国市场，与上汽合资成立的上海安吉天地物流有限公司是中国最大的汽车物流企业。

8. 美国 Expeditor 国际物流公司

1979 年，美国 Expeditor 国际物流公司在华盛顿州西雅图市成立。它是最早的将清关手续和货运代理整合在一起的公司之一，现在 Expeditor 是一家全球性的物流和货代公司。公司的服务内容包括空运、海运（拼货服务）及货代业务。在美国的每个办事处以及许多海外办事处都提供报关服务，另外还提供包括配送管理、拼货、货物保险、订单管理以及客户为中心的物流信息服务。

1993 年北京康捷空货运代理有限公司成立，是 Expeditor 在中国的一级代理货运代理公司。1994 年在香港、台北等地设立了 12 个分公司和 7 个代表处。

9. 瑞士泛亚班拿集团（Panalpina Group）

泛亚班拿集团成立于 1935 年，是世界上最大的货运和物流集团之一，其核心业务是综合运输业务。通过一体化货运服务，将自身定位于标准化运输解决方案和传统托运公司之间。集团擅长为汽车、电子、电信、石油及能源、化学制品等领域的跨国公司提供物流服务。总部设在瑞士巴塞尔。

Air Sea Broker 是泛亚班拿集团的全球性货运“批发商”，同时它也协调集团的海运系统与世界各地的定期联系，还为联合运输提供新型服务。该公司下属三个业务部门：海运处、西非处、租船和重型起重处。Swiss Global Cargo 是 Panalpina 和 Sairlogistics 于 1999 年 7 月建立的一家合资公司，这是世界上第一家提供完全一体化、门到门、有时限担保、无重量限制的航空货运公司。

10. 英国英运物流集团（Exel）

Exel 公司的前身为 NFC 公司，2000 年 7 月 26 日，Exel Logistics 与 NFC 合并后更名为 Exel。Exel 公司是一家世界级的供应链管理公司，主要业务起源于物流基础比较发达的欧洲、美洲。Exel 分为五大业务部门：欧洲部、美洲部、开发和自动化部、技术和全球管理部以及亚太部。该公司三家主要运营子公司为 Exel（原 NFC）、Msas 全球物流公司和 Cory Environmental。Msas 是世界上规模最大的货代之一，在全球范围内提供多式联运、地区配送、库存控制、增值物流、信息技术和供应链解决方案等各项服务。Cory Environmental 是英国规模最大的废品处理公司之一。Exel 在地面运输供应链服务方面占有很强的市场地位，所提供的服务包括仓储和配送、运输管理服务、以客户为中心的服务、JIT 服务和全球售后市场物流服务。

资料来源：阿里巴巴贸易资讯．世界 10 大物流公司介绍．(2009-01-06)[2011-11-20]．http://info.china.alibaba.com/news/detail/v5003008-d5557149-p1.html#newsdetail-content.

二、第三方物流产生的原因

（一）经济发展和社会化分工的必然趋势

伴随着物流国际化，生产企业的经营理念不断更新，越来越注重社会化分工和专业化协作。企业应把自己的人力物力和资金集中在本企业的核心业务上，以使企业获得社会分工协作带来的经济效益；网络时代供应链的运用，使物流系统向更专业化的方向发展，一般水平的物流管理和物流技术已不能适应新经济时代的要求，迫使生产企业不得不将物流业务委托给第三方物流企业。这样做不仅使生产企业能够专心致力于自己的核心业务，发挥本企业的专业优势，而且减少了其他方面的牵制，节约了物流成本。

（二）物流业发展的必然趋势

第三方物流企业在激烈竞争的环境中，因自身生存的需要，不断将自己的物流管理能力、业务水平和技术手段升级，从单一的物流服务发展到系统设计规划，从单一环节的服务到全面的物流质量管理，使生产企业满意度不断提高，改变了生产企业对第三方物流企业的传统看法，双方逐渐建立信任和稳定的合作关系，从而促进第三方物流业的发展。

（三）经营环境和客观条件成熟的标志

由于现代工业经济愈发成熟，市场竞争激化，社会分工细化，经营环境越来越严酷，使得生产企业无法支付庞大的费用，没有精力搞“大而全”“小而全”的内部设置，也无暇顾及非核心业务。专业物流企业服务已符合要求，既不用自己操心费力，又不增加开支，况且企业自己做还不如专业物流企业做得到位。

三、第三方物流的分类

（一）按来源划分

1. 由不同类型的传统物流企业转型而来的3PL

如由运输、仓储企业转型而来的3PL，这些企业依托于原有的客户资源和网络资源及组织运作能力，在市场的牵引或客户的驱动下，不断扩展自己的服务范围，进而为客户提供综合物流服务。

2. 由工商企业分离而来的3PL

它们由一些大公司的物流组织演变而来，如海尔物流。这些大公司原本是托运人或自行组织物流，为适应市场，将自身的物流资源分离出来并整合外部资源，向社会提供专业化的物流服务。

3. 由多方合资、合作而成立的3PL

这种企业整合了各方优势和客户资源，向客户提供系统化、增值化的物流服务。

4. 起源于货运代理公司的3PL

货代企业在原有的信息服务和货运过程协调的基础上，通过实物存储和运输环节的延伸，达到为客户提供综合一体化物流服务的目的。

5. 来自信息咨询服务公司的3PL

这些企业原本致力于系统咨询服务，为了给客户更多的价值，它们也开始涉足有关电子商务、物流和供应链管理等方面的咨询和设计工作。

6. 来自港口、码头、铁路的 3PL

这类企业基于终端作业的优势，设立专业化的物流公司，并将业务延伸至运输和配送等环节，进而为客户提供一体化的物流服务。

7. 来自电子商务服务商的 3PL

随着电子商务的兴起，一些电子商务服务商分别推出系统配送、EDL、货物跟踪、信息系统集成、库存管理等与电子商务相关的物流解决方案，从而进入物流增值服务领域。

（二）按服务客户数量和服务集成度划分

上述分类只是说明了第三方物流企业的来源，并不能说明企业自身的特征。因此，这里借助服务客户数量（N）和服务集成度（J）二维标准，将 3PL 分成四类。如图 5-6 所示。

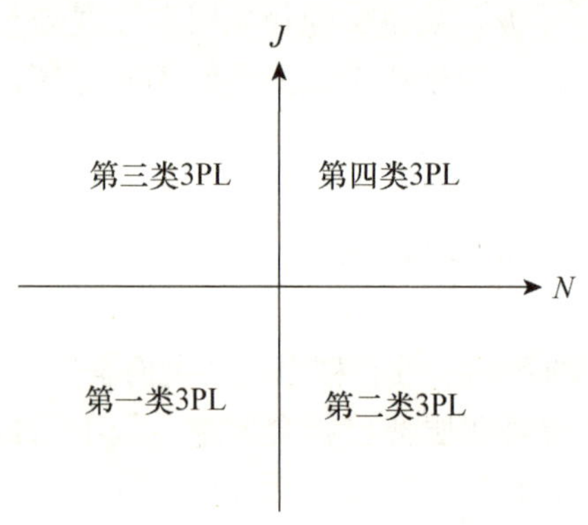

图 5-6 第三方物流的分类

1. 针对少数客户提供低集成度物流服务的 3PL

有两种情况：一种情况是作为 3PL 成长阶段性而存在的，即由于发展初期企业的服务能力和客户资源有限所导致的；另外一种情况是 3PL 企业将自身的发展定位于这一类型，即以有限的资源和能力满足少数客户特定的物流服务需求，一些中小型的 3PL 企业比较适合这一定位。

2. 同时为较多的客户提供低集成度物流服务的 3PL

这也是目前存在比较多的一种 3PL 企业，从国际物流企业的发展实践来看，这类物流企业有望成为我国未来物流市场上的 3PL 主流模式。

3. 针对较少的客户提供高集成度物流服务的 3PL

这种 3PL 企业所提供的物流服务个性化很强，介入客户的运营程度也比较深，与客户往往结成战略伙伴关系，甚至进行共同投资。这种 3PL 在西方发达国家市场比较典型，但由于其服务的特殊性，一般很难大规模经营。

4. 同时为较多的客户提供高集成度物流服务的 3PL

这种 3PL 企业在我国还没有出现，即使在西方发达国家也很少见。主要原因：一是客户对于高集成度的物流服务选择十分慎重，一经选择便具有很强的排他性；二是个性化本身就与大规模相冲突，因此大规模运作要求 3PL 企业具有强大的实力；三是高集成度物流服务的需求与供给主体数量还很少。

此外，根据资产和管理特征，3PL 又可以分为资产型（侧重设施及信息资产）、管理型（侧重管理、信息和人才要素）和整合型（兼顾设施、信息以及管理的优化）三种类型。

四、第三方物流的运作模式

（一）与制造业相结合的物流服务运作模式

以往我国大多数企业都是自己解决产品的运输问题，包括原材料和产成品的运输，而这一部分恰好是第三方物流企业最大的潜在客户。同制造业相结合的第三方物流的最大用户群通常是那些在零售店的日常洗涤用品、纸制品、化妆品和食品等产品的制造商。首先，这些厂商力图通过物流的力量获得并保持竞争优势；其次，优秀的公司寻求其产品或服务增加价值，并通过一个有效的物流体系来达到此目标；最后，公司通过与服务供应者结成战略联盟来改善其资产，成为企业的物流代理商。

（二）与商业零售业相结合的物流服务运作模式

随着我国商业零售业市场的对外开放，国内传统的国有大型商业零售企业受到外资大型超市和小摊贩的双重挤压，经营日益困难，全球电子商务的迅猛发展，货物流和资金流成为限制其发展的巨大瓶颈。现代物流具有巨大的市场潜力，与零售业相结合的第三方物流末端配送服务为第三方物流企业的发展提供了良好的机遇。

与零售业相结合的第三方物流运作的基本思路有以下几个方面：

（1）第三方物流企业、零售商、供应商利用先进的信息系统连接起来，实现信息共享，保证在规定的时间范围内完成要求。

（2）建立快速反应的运输系统，保证运输系统顺利运转；建立配送网络，形成完整的信息平台、业务流程和管理流程。

（3）以独特的信息交换处理中心为技术支持，通过现代化通信和电脑技术组成网络。

（4）组织具有实战经验的专家队伍进行市场策划和研发。

（5）服务请求提出时，由调度中心调度，配送点送货上门。当物流量较小时，实行共同配送。第三方物流末端配送业务为生产厂商和最终消费者提供了信息平台和物流沟通渠道。它可将大型配送中心的货物送到购买者手中，也可直接为品牌商提供现成的市场营销网络。

（三）一体化物流运作模式

20 世纪 80 年代，西方发达国家，如美国、法国和德国等提出了物流一体化的现代理论。一体化物流运作模式超越了组织结构的界限，将供应商、制造商、销售商和用户同时纳入物流管理的范围，力图从原材料到用户的每个过程来实现物流的管理，利用第三方自身的优势建立和发展与供应链其他企业的合作关系，形成一种联合力量以赢得竞争优势。该模式突破了传统的供应商与制造商、分销商的合作关系，也不同于供应商或制造商、分销商与第三方物流的单个物流联盟关系，而是将供应链上所有环节的活动联系起来，实现物流功能的集成化，提高用户的服务水平，从而赢得竞争优势。

管理周视 5-7

惠普的大规模定制供应链管理

为了实现大规模定制，公司必须重新构思和整合其产品的设计、制造和发送这些产品的过程以及整个供应网络的结构，以最高的效率、最小的存货量迅速快捷地完成顾客的订单。

惠普公司采用标准组件法来设计其台式打印机，在欧洲和亚洲市场上根据顾客的要求装配成不同风格的产品出售。惠普将产品个性化的程序从生产车间推进到地区分销中心进行。例如，惠普不在其设在新加坡的生产厂进行差异化的加工，而在德国斯图加特的欧洲分销中心进行，其设计的打印机连电源插头都要因国而异。然而分销中心不仅仅进行产品的个性化加工，还自行采购能使产品差异化的材料（如电源、包装、使用手册等）。这种重新设计的结果是，制造成本比在生产车间进行个性化生产时稍高，但总的制造、运输和存货成本降低了 25%。

惠普设计出的供应网络能提供两项服务：一是该网络能以符合成本效益原则的方式为执行产品差异化的分销点供应基本产品；二是该网络具有高度灵活性，并能对个人客户的订单做出迅速反应，快捷地提供个性化的成品。这一做法将大工业制造和小作坊量身定做的优点集于一身，创造出极富创意的大规模定制法，从而为惠普赢得了超凡的竞争优势。

资料来源：郭承群，韩刚．物流——运作典型案例诊断．北京：中国物资出版社，2006：124-128.

思考题

1. 什么是物流？它有哪些基本要素？
2. 物流业务管理包括哪些内容？
3. 请举出 10 个标准化物流术语。
4. 什么是第三方物流？第三方物流在我国有哪些主要运作模式？

物流以时间消灭空间，商流以空间消灭时间。

——张瑞敏（1949—，海尔集团董事局主席、首席执行官，海尔集团创始人）

第六章　人力资源管理

我是一位知道选用比我本人能力更强的人来为我工作的人。

——安德鲁·卡内基（1835—1919，美国钢铁工业之父，卡内基钢铁公司创立者）

学习目标

1. 掌握：人力资源管理的概念与主要内容、岗位分析的概念、岗位评价、招聘渠道、绩效考核的内涵、薪酬的内涵和福利的分类。

2. 了解：人力资源管理的职责、目标和功能，岗位分析的任务、基本内容、程序和方法，招聘目的和内容、招聘计划的制订、招聘信息的发布、招聘政策与法规，绩效考核的方法。

开篇案例

海尔斜坡球体人才发展论

海尔认为，每一个人恰似在斜坡上上行的球体，市场竞争越激烈，企业规模越大，这个斜坡的角度越大。员工的惰性是人才发展的阻力，只有提高自己的素质，克服惰性，不断向目标前进，才能发展自己，否则只能滑落和被淘汰。止住人才在陡坡上下滑的动力是人的素质。在海尔谈到素质，有这样一种理念：在一点一滴中养成，从严格的管理中逼出。为此，海尔实施了全方位的对每天、每人、每件事进行清理、控制，“日事日毕，日清日高”，以求把问题控制在最小的范围，解决在最短时间内，把损失降低到最低限度。这就是海尔管理模式，即“OEC 管理”。

海尔认为，企业不缺人才，人人都是人才，关键是企业能否将每个人所具备的最优秀的品质和潜能充分挖掘出来。为了把每个人最优秀的品质和潜能充分开发出来，海尔人“变相马为赛马”，并且在全体员工高度认同的情况下，不断实践、提高。具体表现为：在竞争中选人才、用人才，就是要将人才推到属于他的岗位上去竞赛，去发挥最大的潜力，最大限度地选出优秀人才。

“变相马为赛马”的用人机制最初体现在公司内部实行“三工转换制度”上，该制度将企业员工分为试用员工、合格员工、优秀员工，三种员工实行动态转化。通过细致科学的“赛马”规则，进行严格的工作绩效考核，使所有员工在动态的竞争中提升、取胜、降级、淘汰。努力者，试用员工可以转为合格员工乃至优秀员工；不努力者，就会由优秀员工转为合格员工甚至试用员工。更为严格的是，每次考评后都要按比例确定试用员工，如此一来，人人都有危机感。

“赛马”时遵循“优胜劣汰”的铁的规律，任何人不能满足于已有的成绩，只有创业，没有守业。谁守业、不进取，谁就要被严酷的竞争所淘汰。“三工并存”实际上是斜坡球体人才发展理论的一种体现，二者是相辅相成的。

资料来源：徐沁，贾洪芳. 现代企业管理理论与应用. 北京：清华大学出版社，2010：1-7.

第一节　人力资源管理概述

一、人力资源管理的概念

人力资源管理（Human Resource Management，简称 HRM）是指根据企业发展战略的要求，有计划地对人力资源进行合理配置，通过对企业中员工的招聘、培训、使用、考核、激励等一系列活动，调动员工的积极性，发挥员工的潜能，为企业创造价值，确保企业战略目标的实现。人力资源管理的主要目的在于科学、合理地使用人才，充分发挥人的作用，推动社会和组织的迅速发展。

知识链接 6-1

人力资源相关概念辨析

人口资源、劳动力资源以及人才资源与人力资源含义接近，容易混淆。

人口资源是指一个国家或地区的人口总和，人口资源主要表明数量概念。人力资源并不是简单地指一定数量的人，而是指在这些人身上所拥有的劳动能力。

劳动力资源是指一个国家或地区具有劳动能力的人口的总和，它强调达到法定劳动年龄并拥有现实劳动能力的劳动者数量。作为人力资源总量的人口，不受法定劳动年龄的限制，不仅有处于劳动年龄中的青壮年，还有未达到劳动年龄的 16 岁以下的青少年和超过劳动年龄的老年；从劳动力实现程度来看，人力资源有就业的现实人力资源，以及没有就业的闲置人力资源（如失业人口和家庭闲居人员等）和潜在人力资源（如学生、服兵役的士兵等）。

人才资源是指一个国家和地区具有较强的管理能力、研究能力、创造能力和专门技术能力的人的总称，它强调人的质量方面。人力资源强调人口数量和人口质量的统一。

四个概念的关系，如图 6-1 所示。

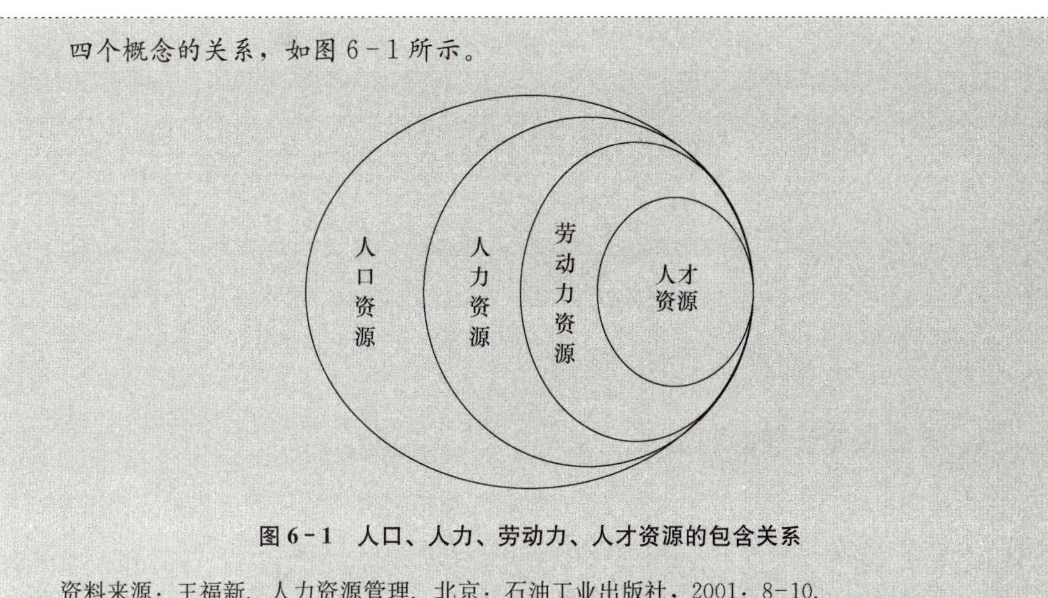

图 6-1 人口、人力、劳动力、人才资源的包含关系

资料来源：王福新．人力资源管理．北京：石油工业出版社，2001：8-10.

二、人力资源管理的目标

人力资源管理既要考虑组织目标的实现，又要考虑员工个人的发展，强调在实现组织目标的同时实现个人的全面发展。

人力资源管理的目标与任务主要有：(1) 保证组织对人力资源的需求得到最大限度的满足；(2) 最大限度地开发与管理组织内外的人力资源，促进组织的持续发展；(3) 维护与激励组织内部人力资源，使其潜能得到最大限度的发挥，使其人力资本得到应有的提升与扩充。

知识链接 6-2

世界十大人力资源大国

人口数位于世界前 10 名的国家，亚洲有 6 个，欧洲、北美洲、南美洲和非洲各 1 个，见表 6-1。

表 6-1 世界人口大国分布（2010 年）

世界排名	主要国家或地区	人数（万人）	洲际分布
1	中国	133 861	亚洲
2	印度	116 608	亚洲
3	美国	30 721	北美洲
4	印度尼西亚	24 027	亚洲
5	巴西	19 874	南美洲

续前表

世界排名	主要国家或地区	人数（万人）	洲际分布
6	巴基斯坦	17 624	亚洲
7	孟加拉国	15 605	亚洲
8	尼日利亚	14 923	非洲
9	俄罗斯	14 004	欧洲
10	日本	12 708	亚洲

资料来源：中华人民共和国国家统计局．国际统计年鉴（2011）．北京：中国统计出版社，2011.

三、人力资源管理的职责

人力资源管理的职责是指人力资源管理者需要承担的责任和任务。加里·德斯勒把有效的人力资源管理方面所负的责任描述为以下十大方面：

（1）把合适的人配置到适当的工作岗位上；

（2）引导新雇员进入组织（熟悉环境）；

（3）培训新雇员适应新的工作岗位；

（4）提高每位新雇员的工作绩效；

（5）争取实现创造性的合作，建立和谐的工作关系；

（6）解释公司政策和工作程序；

（7）控制劳动力成本；

（8）开发每位雇员的工作技能；

（9）创造并维持部门内雇员的士气；

（10）保护雇员的健康以及改善工作的物质环境。

四、人力资源管理的基本功能

（1）获取：根据企业目标确定的所需员工条件，通过规划、招聘、考试、测评、选拔，获取企业所需人员。

（2）整合：通过企业文化、信息沟通、矛盾冲突的化解等有效整合，使企业内个体的目标、行为、态度趋向企业的要求和理念，使之形成高度的合作与协调，发挥集体优势，提高企业的生产效益。

（3）保持：通过薪酬、考核、晋升等一系列管理活动，保持员工的积极性、主动性、创造性，维护劳动者的合法权益，保证安全、健康、舒适的工作环境，以增进员工满意感，使之安心满意地工作。

（4）评价：对员工工作成果、劳动态度、技能水平以及其他方面做出全面考核、鉴定和评价，为奖惩、升降、去留等决策提供依据。

（5）发展：通过员工培训、工作丰富化、职业生涯规划与开发，促进员工知识、技巧和其他方面素质的提高，使其劳动能力得到增强和发挥，最大限度地实现其个人价值和对企业的贡献率，达到员工个人和企业共同发展的目的。

知识链接 6-3

人力资源管理与人事管理

人力资源管理源于传统的人事管理，但又远远超出了传统人事管理的范畴，在诸多方面存在区别。

(1) 传统人事管理以“事”为中心，只见“事”，不见“人”，强调“事”的单一方面的静态的控制和管理；人力资源管理关心的是“人的问题”，其核心是认识人性、尊重人性、体现人性化管理。

(2) 人事管理把人视为一种成本，将人当作一种“工具”，注重的是投入、使用和控制；人力资源管理把人当作一种“资源”，注重产出和开发。

(3) 人事管理是某一职能部门单独使用的工具，似乎与其他职能部门的关系不大；人力资源管理部门逐渐成为决策部门的重要伙伴，从而提高了人力资源管理部门在决策中的地位。

(4) 人事管理的主要职责在于人员招聘、离职和工资管理；人力资源管理的主要职责在于制订人力资源规划及开发政策，侧重于员工潜能的开发和培训，同时培训其他职能经理或管理者，提高他们对员工进行管理的水平和素质。

资料来源：人力资源管理编写组．人力资源管理．北京：中央广播电视大学出版社，2009：30-31．

五、人力资源管理的主要内容

人力资源管理包含的内容很多，如图 6-2 所示，概括起来有四大项：选人、育人、用人、留人。

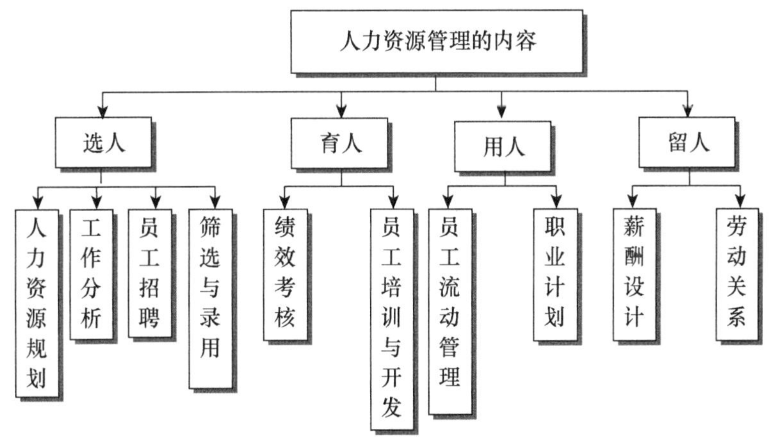

图 6-2 人力资源管理的内容

（一）选人

1. 选人要与企业的战略目标相匹配

人力资源是战略规划实施及战略目标实现的保障，各个企业在不同的阶段都会制订不同的与实际相适应的总体战略规划，在选择人才时，必须考虑到资源配置要与战略目标的实现相适应。企业没有战略目标，就谈不上人力资源规划，更谈不上人力资源规划的实施，企业在选人时就会盲从。

2. 选人要与行业环境和企业地位相适宜

行业环境和企业地位的不同，也会影响企业选择人才的具体操作。首先，要分析所在行业的环境及行业在整个产业结构中所处的地位；其次，分析企业在行业中所处的地位。行业和企业的地位不同，所对应的人才层次也不同，为企业量身制订人才选拔策略，才不会导致人才的滥用或者流失。

3. 选人要与地域的经济水平和人文环境相结合

选人还要考虑地域的经济水平和人文环境因素，不能好高骛远，要讲求实际，尤其是在选拔高校毕业生时，应尽量帮助其认识本企业的地域环境、行业环境、人文环境和当地的实际经济水平，实现企业自身的透明度。这样，选择者和被选择者双方才能互相了解，才能有益于企业选择合适的人才，真正做到物有所值，甚至物超所值。

4. 选人要考虑人才市场的供应现状

人才市场的供应与需求总的来说是不为企业所操控的，企业在选人时躲不开供求现状的影响，需要具体情况具体分析，及时调整人才招聘计划。市场人才兴旺时，适当增加招聘人才数量，加强人才储备；市场人才紧缺时，可适当减少招聘数量和降低标准，以适应市场变化。

5. 选人要兼顾短期和长期人才需求

企业根据公司战略目标要制订短期和长期的人才战略，根据人才战略选择和储备相应人才，以满足短期人员需求和长期人才储备。只有合理储备、优化配置，才能使企业长期处于正常的运转与发展状态。

6. 选人要考虑人力资源成本

人力资源成本是指为取得和开发人力资源而产生的费用支出，包括人力资源取得成本、使用成本、开发成本和离职成本。企业要根据岗位所需，选择合适的人员，切忌人才高消费。

错误雇用是人才流失的真正原因，选人环节不到位，容易造成人才流失。所以，选好人不但会促进企业目标的实现，还会大大降低人力资源成本。

管理周视 6－1

同仁堂的人才观

三百余年来，同仁堂从创业之初的小作坊发展成为现代化企业集团，这与其注重发挥人才的作用密不可分。无论在过去还是在当今，同仁堂出现过许多既精通医药理论，又善于经营管理的专家型人才。如今的同仁堂，为各方面的人才脱颖而出创造了条件：改革陈旧的用人机制，为各方面人才提供公平竞争的舞台；从企业发展实际出发，制订和完善以人为中心的各项政策待遇，实现人力资源的合理运用；优先为企业急需的各类专业人才解决住房问题；为学有所长、工作业绩突出的各类人员进行培训，努力构建学习型组织。总之，同仁堂通过采取种种措施，为培育各类人才提供了良好的环境。

从古至今，同仁堂一直保持着一个非常突出的特色，这就是“讲礼仪、重人和”，并把它上升为一种增强企业凝聚力的新内容，从多方面创造出符合现代企业发展的良好环境。公司以关心人、理解人、尊重人为原则；以“人和”为特色；以关心职工的物质文化生活为内容，营造日益改善的生活环境；以塑造企业形象为重点，形成良好的环境。

资料来源：徐沁，贾洪芳. 现代企业管理理论与应用. 北京：清华大学出版社，2010：146-147.

（二）育人

1. 对员工能力现状进行分析

员工培训要有针对性，要有效地进行员工的能力现状分析，对不同的员工群体进行分类培训。企业可以通过生产、成本、能力测验、个人态度调查等指标，了解组织员工的现有水平及其与企业目标之间的差异，根据差异安排培训内容和方式。

2. 确定培训内容与方式

（1）培训内容专业化。不同的企业，所培训的人员状况是不同的，不同的岗位所需要的知识、技能也是不同的，所以企业要根据自身的需求，以专业化为主，制订特定的培训内容。

（2）培训方式自主化。企业的员工培训需要根据不同的人员、不同的状况，选择多样的培训方式，让培训真正起到实效。

3. 培训效果的评价

培训的效果评价在整个培训中起着至关重要的作用，实质上就是对有关培训信息进行处理和应用的过程。通过建立效果评估，对培训是否达到预期目标、培训计划是否具有成效等进行检查与评价，然后把评估结果反馈给相关部门作为确定下一步培训计划与培训需求的依据。

（三）用人

1. 因事设岗，“人岗匹配”

在选聘人才的过程中，除了关注人才个体的素质外，还应认真分析人才拟任职岗位及团队的结构特点，如团队成员的学历、性别、年龄、观念等。强调人才与其拟任职位的兼容匹配，应该减少聘用人才因“鹤立鸡群”而产生的不必要的“孤独感”，否则会影响人才能力的有效发挥，甚至会使人才流失，造成人力资源浪费和成本升高。

2. 工作目标要有挑战性

要使工作的要求和目标尽量明确合理并富有一定的挑战性，能真正激发员工内在的工作热情。工作目标和要求太低，员工很容易完成，久而久之会造成员工的懈怠，不思进取；工作目标和要求太高，员工通过自己的努力无法完成，会失去自信，放弃努力。

3. 岗位应动态调整

应对员工与工作的配合不断进行调整，使能力提高的员工去从事更高层次的、需承担更多责任的工作，保持员工与工作的动态平衡。企业不同的岗位需要的知识和技能不同，同一岗位不同的级别的要求也不同，每个员工所掌握的知识和技能也在不断地发展变化，所以企业应对岗位和工作进行分层细化，变单一的层级制为多级制，使员工随着自身能力的发展，职位、薪酬不断提升变化，从而调动员工积极性，不断挖掘其潜力。

4. 加强考核评价

通过合理公正的考核制度，实现“人尽其才，物尽其用”的最终目的。考核前将考评的标准量化、公开化，只有人人都明白目的和要求，才能竭力去争取实现。将考核结果与工资、福利、晋升挂钩，使公司整体素质不断地螺旋上升。

（四）留人

1. 薪酬、福利留人

薪酬、福利作为一种激励措施，无疑从根本上影响着员工的行为。因此，薪酬、福利仍是现阶段主要的留人手段之一。如何将公司战略及文化所需要的产出和行为与薪酬体系进行有效连接，是薪酬设计要解决的问题。薪酬、福利包括劳动报酬、文化娱乐、进修学习、医疗保健、劳动保护、年终奖励、家属安置、员工持股等。要留住人才，激励方式的选择和应用也是极为重要的，要针对不同人选择不同的激励方式。企业应改革分配激励机制，实行多元化的分配，建立重业绩、重贡献，向关键岗位和优秀人才倾斜的分配机制。

2. 文化留人

文化的核心是企业的价值观，是企业综合素质的重要标志。一个科学的价值理念必将起到凝聚人心、鼓舞人心、激励员工奋发向上的作用，这将为企业人力资源的开发提供不竭动力。因此，在建设企业文化，培育、弘扬企业精神、价值观时，应注重其科学内涵，注重文化的感召力、凝聚力，建设人格文化，体现人的价值、人的尊严，营造不断进取的浓厚氛围，激励员工不断学习，深挖潜能，自我超越，使企业文化建设与人力资源开发相辅相成、和谐统一。

3. 感情留人

感情投资具有潜移默化的感恩效果，所以企业对人才要有爱心、真心，帮助员工营造一种积极向上、团结和谐的人际氛围和工作、生产、生活环境，使大家心情舒畅地工作，让优秀的人才彼此吸引，增强公司的凝聚力和吸引力。

4. 事业留人

人力资源管理最终还是人本管理，所以要考虑员工自身的发展是否与企业的发展能够同步，用人的同时也是在培养人，应该尽量让企业的人才在不断地为企业服务的同时得到自我发展。只有将企业的目标和员工的职业生涯有机结合起来，人的管理才能真正起到作用。企业要为员工提供一个具有挑战性、竞争性、有利于自身发展提高的事业舞台，使员工的能力不断得到提高。企业还要关注员工的职业发展规划，指导员工的职业生涯设计并与员工共同努力，促进其职业生涯规划的实现。

企业的人力资源管理是一个系统工程，各个环节相辅相成。企业只有努力营造出选人、育人、用人、留人的好环境，建立一个良好的激励及约束机制，充分调动和发挥人才的潜能，使人才真正成为企业走向未来的核心竞争力，才能最终实现企业的快速、健康、可持续发展。

管理周视 6-2

猎人和猎狗的故事

一条猎狗将兔子赶出了窝，一直追赶它，追了很久仍没有抓到。猎人看到此种情景，讥笑猎狗说："你们两个之间小的反而跑得快很多。"猎狗回答说："你不知道，我们两个的跑是完全不同的！我仅仅是为了一顿饭而跑，它却是为了性命而跑呀。"

1. 目标

兔子跑的目标是救自己的性命，而猎狗的目标只是为了一顿饭，同样的跑，它们的积极性当然会不一样。可以说，跑只是实现目标的过程，而即使有相同的过程，其目标不一样，动力不一样，也会得到不同的结果。那么，人力资源的工作重点之一就是设置合理的目标。

2. 动力

猎人想："猎狗说的是对的。我要想得到更多的猎物，就得想个好办法。"于是，猎人又买来几条猎狗，凡是能够在打猎中抓到兔子的，就可以得到几根骨头，抓不到兔子的就没有饭吃。这一招果然奏效，猎狗们纷纷努力去追兔子，因为谁也不愿意看见别人吃骨头，而自己没有吃的。过了一段时间，问题又出现了，大兔子非常难抓，而小兔子好抓，抓到了大兔子和抓到小兔子得到的骨头差不多，个别善于观察的猎狗发现了这个窍门，就专门去抓小兔子。慢慢地，猎狗都发现了这个窍门。猎人问猎狗："最近你们抓的兔子越来越小了，为什么？"猎狗说："反正不会有太大区别，为什么要去抓大的呢？"

3. 长期的"骨头"

猎人经过思考后，决定每过一段时间就统计一次猎狗抓到兔子的总重量，按照重量来评价猎狗，决定一段时间内的待遇。于是猎狗们抓到兔子的数量和重量都增加了，猎人很开心。但是，过了一段时间，猎人发现猎狗们抓的兔子的数量又下降了。而且越有经验的猎狗，抓的兔子的数量下降得越厉害。于是猎人又去问猎狗。猎狗说："我们把最好的时间都奉献给了你，主人，但是我们随着时间的推移会变老，当我们抓不到兔子的时候，你还会给我们骨头吃吗？"

4. 未完的故事

猎人决定论功行赏，分析与汇总了所有猎狗抓到的兔子的数量与重量，规定如果抓到的兔子超过了一定的数量，即使抓不到兔子，每顿饭都可以得到一定数量的骨头。猎狗们都很高兴，大家都努力达到猎人规定的数量。终于，一些猎狗达到了猎人规定的数量。这其中，有一只聪明的猎狗对其他猎狗说："我们这么努力，只是得到了几根骨头，而我们抓的猎物却远远超过了这几根骨头，我们为什么不能给自己抓兔子呢？"于是，有些猎狗离开了猎人，自己抓兔子去了。

资料来源：阚雅玲，吴强，丁雯．人力资源管理基础与实务．北京：中国人民大学出版社，2009：28-30.

第二节　岗位分析

管理周视 6-3

巴恩斯医院的管理

10 月的某一天，产科护士长黛安娜给巴恩斯医院的院长戴维斯博士打来电话，要求立即做出一项新的人事安排。从黛安娜急切的声音中，院长感觉到一定发生了什么事，因此要她立即到办公室来。5 分钟后，黛安娜递给了院长一封辞职信。

"戴维斯博士，我再也干不下去了。"她开始申述："我在产科当护士长已经 4 个月了，我简直干不下去了。我怎么能干得了这工作呢？我有两个上司，每个人都有不同的要求，都要求优先处理。要知道，我只是一个凡人。我已经尽最大的努力适应这种工作，但看来这是不可能的，让我来举个例子吧。虽然这是一件平平常常的事，但像这样的事情，每天都在发生。昨天早上 7：45，我来到办公室就发现桌上留了张纸条，是杰克逊（医院的主任护士）给我的。她告诉我，她上午 10 点钟需要一份床位使用情况报告，供她下午向董事会作汇报时使用。我知道，这样一份报告至少要花一个半小时才能写出来。30 分钟以后，乔伊斯（黛安娜的直接主管，基层护士监督员）走进来质问我，为什么我的两位护士不在班上？我告诉她雷诺兹医生（外科主任）从我这儿要走了她们，说是急诊外科手术正缺人手，需要借用一下。我告诉她，我也反对过，但雷诺兹坚持说只能这么办。你猜，乔伊斯说什么？她叫我立即让这些护士回到产科部。她还说，一个小时以后，她会回来检查我是否把这事办好了！这样的事情每天都会发生好几次。一家医院就只能这样运作吗？"

资料来源：徐沁，贾洪芳．现代企业管理理论与应用．北京：清华大学出版社，2010：63.

岗位分析又称工作岗位分析、工作分析、职务分析，它是指对企业各类岗位的性质、任务、职责、劳动条件和环境，以及职工承担本岗位任务应具备的资格条件所进行的系统分析和研究，并制订出岗位规范、工作说明书等的过程。

知识链接 6－4

工作分析的由来

现代意义上的工作分析始于20世纪初的科学管理之父阿尔弗雷德·泰勒的动作研究和时间研究。而工作分析的思想最早可以追溯到公元前5世纪，古希腊著名思想家苏格拉底开创的公平社会学说，社会只有存在分工，才能取得更大的发展。

从1745年起，法国启蒙思想家丹尼斯·狄德罗为《百科全书》的编写整整奋斗了27个春秋，据说他是历史上首次大规模实施工作分析的人。他通过系统化整理所收集的资料，优化了原有的工作程序，为以后的工作分析实践提供了直接的经验。

19世纪末至20世纪初，美国开展了科学管理运动，其中，泰勒的时间动作研究被认为是科学工作分析的起始。在泰勒等人的研究基础上，产生了工作分析制度。

第一次世界大战时期，德国"工业心理学之父"雨果·穆斯特伯格开创了工业心理学，对工作中的个人进行科学研究以使其生产率和心理适应达到最大化。他的理论促进人事选拔和测评在商业中的广泛应用，使工作分析也得到了迅速发展。

吉尔布雷斯夫妇在技术方法上和某些指导思想上对泰勒开创的时间动作研究的方法做了改进。他们的理论观点是，对不同的工人而言，他们从事同样的工作的时候应该采取不同的工作方法，从而实现劳动生产率的提高。这成为工作分析中的一项重要内容和目的。

1979年，德国工效学家罗莫特经过几十年的工作分析和设计研究后，提出了工作分析的工效学调查法，被管理学界公认为"工作分析"的创始人。

20世纪四五十年代，学者对工作分析开始了系统性的研究。到20世纪七八十年代，工作分析已经趋于成熟并得到广泛运用。

资料来源：董临萍．工作分析与设计．上海：华东理工大学出版社，2008：28-39.

一、岗位分析的任务

岗位分析主要承担两个方面的任务：

（1）进行岗位描述，即对岗位的名称、劳动活动的程序、职责、工作条件和环境等方面所进行的一般说明。

（2）确定岗位要求，即根据岗位描述，进一步说明担负某一岗位工作的职工必须具备的资格条件。

二、岗位分析的基本内容

（一）岗位内涵分析

岗位内涵分析亦称岗位规格说明，即对该岗位所作的全面说明。主要包括以下内容。

1. 岗位名称分析

岗位名称是对本岗位工作任务所作的概括，包括职务、职称、等级、工种等项目。如：

从“财务部经理”这个名称可以得出以下信息：(1) 该岗位人员在财务部工作；(2) 职务是经理；(3) 该岗位主管财务工作；(4) 该岗位是中层管理职位。因此，岗位名称的确定不但要求文字简洁、准确，而且名称必须与岗位的任务和职责相匹配。

2. 岗位任务分析

就是要调查分析企业中各个岗位的任务性质、内容、实现任务的形式、执行任务的步骤、方法，使用的设备、器具，以及加工影响对象的特点等。

3. 岗位职责分析

它不仅包括对本岗位任务范围的分析，还包括对岗位责任大小、重要程度的分析。

4. 岗位关系分析

即一个岗位与另一个岗位具有何种协作关系，协作的内容是什么；它受谁的监督、指挥，它又去监督、指挥谁；这个岗位上、下、左、右关系如何；本岗位职工升降的方向、平调的路线如何。

5. 岗位劳动强度分析

劳动强度是指作业时间内人体做功的多少和能量消耗的大小。劳动强度主要包括：

(1) 劳动紧张程度：员工在劳动过程中的脑、眼、耳与四肢的协调性、感知和处理信息的速度、注意力集中程度、反应的快慢。

(2) 劳动负荷：员工在工作中采用的拉、走、跑等动作的大小和能量消耗的多少。

(3) 工时利用率。

(4) 劳动姿势：员工工作时必须采用的坐、站、跑、蹲、攀、踢、踏、俯卧、仰视、蹲俯、弯腰和倒悬等动作姿势。

(5) 工作班制，如白班、夜班、三班制、四班三运转制、四六班制、四八班制。

6. 劳动条件和环境分析

主要包括以下因素：工作环境有无噪声污染，温度、湿度和空气的含尘量如何，工作环境有无危险等。

7. 劳动资料和劳动对象分析

对资金资产、机械设备、仪器仪表、工具器皿、原材料等的保管与使用情况进行的分析。

管理周视 6-4

王珐鉴才

在一次宴会上，唐太宗对王珐说：“你善于鉴别人才，尤其善于评论，你不妨从房玄龄等人开始，一一评论一下他们的优缺点，同时和他们比较一下，你在哪些方面比他们优秀。”

王珐回答说：“孜孜不倦地办公，一心为国操劳，凡所知道的事没有不尽心尽力去做，在这方面我比不上房玄龄。常常向皇上直言建议，认为皇上能力德行比不上尧舜，这方面我比不上魏征。文武全才，既可以在外带兵打仗做将军，又可以进入朝廷搞管理担任宰相，在这方面我比不上李靖。向皇上报告国家公务详细明了，宣布皇上的命令或者转达下属官员的汇报能坚持做到公平公正，在这方面我不如温彦博。处理繁重的事务、解决难题井井有条，这方面我也比不上戴胄。至于批评贪官污吏，表扬清正廉明，疾恶如仇，好善喜乐，这方面比起其他几位能人来，我也有一技之长。”

资料来源：崔卫国，刘学虎. 管理学故事会. 北京：中华工商联合出版社，2005：195-196.

（二）岗位外延分析

岗位外延分析是指对岗位人员素质要求的分析，即岗位对员工的知识水平、工作经历、职业道德水平、能力要求及基本素质要求等项目的分析。

1. 知识水平分析

分析内容一般包括：(1) 文化程度，指胜任本岗位工作所应具有的最低学历；(2) 专门知识，指胜任本岗位工作所具有的专业基础知识与实际工作经验；(3) 政策法规知识，指应具备的政策、法律、规章或条例方面的知识；(4) 管理知识，指应具有的管理科学知识或业务管理知识；(5) 外语水平，指根据专业技术或业务工作需要，对一种或两种外语应掌握的程度；(6) 相关知识，指本岗位主体专业知识以外的其他知识。

2. 工作经历分析

分析岗位对工作经历有无要求；如果有的话，时间要求多长。

3. 职业道德水平分析

分析岗位所要求的价值观、敬业精神和工作态度等内容。

4. 能力要求分析

能力要求分析是指对员工胜任本岗位工作应具备的主观条件进行分析，主要包括：(1) 理解判断能力分析；(2) 组织协调能力分析；(3) 决策能力分析；(4) 开拓能力分析；(5) 社会活动能力分析；(6) 语言文字能力分析；(7) 业务实施能力分析；(8) 其他方面特殊要求的能力分析。

5. 基本素质要求分析

员工与工作岗位有关的心理品质有：智力 (G)，语言能力 (V)，数字能力 (N)，空间理解能力 (S)，形状视觉能力 (P)，书面材料知觉能力 (Q)，运动协调能力 (K)，手指灵巧 (F)，手的技巧 (M)，眼、手、足协调能力 (E)。

管理周视 6-5

都是出类拔萃的人

在一次工商界的聚会上，两个老板大谈自己的经营心得，其中一个说：“我有三个不成才的员工，我准备找机会将他们炒掉。”另一个老板问：“他们为什么不成才？”“一个整天嫌这嫌那，专门吹毛求疵；一个杞人忧天，老是害怕工厂有事；一个整天在外面闲荡鬼混。”另一个老板听后想了想说：“既然这样，你就把这三个人让给我吧。”

三个人第二天到新公司报到，新老板给他们分配工作：喜欢吹毛求疵的人，负责质量管理；害怕出事的，负责安全保卫；整天在外面闲逛的，负责产品宣传和推销。三个高高兴兴地走马上任。

过了一段时间，两个老板又碰到了一起，第一个老板问第二个老板那三个人是不是也让他头痛。他回答：“哪里，他们都是很出类拔萃的，由于他们的到来，工厂的盈利直线上升。”

资料来源：崔卫国，刘学虎. 管理学故事会. 北京：中华工商联合出版社，2005：196-197.

三、岗位分析的方法

岗位分析的方法有很多，常用的有以下几种。

（一）观察法

观察法是指工作岗位分析人员通过对特定对象的观察，把有关工作各部分的内容、原因、方法、程序、目的等信息记录下来，最后把取得的岗位信息归纳整理为适用的文字资料，然后进行总结分析的方法。

在进行观察记录时应注意：（1）避免机械记录，应主动反映工作的各有关内容，对观察到的工作信息进行比较和分析。（2）观察要力求做到结构化，确定观察内容、时刻、位置等。

（二）面谈法

面谈法是通过工作岗位分析人员与工作执行者面对面的谈话来收集岗位信息资料的方法。面谈时应注意以下几个问题：

（1）工作分析人员不应只是消极地记录工作执行者对各种问题的反映，而应通过积极的引导来获得较完整的信息。

（2）面谈应该结构化。在面谈前应确定收集信息的内容并制订详细的提问单，把握所提问题与目的之间的关系。同时，注意选择参加面谈的人员。

（3）面谈时应保持友善的态度。面谈时应尊重被调查人员，接待要热情，用语要适当。向被调查人提问时，应避免命令式，尽量采用启发式的方法。

（三）问卷调查法

问卷调查法是采用调查问卷来获取岗位信息进行岗位分析的一种方法。调查问卷通常由有关人员根据工作分析的目的、内容预先设计好，由工作执行者填写后回收整理，经过分析研究后获取岗位信息。

调查问卷结果的可靠性和准确性，一般受到两个因素的影响：（1）调查问卷设计得是否科学合理。（2）被调查者文化水平的高低及填写问卷时的诚意、兴趣和态度。

一般来说，书面调查应与其他调查方式结合起来使用，才能保证岗位调查资料的完整性和全面性。

（四）参与法

参与法是通过工作分析人员直接参与某一岗位的工作，从而细致、深入、全面地体验、了解和分析岗位特征及岗位要求的方法。这种方法虽比面谈询问、书面调查等方法能获得更真实可靠的数据资料，但由于工作分析人员本身的知识与技能的局限性，使参与法的应用范围很窄，特别是在现代化大生产条件下，岗位操作的技术难度、工作频率、质量要求并非一般人在短期内可以掌握。因此，参与法一般适用于较为简单的岗位分析。

（五）关键事件法

关键事件法是要求工作分析人员、本岗位的或与本岗位有关的职工将劳动过程中的“关键事件”详细加以记录，在大量收集信息之后，对岗位的特征和要求进行分析研究的方法。所谓关键事件，是指在劳动过程中给岗位工作任务造成显著影响的事件。

关键事件的记录包括：(1) 导致该事件发生的背景、原因；(2) 职工有效的或多余的行为；(3) 关键行为的后果；(4) 职工控制上述后果的能力。

采用关键事件法时，应注意：(1) 查的期限不宜过短；(2) 关键事件的数量应足够说明问题，事件数目不能太少；(3) 正反两方面事件要兼顾，不得偏颇。

关键事件描述记录单示例如表 6-2、表 6-3 所示。

表 6-2　　关键事件描述记录单（一）

行为者	小林	地点	公司市场部	时间	9 月 13 日	观察者	总经理
事情发生的背景	下午 5:30 左右，公司市场部接到上次提交的一个策划方案（该策划方案主要是针对“十一”长假而设计的促销方案）被公司总部驳回的通知单						
行为者的行为	市场部骨干小林下班后重新认真地研究了上次提交的这份策划方案，发现了这份方案的不足之处，并提出了一个较为完善的新的策划方案，直至 21:30 完成工作后才离开公司						
行为后果	市场信息瞬息万变，小林快速地解决了公司遇到的问题，抓住了商机，为公司创造了更多的价值						

表 6-3　　关键事件描述记录单（二）

行为者	市场部经理	地点	公司市场部	时间	9 月 13 日	观察者	总经理
事情发生的背景	下午 5:30 左右，公司市场部接到上次提交的一个策划方案（该策划方案主要是针对“十一”长假而设计的促销方案）被公司总部驳回的通知单						
行为者的行为	临近下班时间，市场部经理想等明天上班再做处理，于是下班离开了						
行为后果	这样的行为可能会失去很多潜在的商机，给公司造成重大损失						

四、工作说明书的基本内容和格式

工作说明书的基本内容包括以下 5 个部分：

(1) 岗位名称：一个概括性的名称。

(2) 岗位编号：可按照岗位评价与分级的结果对岗位进行编码，编号可采用 6 位数或 8 位数，以便于查找。

(3) 本岗位的说明，主要包括：1) 本岗位的性质、特征，与其他岗位的区别；2) 本岗位的劳动强度、工作繁简难易程度、责任大小，劳动环境和条件；3) 本岗位的工作程序和工作举例；4) 本岗位与其他岗位的关系，职务升迁、变动路线；5) 岗位其他方面的说明。

(4) 资格条件，是指担任本岗位工作的人员应具备的基本资格和条件。如性别、年龄、身体条件、经验、学识、技能等。

(5) 岗位评价与分级，说明本岗位的相对价值、在生产中的地位和作用，以及归级列表等的情况。

工作说明书的基本格式一般如表 6-4 所示。

表 6-4　　工作说明书

文件编号 HR-02-01　拟　制 人资部
核　准 总经理　生效日期 2017/03/21

一、基本资料		
1. 岗位名称：人力资源部经理 4. 辖员人数：5 人　　5. 定员人数：6 人	2. 直接上级职位：总经理	3. 所属部门：人力资源部
二、工作概要		
1. 工作摘要		
负责建立健全人力资源管理系统，制订人力资源发展战略和各项人力资源匹配政策，为集团各业务系统提供优秀的员工，建立良好的工作氛围和企业文化，确保组织人力资源管理的有效运转		
2. 工作内容说明		
编号	工作任务的内容	责任
(1)	根据公司发展目标及内外部需求，制订人力资源发展策略	起草、制订
(2)	建立并不断根据内外形势健全人力资源管理系统	主办与督办
(3)	根据公司短期和长期需求，进行人员招聘与储备工作	主办与督办
(4)	根据市场的发展，不断评估组织架构、部门工作职能和工作流程	督办
(5)	拟订并及时修改薪酬制度	主办
(6)	拟订并不断评估现行福利制度	主办
(7)	根据公司发展目标与要求，进行员工教育培训与能力开发管理	主办与督办
(8)	拟订与修改员工绩效评估制度	主办
(9)	拟订与修改员工升迁制度	主办
(10)	建立员工职业生涯管理系统，使员工个人发展与公司发展目标相符	主办
(11)	制订人事运作程序规范与监督（聘用、升迁、降职、奖罚、调职、解雇等）	主办
(12)	根据公司阶段性目标，定期进行工作分析，提交解决方案	主办
(13)	员工关系管理	主办
(14)	工作设计与流程建议	主办与协办
(15)	人力资源资讯收集与建议	主办
(16)	人力资源管理系统运行之监督与评估	主办
(17)	人力成本监控	主办
三、任职资格		
1. 学历与专业要求		
所需最低学历	专业一	专业二
大学本科	人力资源管理	其他管理类专业
2. 所需技能培训		
培训科目	培训时间	精通程度
人力资源管理类	3 个月	精通

国家薪资、福利政策、劳动政策	7天	精通
市场营销、财务管理	7天	掌握
3. 工作经验要求		
从事人力资源管理工作4年以上，至少担任2年以上中大型消费品企业的人力资源经理级以上职务		
4. 专业素质要求		
专业理论、实务操作	理论知识丰富，掌握现代人力资源发展趋势，具有可操作性强的实务经验，能不断学习与进步	
沟通与协调能力	掌握良好的沟通技巧，能进行有效沟通，能有效协调部门之间运作和处理员工关系	
分析判断能力与解决问题能力	善于分析和判断内外部信息对人力资源政策的影响，善于处理员工关系，维护劳资双方利益	
5. 职位关系		
可直接晋升的职位	人力资源总监	
可相互轮换的职位	总经理助理	
可晋升至此的职位	人力资源部经理助理、高级主管、分公司人力资源部经理	

第三节　招　聘

一、招聘的目的和内容

招聘的目的是实现“把合适的人放到合适的位置上”的目标。招聘的直接目标是获得组织需要的人，但除了这一目标外，还有树立企业形象、减少人员流失的影响、履行社会义务以及保证质量等潜在目标。

招聘的内容一般包括招募、选择、录用、评估等一系列活动，具体包括：(1) 什么岗位需要招聘，招聘多少人员，每个岗位的具体要求是什么；(2) 何时发布招聘信息，运用什么渠道发布招聘信息；(3) 委托哪个部门进行招聘测试；(4) 招聘预算是多少；(5) 何时结束招聘；(6) 新进员工何时到位。

管理周视 6-6

××有限公司驻××代表处招聘启事

××有限公司驻××代表处因业务拓展，拟招聘以下诸类职员各2名：

(1) 房地产业务：年龄35岁以下，身体健康，熟悉本地区情况，近期连续从事本行业的设计、施工、经营工作5年以上，具有高、中级技术职称并有成功业绩者。

(2) 国贸业务：年龄50岁以下，身体健康，通晓商品进出口业务相关环节，精通英语，近期连续从事本行业3年以上，具有大专学历以上（有外销员证者优先）并有成功业绩者。

（3）综合事务：年龄30岁以下，女性，大专以上学历，身高1.65米以上，身体健康，相貌端庄，熟悉英语，近期连续从事文秘工作2年以上。

承蒙不嫌，请于见报日起15日内将本人身份证、本市常住户口、学历证、职称证（或外销员证）、个人简历（附2.5厘米免冠近照及期望待遇）、业绩介绍、所在单位介绍或推荐信之复印件或原件寄至××市××路××号外事服务部，邮政编码：××××××。

××市外事服务部

××××年××月××日

资料来源：http://gz.hrhrs.com/bbs/redirect.php?tid=2271&goto=lastpost.

二、招聘的渠道

人员招聘的渠道主要分为两大部分，即内部招聘和外部招聘。内部招聘的主要渠道有企业内部晋升、内部调用、工作轮换、自行招聘录用、员工推荐等；外部招聘的主要渠道有校园招聘、人才交流会、公共服务机构、猎头公司、网络招聘等。

（一）内部招聘

1. 内部招聘的主要渠道

（1）内部晋升。

当企业中有些比较重要的岗位需要招聘人员时，让企业内部符合条件的员工从一个较低级的岗位晋升到一个较高级的岗位的过程就是内部晋升。

内部晋升的主要优点是：有利于激励员工奋发向上，较易形成企业文化。其主要缺点是：自我封闭，不易吸收优秀人才，可能使企业缺少活力。

（2）内部调用。

当企业中需要招聘的岗位与员工原来的岗位层次相同或略有下降时，把员工调到同层次或下一层次岗位上去工作的过程称为内部调用。

内部调用的主要优点是：对新岗位的员工较熟悉，较易形成企业文化。其主要缺点与内部晋升的缺点相似，另外还可能影响员工的工作积极性。

2. 内部招聘的优缺点

内部招聘的优点是员工既可自行申请适当位置，又可推荐其他候选人，可降低招募的成本费用。但是内部招聘如果处理不当，容易引起各种纠纷。所以招聘时一定要有严格的标准，以免招聘主持人徇私舞弊、送人情或受制于人。

（二）外部招聘

一个企业必须不断地从其外部寻求员工，特别是当需要大量扩充劳动力时。

外部招聘需要满足下列招聘需求：企业补充初级岗位；企业获取现有员工不具备的技术；企业需要获得能够提供新思想的并具有不同背景的员工。

1. 外部招聘的主要途径

（1）校园招聘。

这是招收应届毕业人才的主要途径。高等院校可提供中高级专门人才，技工学校可提供初级技工人才。企业可以有选择地去学校物色人才，派人分别到各有关学校召开招聘洽谈会。为了让学生增进对企业的了解，鼓励学生毕业后到本企业来工作，招聘主持人应当向学生详细介绍企业情况及工作性质与要求，最好印发企业简介小册子，或制成录像带。

（2）人才交流会。

各地每年都要组织几次大型的人才交流会。用人单位可花一定的费用在交流会上摆摊设点，应征者前来咨询应聘。这种途径的特点是时间短、见效快。

（3）公共服务机构。

许多企业利用公共服务机构如职业介绍所来获得所需的人员。但有人认为，这类介绍所的求职者多为能力较差而不易找到工作的人。不过，如果有详细的工作说明，有介绍所的专业顾问帮助遴选，也可以找到不错的人选。

（4）猎头公司。

猎头公司是寻找高层管理人员和高级技术人员的服务机构。它们一般从事两类业务：一是为企业搜寻特定的人才；二是为各类高级人才寻找工作。

猎头公司的一大特点是推荐的人才素质高。猎头公司一般会建立自己的人才库，对企业人力资源需求有较详细的了解，对求职者的信息掌握较为全面，其成功率比较高。

一般说来，通过猎头公司招募人才的费用相对较高，猎头公司的收费通常能达到所推荐人才年薪的25%～30%。但是，如果把企业自己招聘人才的时间成本、人才素质差异等隐性成本计算进去，该方法还是比较经济的。

（5）网络招聘。

它是通过信息网络进行招聘、求职的方法。由于这种方法具有信息传播范围广、速度快、成本低、联系快捷方便等优点，且不受时间、地域的限制，所以被广泛采用。

网络招聘的缺点是收到的求职材料太多，筛选非常困难。

2. 外部招聘的优缺点

外部招聘的优点有：（1）候选人员来源广泛，有利于满足企业选择合适人选的需要；（2）有利于组织吸收外部先进的经营管理观念、管理方式和管理经验，内外结合，不断开拓创新；（3）可在某种程度上缓解内部候选人竞争的矛盾。

外部招聘的缺点有：（1）应聘者的条件不一定能代表其实际水平和能力；（2）应聘者入选后对企业的各方面情况需要有一个熟悉的过程，即不能迅速进入角色开展工作；（3）如果企业中有胜任的人未被选用或提拔，外聘人员的做法会挫伤企业员工的积极性。如果形成外聘制度，则更需慎重决定，因为其影响面可能更大。

管理周视 6-7

招募中层管理人员的困难

某公司最近几年在物色中层管理干部中遇到了一个两难的困境。公司一直严格地从内部提升中层管理人员，但后来发现这些提拔到中层管理职位的人员缺乏适应新职位的

知识和技能。

公司于是决定从外部招聘，尤其是招聘那些工商管理专业毕业的优等生。通过一个职业招聘机构，公司得到了许多接受过良好工商管理专业训练的毕业生作为候选人，并从中录用了一些，先在基层任管理职位，以备经过一个阶段的锻炼后提升为中层管理人员。但在两年之中，所有录用的人都离开了该公司。

公司又只好从内部提拔，但又碰到了与过去同样的素质欠佳的老问题。不久就有几个重要职位的中层管理人员退休，需要称职的后继者来填补空缺。

资料来源：徐沁，贾洪芳．现代企业管理理论与应用．北京：清华大学出版社，2010：188-189.

三、招聘政策与法规

我国的宪法和劳动法及相关法规，突出了对劳动者权益的保护，尤其是突出了对特殊群体的保护。

（一）禁止未成年人就业的法律

我国《禁止使用童工规定》明确规定，童工是指未满 16 周岁，与单位或者个人发生劳动关系，从事有经济收入的劳动或者从事个体劳动的未成年人。禁止任何单位和个人（包括父母或监护人）使用童工。我国《劳动法》第 15 条规定："禁止用人单位招用未满十六周岁的未成年人。文艺、体育和特种工艺单位招用未满十六周岁的未成年人，必须依照国家有关规定，履行审批手续，并保障其接受义务教育的权利。"

（二）照顾特殊群体的就业政策

特殊群体人员指谋求职业困难或处境不利的人员，包括妇女、残疾人、少数民族人员、退出现役的军人等。《劳动法》第 13 条规定："妇女享有与男子平等的就业权利。在录用职工时，除国家规定的不适合妇女的工种或者岗位外，不得以性别为由拒绝录用妇女或者提高对妇女的录用标准。"根据《残疾人保障法》第四章"劳动就业"第 30 条的规定，国家机关、社会团体、企事业单位、民办非企业单位，应当按照规定的比例安排残疾人就业，并为其选择适当的工种和岗位。根据《民族区域自治法》第 23 条的规定，民族自治地方的企业、事业单位依照国家规定招收人员时，优先招收少数民族人员。根据《兵役法》第 60 条的规定，义务兵退出现役，按照国家规定发给退役金，由安置地的县级以上地方人民政府接收。

（三）招收外籍员工的法律规定

根据《外国人在中国就业管理规定》，用人单位招聘外国人须具备下列条件：

（1）需聘用外国人从事的岗位应是有特殊需要，国内暂缺适当人选，且不违反国家有关规定的岗位。

（2）除经文化部批准外，不得聘用外国人从事营业性文艺演出。

由此可见，聘用外籍人员必须从实际出发，如果能找到适当人员，则不能聘用外籍人员。而且，用人单位聘用外籍人员，不能损害国家利益。

第四节　绩效考核与薪酬管理

管理周视 6-8

摩托罗拉的绩效考核

摩托罗拉员工的薪酬和晋升都与考核紧密挂钩，但是，摩托罗拉对员工考核的目的绝不仅仅是为员工薪酬调整和晋升提供依据。摩托罗拉考核的目的是：使个人、团队业务和公司的目标密切结合；提前明确要达到的结果和需要的具体领导行为；提高对话质量；增强管理人员、团队和个人在实现持续进步方面的共同责任；在工作要求和个人能力、兴趣及工作重点之间发现最佳的契合点。

摩托罗拉员工每年制订的工作目标包括两个方面：一个是战略方向，包括长远的战略和优先考虑的目标；另一个是绩效，它包括员工在财务、客户关系、员工关系和合作伙伴之间的作为。摩托罗拉每三个月会评估员工的目标执行情况。员工在工作中有一个联系紧密的合作伙伴，他们彼此之间能够相互推动工作。跨部门同事和同部门同事之间有紧密联系，使绩效考核达到 360 度的平衡。

有些人在工作中的重点不是客户，而是怎样使他的老板满意。这种情况也导致评估的误区，出现两种不好的情况：一是员工绩效一般，但是老板很信任他；二是后加入团队的员工成绩很好，但是没有与老板建立信任的交情。人力资源部的细致工作就变得非常重要。人力资源部会花很多精力在工作表现前 25 名和后 25 名的身上。如果这个人很有能力，老板不重视，人力资源部会帮他找一个老板。

摩托罗拉年终考核在 1 月份进行，个人考核是每季度一次，部门考核是一年一次，年底对业务进行总结。根据成绩报告单的情况，公司年底决定员工个人薪水涨幅，同时也根据绩效晋升员工。摩托罗拉常年都在选拔管理者，一般比较集中的时间是每年二三月份，公司挑选出管理精英，送到总部去学习，到五六月份会定下管理者。

如果员工对考核有不公平之感，可以拒绝在考核结果上签字。每个员工的考核表会由自己的主管和主管的主管签字。

资料来源：莫寰，张延平，王满四．人力资源管理原理、技巧与应用．北京：清华大学出版社，2007：311-314.

一、绩效考核程序

所谓绩效考核，是按照一定的标准，利用科学的方法，收集、分析评价和传递有关员工行为和工作结果方面信息的过程。

绩效考核是一个管理过程，该过程由员工和他的直接主管之间达成的协议（承诺）来保证。

一般来说，绩效考核应包括制订计划、技术准备、收集资料信息、分析评价、绩效反馈和结果运用六个阶段。

（1）制订计划，绩效考核必须依计划进行，所以事先必须明确考评的目的和对象，再选择考评的内容、时间和方法。

（2）技术准备，包括确定培训考评人员等。

（3）收集资料信息。

（4）分析评价，一般可以通过考勤、现场视察记录、立功记录和事故报告等途径收集信息。

（5）绩效反馈，绩效考核是通过考评来改进员工的行为和态度，所以考评的结果一定要及时反馈给员工。

（6）结果运用，考核结果主要可以应用到工资分析、奖金、职务晋升、调任和培训教育等方面。

知识链接6-5

绩效考核的起源

绩效考核起源于西方国家文官（公务员）制度。最早的考核起源于英国。在英国实行文官制度初期，文官晋级主要凭资历，于是造成工作不分优劣、所有的人一起晋级加薪的局面，结果是冗员充斥、效率低下。1854—1870年，英国文官制度改革，重表现、看才能的考核制度开始建立。根据这种考核制度，文官实行按年度逐人逐项进行考核的方法，根据考核结果的优劣，实施奖励与升降。考核制度的实行，充分地调动了英国文官的积极性，从而大大提高了政府行政管理的科学性，增强了政府的廉洁与效能。英国文官考核制度的成功实行为其他国家提供了经验和榜样。美国于1887年也正式建立了考核制度，强调文官的任用、加薪和晋级，均以工作考核为依据，论功行赏，称为功绩制。此后，其他国家纷纷借鉴与效仿，形成各种各样的文官考核制度。这种制度有一个共同的特征，即把工作实绩作为考核最重要的内容，同时对德、能、勤、绩进行全面考察，并根据工作实绩的优劣决定公务员的奖惩和晋升。

资料来源：肖阳．绩效考核的起源．企业管理，2010（6）．

二、绩效考核的方法

（一）关键绩效指标（KPI）

关键绩效指标（Key Performance Indicators，简称KPI），是绩效管理中“计划—执行—指导—反馈—评价”中“评估”不可分割的一部分，是用来衡量某一职位任职人员工作绩效表现的关键和具体量化指标，是对工作完成效果的最直接衡量方式。关键绩效指标来自对企业总体战略目标的分解，反映最能有效影响企业价值创造的关键驱动因素。

KPI指标并不一定总能直接用于或适合所有职位的人员考核，但因为KPI指标能在相当程度上反映组织的经营重点和阶段性方向，所以成为绩效考核的基础。

KPI 可以用计算公式算出员工经营活动的量化结果，侧重考察员工对经营成果有直接控制力的工作，它考察的是当期绩效和最终经营成果。其实，能力与行为发展目标也可以包括在 KPI 当中，侧重考察的是长期性工作和工作的过程，以便更加全面地反映员工的工作表现。它也包括发展目标与目的的设订、评估标准的制订、权重的确定、评估级别的评定等。

一般情况下，企业 KPI 所含指标如表 6-5 所示。

表 6-5　　企业 KPI 指标（人力资源管理方面）

序号	指标	指标定义	功能	考核依据
1	员工增加率	(本期员工数－上期员工数)/上期员工数	检测周期内员工增加比例	
2	员工结构比例	各层次员工的比例分配状况	检测人力资源结构的合理性	
3	关键人才流失率	一定周期内流失的关键人才数/公司关键人才总数	检测公司关键人才的流失情况	
4	工资增加率	(本期员工平均工资－上期员工平均工资)/上期员工平均工资	检测工资增加情况	
5	人力资源培训完成率	周期内人力资源培训次数/计划总次数	检测人力资源部门培训计划的执行情况	
6	部门员工出勤率	部门员工出勤人数/部门员工总数	检测部门员工的出勤情况	
7	薪酬总量控制的有效性	一定周期内实际发放的薪酬总额/计划预算总额	检测人力资源部门在薪酬总额控制方面的有效性	
8	人才引进完成率	一定周期实际引进人才总数/计划引进人才总数	检测人力资源部门的招聘计划完成情况	
9	考核工作完成的及时性和准确性	公司绩效考核完成得是否及时、准确	检测人力资源相关部门在绩效考核方面的有效性	

（二）行为锚定法

行为锚定法是通过一些特定的关于优良绩效和不良绩效的描述性事例来对一个量化的尺度加以解释或锚定的方法。该方法将关键事件法和图尺度评价法的优点结合在一起，是一种比较有效的绩效考核方法。行为锚定法一般按照以下几个步骤进行：

（1）获取关键事件。要求为某一职位比较了解的人（如任职者或其上级主管）提供一些能代表该职位优良绩效和不良绩效的关键事件。

（2）开发绩效维度。由熟悉该职位的这些人将上述关键事件整理合并成为数不多的几个绩效维度（如 5～10 个），并对其中的每一个绩效维度（如责任感、服务态度等）进行明确界定。

（3）重新分配关键事件。向另外一组同样熟悉该职位的人提供上述关键事件，由他们进行重新分类，并要求他们将所有这些关键事件分别放入他们认为最合适的绩效维度中去。对同一关键事件而言，如果第二组中有一定比例（通常 50%～60%）的人将其放入的绩效维度与第一组人将其放入的绩效维度是相同的，那么，这一关键事件就可以最终确定在这一绩效维度当中。

（4）确定各关键事件的评定等级。在用关键事件来描述行为之后，第二组人还要再对这些行为在每一绩效维度方面所代表的有效和无效程度来加以评定（一般采用7点尺度或9点尺度）。

（5）建立最终的行为锚定评价量表。对于每一个工作绩效维度来说，选择6～7个关键事件作为其行为锚。

图6-3是行为锚定法的典型示例。

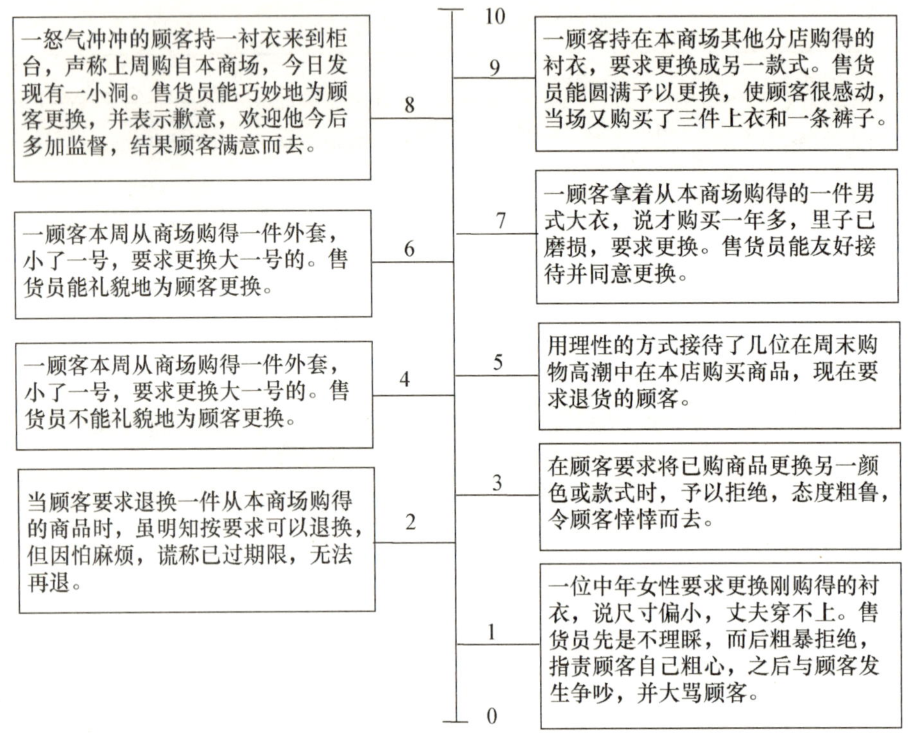

图6-3　商场售货员处理顾客退货行为的锚定量表

行为锚定法的优点：使工作绩效的计量更加准确；能为被考核者提供良好的反馈；使工作绩效考核标准更加明确；具有较好的连贯性和较高的信度；使各种工作绩效考核要素之间保持较强的相互独立性。

行为锚定法的缺点：费时费力，执行有一定的难度。

（三）360度绩效考核法

360度绩效考核法也称全视角反馈法，它由被考核人的上级、同级、下级和（或）内部客户、外部客户以及被考核者个人担任评价者，从各自不同的角度对被考核者进行全方位的评价，再通过反馈程序将考核结果反馈给被考核者，使被考核者清楚自己的长处和短处，以达到改善被考核者工作行为、提高工作绩效的目的。

360度绩效考核法反映了企业追求全面和以客户为中心的管理思想。它可以使组织成员对组织目标和组织绩效进行总结、交流，可以对被考核者的工作行为、个体特质做出比较全面的判断，可以为持续改进工作和员工发展提供参考依据。

实施 360 度绩效考核时必须要注意以下几个问题：

（1）匿名考核。确保员工不会知道其他任何人对他的考核（主管除外）；考核时考核者不能互通消息或知道彼此评分的结果（主管除外）。

（2）加强考核者的责任意识。必须让每一个考核者明白自己是否正确使用了考核标准、是否做出了可靠的评价、是否了解其他人的考核方法。

（3）防止舞弊行为。

（4）采用统计程序。尽可能采用加权平均或其他数量方法进行综合考核，防止过于依赖主观评价，影响评价的正确性。

（四）平衡计分卡

平衡计分卡（the balance score-card，简称 BSC）是由哈佛大学教授罗伯特·卡普兰和戴维·诺顿共同提出来的。它以企业的战略为基础，把企业的战略和使命转变为具体的目标和测评指标，实现了战略与绩效的有机结合。该方法从四个维度关注企业的绩效：客户方面、内部流程方面、学习和创新方面以及财务方面。这四个方面及其之间的关系如图 6－4 所示。

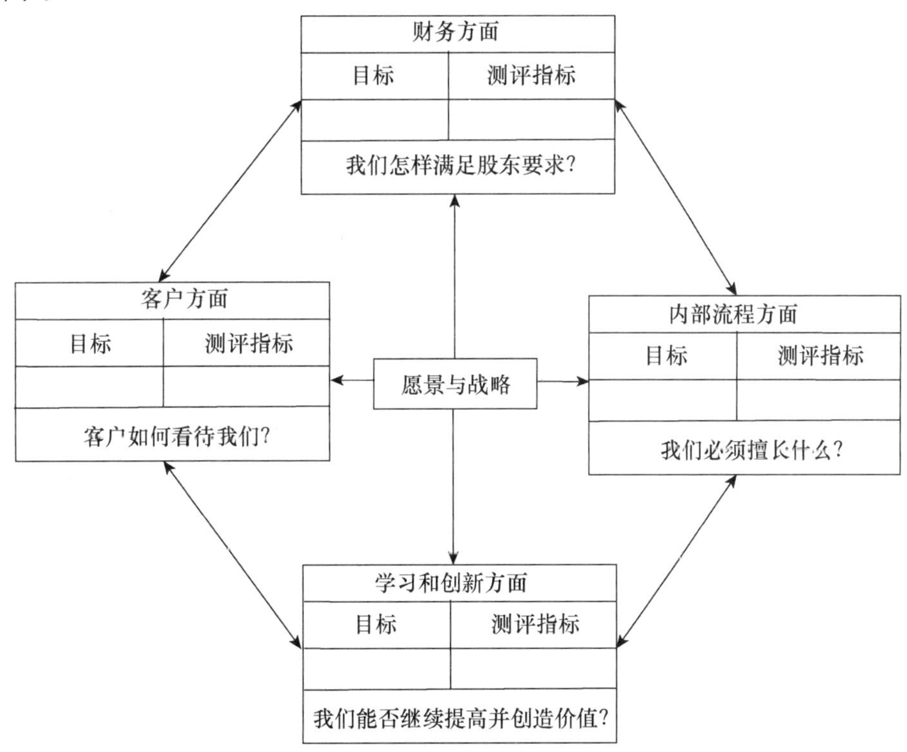

图 6－4 平衡计分卡基本框架

1．财务方面

企业所有方面的改善都应该最终归于财务目标的达成。通常情况下，股东从财务的角度来判断企业是否取得了成功，他们更关注财务目标的实现程度。因此，企业必须把财务方面作为目标考核的焦点，努力提升财务绩效。财务方面是其他三个方面的出发点和归宿，它常用的指标有净资产收益率、总资产周转率、资产负债率、销售增长率、投资回报率、流动比率、速动比率、存货周转率等。

2. 客户方面

企业为了获得长远的财务业绩，就必须创造出满足客户要求的产品和服务。在现今这个以客户为中心的年代，如何向客户提供所需的产品和服务，从而满足客户的要求，提高企业竞争力，已经成为企业能否获得可持续性发展的关键。客户方面衡量的指标包括：客户满意度、客户保留率、市场份额、新客户开发率、客户获利率、赢得关键客户的比率、目标市场的价值定位等。

3. 内部流程方面

平衡计分卡从股东和客户的需要出发，要求企业把革新引入到内部经营过程之中，为客户创造全新的产品和服务，以满足现有和未来目标客户的需要。内部流程方面的指标主要来自对客户满意度有最大影响的业务流程，包括新产品推出速度、设计水准、品质标准、交货速度、安全指标等。

4. 学习和创新方面

企业只有不断地学习与创新，才能更好地满足客户的要求，才能不断地发展壮大，才能不断地增加股东的价值。它一般包括三个方面：员工能力、信息系统的能力以及员工的主观能动性。

平衡计分卡有很多优点：它克服了财务评估方法的短期行为，使整个组织行动一致；它有效地将组织的战略转化为组织各层的绩效指标和行动；它实现了组织的长远发展，提高了组织的整体管理水平，加强了对员工学习能力的培养。但该方法使用难度较高，工作量极大，不适合个人考核。

三、薪酬管理

（一）薪酬的内涵

薪酬是企业对它的职工为企业做出的贡献（包括他们实现的绩效、付出的努力、时间、学识、技能、经验与创造）所付给的相应回报或答谢，是雇员因完成工作而得到的内在和外在的奖励。

知识链接 6-6

有关几个英文薪酬词语的比较

compensation（薪酬）——员工因为雇佣关系的存在而从雇主那里获得的所有各种形式的经济收入以及有形服务和价值，主要强调补偿或赔偿的物或款，侧重对员工劳动贡献的一种补偿，包括货币形式与实物形式。

reward（报酬、赏金）——侧重于奖赏、报答、致谢的概念，可以包括感情方面的、知识方面的以及财务方面的多种报酬形式。

pay（工资、薪金，尤指军饷）——付钱给某人作为货物或服务的费用，倾向于一种不带有任何感情色彩的纯粹交易，一方愿买，一方愿卖，而且只是以货币的形式出现（money paid for regular work）。remuneration（酬金、报酬）——蕴含了 payment 与 reward 的概念，可为接受者带来收益，它强调这样一种理念：薪酬除了是对劳动者劳动贡献的一种补偿之外，对劳动者来说应该是有利可图的（profitable）。

salary（薪水、工资）——从事管理工作或专业技术工作人员（白领员工）所获得的基本薪酬，常采用年薪或月薪形式。领 salary 者加班，企业是不需要付加班工资的。

wage（工钱、工资）——蓝领工人所获得的基本薪酬（常用复数），以小时、日、周计算。领 wage 者加班，企业是需要付加班工资的。

资料来源：彭剑锋．人力资源管理概论．上海：复旦大学出版社，2003：376；张德．人力资源开发与管理．北京：清华大学出版社，2001：218.

（二）薪酬的主要影响因素

1．外在因素

（1）全社会劳动生产率。

（2）劳动力市场的供需关系与竞争状况。

（3）地区及行业的特点、惯例，道德观以及价值观。

（4）居民生活费用。

（5）国家的有关法令和法规。

2．内在因素

（1）企业文化，是指企业领导对员工的认识及态度。有的企业领导认为员工要的就是钱，只有经济刺激才能让他们好好工作，而有的企业领导则认为员工有多方面的需求，钱绝非唯一的动力，员工喜爱有挑战性的工作。

（2）企业所处的发展阶段。当企业处于发展的不同时期（导入期、成长期、成熟期、衰退期）时，盈利水平及企业愿景是不同的，所以薪资水平也不同。

（3）企业的业务性质和内容。在劳动力密集型的企业，其劳动力成本占总成本的比重很大；而在资本密集型企业，其劳动力成本占总成本的比重不大，这对企业的薪酬政策有重大影响。

（4）职工心理承受力和工会的态度。薪酬设计的对象是人，所以要考虑职工的心理承受力及工会将会持有的态度，必要时可以吸收职工和工会代表参加。

（5）相关制度。薪酬制度只是人力资源管理体系的一个分支，它还需要与其他系统相联系，如人事制度改革、劳动合同制度、企业基础管理工作等。

（三）薪酬制度的类型

1．计件工资制

计件工资制是按工人生产合格产品的数量和预先规定的计件单价来计算员工劳动报酬的一种工资形式。工资数额＝计件单价×合格产品的数量。计件工资制适用于以提高产量为生产目的、市场有持续性和稳定性、员工或部门的工作产量可以计量、有科学的定额等特征的企业。

2. 佣金制

佣金制是直接按销售额的一定比例确定销售人员的报酬的一种工资形式，是根据业绩确定报酬的一种典型形式，主要用于销售人员的工资支付制度。佣金制的优点是报酬明确同业绩挂钩，销售人员为得到更多的工资报酬，会努力扩大销售额，促进企业市场份额的迅速扩大。另外，佣金制由于计算简单，易于为销售人员理解，所以管理和监督成本较低。

3. 年功序列工资制

年功序列工资制是一种年龄越大、企业工龄越长，工资越高的工资制度。年功序列工资的构成有以下几方面：

（1）基本工资，是工资的基本部分，也是计算奖金和退休金的基础，由年龄薪金、工龄薪金、学历薪金、职务薪金和职能薪金组成。

（2）奖金，一般情况下，大部分企业都发放奖金，约占年工资的25%。

（3）津贴，补充基本薪金未能补偿的部分，包括职务津贴、技能津贴、交通津贴、全勤津贴等。

4. 技术等级工资制

技术等级工资制是按照工人所达到的技术等级标准确定工资等级，并按照确定的等级工资标准计付劳动报酬的一种制度。这种制度适用于技术复杂程度较高，工人劳动差别较大，分工较粗及工作等级不固定的工种。其主要作用是区分技术工种之间和工种内部的劳动差别与工资差别。技术等级工资制由工资标准、工资等级和技术等级标准三个基本因素组成。

5. 岗位等级工资制

岗位等级工资制是将工作岗位按重要程度划类归级，然后进行排序，最后确定工资等级的制度。岗位等级工资有两种形式：一种是一岗一薪；另一种是一岗数薪。一岗一薪是指一个岗位只有一个工资标准，凡在同一岗位上工作的员工都执行同一工资标准，岗位工资由低到高顺序排列，组成一个统一的岗位工资体系。一岗数薪是指在一个工作岗位内设置几个工资标准，以反映岗位内部不同员工之间的劳动差别。

6. 岗位薪点工资制

岗位薪点工资制用点数和点值来确定员工的工资，即员工的工资由薪点乘以点值确定。岗位薪点工资制的优点是将每个岗位的价值直接以工资报酬形式标出，可以使劳动付出与劳动所得相符合。岗位薪点工资制较适合岗位比较固定，岗位劳动以重复性劳动为主的岗位工种。

管理周视 6-9

“重金买回马骨头”的启示

《战国策·燕策一》记载：燕国国君燕昭王一心想招揽人才，但很多人认为燕昭王仅仅是叶公好龙，不是真的求贤若渴，所以燕昭王一直没能找到治国安邦的英才，整天闷闷不乐。

后来有个叫郭隗的人给燕昭王讲了一个故事：有一个国君愿出一千两黄金去买千里马，几年过去了，好不容易发现了一匹千里马，当国君派手下带着黄金去买这匹马时，这匹马却死了，派去买千里马的人就用五百两黄金把千里马的骨头买了回来。国君生气地说："我要的是千里马，你花那么多钱买马骨头回来干什么？"手下的人说："如果天下的人知道你连千里马的骨头都舍得花大价钱，那真有千里马的人还不赶紧把马给你牵来吗？"果然，没过几天，就有人送来了三匹千里马。

郭隗又说："你要招揽人才，就从我郭隗开始吧。如果像我郭隗这样的人都能被国君重用的话，那些比我有本事的人必然会闻风赶来。"燕昭王采纳了郭隗的建议，拜郭隗为师，并为他建造了像宫殿一样的房子。果真，投奔燕昭王的人才源源不断，其中有魏国的军事家乐毅、齐国的阴阳家邹衍、赵国的游说家剧辛等。落后的燕国一下子人才济济，逐渐发展成为一个富裕兴旺的强国。

资料来源：崔卫国，刘学虎. 管理学故事会. 北京：中华工商联合出版社，2005：194.

四、福利

福利的本质是一种补充性报酬，其显著特点是往往不以货币形式直接支付，而多以实物或服务的形式支付。随着福利对员工吸引力的增强，现代企业越来越重视对福利制度的设计。

（一）福利的种类

福利可以分为以下几类。

1. 强制性福利和非强制性福利

强制性福利是指国家法律法规明确规定的各种福利，包括养老保险、失业保险、医疗保险和工伤保险等。

非强制性福利是指用人单位为了吸引人才或稳定员工而自行为员工采取的福利措施，如带薪休假、子女教育津贴、廉价住房、优惠贷款等。

2. 全员性福利和特种福利

全员性福利是所有职工都能享受的待遇，其分配基础是平均率。

特种福利是针对企业中的特殊人才设计的，如高层经营管理人员或具有专门技能的人员等，其分配基础是贡献率，是对此类人员的特殊贡献的回报。

3. 新型福利——"自助餐"式福利

"自助餐"式福利就是企业每年拿出一定的福利总额给员工，员工可以在其所能使用的限额内规划其福利自助餐。

企业在设计自选式福利菜单时可以参考员工的意见，使员工可以按自己的意愿规划其福利项目，增加员工对企业的认同感。企业也可与员工充分沟通，将其薪资做福利化的设计，不仅可以在个人税赋上获得减免，还可以减少企业成本。

（1）附加式弹性福利计划。

这是最常见的"自助餐"式福利计划，它在现有的福利计划之外，再提供其他几种不同的福利项目，或扩展原有的福利项目的标准，让员工选择。

通常企业都在这些附加的福利项目上贴上“金额”作为“价格”，每一个员工可以根据自己的工资水平、工龄、职位高低等因素，得到数目不等的福利限额，员工再以这个限额去认购所需要的额外福利。有些公司还规定，如果员工没有用完自己的限额，余额可以支付现金，不过现金部分于年底时必须合并其他所得课税；如果员工购买的额外福利超过限额，其超过的限额必须在自己的税前薪资中扣除。

(2) 弹性支出账户。

这是一种比较特殊的弹性福利形式：企业为员工设立专门的账户，员工每年可以从其税前的总收入中拨出一定数额款项存入自己的账户，并以此去选购企业所提供的各种福利项目。拨入支出账户的金额不需扣缴所得税，不过账户中的金额如果未能在年度内用完，余额就归公司所有，即余额不能在下一年度中使用，也不能以现金形式发放。这种福利形式的优点是员工注入账户的收入免税，相对增加员工的收入，对员工有一定的吸引力。

(3) 实行“自助餐”式福利计划的优缺点。

对员工而言，“自助餐”式福利计划符合个人多样化需求，有助于改善员工对福利的态度和福利作用的发挥。但由于福利项目的多样性，每个人选择的福利菜单可能不一样，所以企业在通常情况下无法大量采购，成本上升。在实行“自助餐”式福利计划之初，充分的沟通与取得员工的信赖是必需的，以确保计划能够顺利进行。

对企业而言，“自助餐”式福利计划可削减成本、增大效用。但可能产生额外的管理成本，增加工作负担，还可能会出现逆向选择效应。

知识链接 6-7

带薪休假制度

带薪休假属于公共福利还是个别福利，因国家而异。大多数国家的带薪休假都有政府保障，属于公共福利。我国从 2008 年 1 月 1 日实行带薪年休假制度，职工累计工作已满 1 年不满 10 年的，年休假 5 天；已满 10 年不满 20 年的，年休假 10 天；已满 20 年的，年休假 15 天。美国和英国的带薪休假不受政府保障。欧洲国家的技术人员与管理人员比美国、加拿大和日本相应的人员享受更长的假期。不同国家与地区带薪休假一览见表 6-6。

表 6-6　不同国家与地区带薪休假一览（20 世纪 90 年代）

国家/地区	法定天数	实际常用天数	固定假期天数
巴西	22	22	11
加拿大	10	20	11
法国	25	25～30	13
德国	18	30～33	13

续前表

国家/地区	法定天数	实际常用天数	固定假期天数
中国香港	7	20～30	17
日本	19	20	14
墨西哥	14	15～20	19
瑞典	30	30～32	10
英国	0	25～30	9
美国	0	20	10

资料来源：戴昌钧．人力资源管理．天津：南开大学出版社，2001：207.

（二）福利制度设计的注意事项

1. 控制福利无限膨胀的倾向

福利是高刚性的，一旦标准提高就很难降下来。所以，一个企业中福利的绝对金额和相对比重的大幅度上升，应该引起管理层的重视，否则局面将变得难以控制。职工福利金额巨大，种类繁多，管理相当困难和复杂。常有企业因福利管理上的差错陷入财务困境。

2. 调节福利的具体形式和比例

不同员工有不同的福利需求，如果企业管理者不顾员工的需要而武断、主观地确定企业的福利结构，则会花钱不得人心，吃力不讨好。因为福利关系到员工生活的方方面面，关系到他们的生活质量，所以招致不满也是情理之中的事。解决的办法是实行“一揽子”福利计划、“自助餐”式福利计划，或者让员工参与福利计划的民主制订，在合理的范围内选择他们最需要的项目。

3. 引导员工享受福利

虽然每个员工都有自己特殊的福利需求，但他们并不一定总是清楚自己都享有哪些福利。特别是在“一揽子”福利计划和“自助餐”式福利计划中，员工的选择有非常大的自由度，而关于自身职业生涯的规划和发展与福利之间的关系，他们并非完全清楚。这时，企业管理者就要帮助他们进行选择，并对正规学校教育和职业培训等重要项目提供补贴。

4. 弹性的福利计划

弹性（又称柔性）的、个性化的福利计划给了员工选择的自由，但对日益重要的团队精神无疑有分化作用，应当引起管理者的重视。

思考题

1. 请结合工作实际谈谈人力资源管理包括哪些主要内容。
2. 招聘有哪些渠道？这些渠道各有哪些优点和缺点？
3. 请结合工作实际，拟订某一绩效考核的行为锚定量表。
4. 薪酬制度包括哪些类型？你的工作单位采用了哪种（些）薪酬类型？请予以说明。

只有一流的人才才会造就一流的企业，如何筛选、识别和管理人才，证明其最大价值，为企业所用，是企业领导者面临的颇为头痛的问题。

——盛田昭夫（1921—1999，日本“经营之圣”，索尼公司创始人）

第七章　财务管理

我们总以为自己的支出是很合理的，其实恰恰是不起眼的开支让我们陷于债务。
——拉尔夫·沃尔多·爱默生（1803—1882，“美国文明之父”，美国思想家、文学家、诗人）

学习目标

1. 掌握：财务管理的目标和内容、资本金制度、利润构成、利润分配的顺序。

2. 了解：企业筹资方式；固定资产投资管理、流动资产投资管理、证券投资的种类、股利分配政策。

开篇案例

巨人集团的财务陷阱

1991 年春，电脑奇才史玉柱创办了珠海巨人新技术公司。他向朋友宣布：“‘巨人’要成为中国的 IBM，东方的巨人。”在当时全国掀起的电脑热中，史玉柱靠技术起家，靠广告开路，一年成为百万富商，两年成为千万富商，三年成为亿万富翁。

两年后，国外电脑业大举进入中国，巨人集团遭到重创。当时国内正值房地产热，史玉柱决定进军房地产业。当时史玉柱计划盖一栋 18 层高的“巨人大厦”，后来一改初衷，设计一变再变，楼层节节拔高，一直增到 70 层，投资从 2 亿元涨到 12 亿元。尽管房地产是史玉柱完全陌生的一个领域，尽管“巨人大厦”的投资已超过他的资金实力十几倍，但他想以小搏大，盖一幢珠海市的标志性建筑，盖一幢当时全国最高的楼。

对于巨人大厦的筹资，史玉柱想“三分天下”，1/3 靠贷款，1/3 靠融资，1/3 靠自有资金。巨人大厦的楼花在初期卖得很火，从香港融资 8 000 万港元，从内地融资 4 000 万元，短短数月就获得现款 1.2 亿元。

如果按“巨人”当时的电脑单一产业结构，根本无法支持大厦所需资金的 1/3。史玉柱冥思苦想，想出一个绝妙的资金运作方式：用卖楼花所筹的1亿多元资金，发展一个新兴产业，所赚利润反哺巨人大厦。

随着巨人集团的快速发展，渐渐地，史玉柱感到驾驭这个超常规发展的集团，已不再那么得心应手。1994年春节刚过，史玉柱突然宣布了一条惊人的消息：他从管理第一线上退下来，请北大方正集团总裁楼滨龙出任巨人集团总裁，公司实行总裁负责制。

在此期间，史玉柱酝酿出了第二次创业方案。第二次创业的计划是：在房地产方面，投资12亿元兴建巨人大厦；投资4.8亿元在黄山兴建绿谷旅游工程；投资5 400万元购买并装修巨人总部大楼；在上海浦东买下3万平方米土地，准备兴建上海巨人集团总部；在保健品方面，准备筹资5亿元，在一年内推出上百个产品。史玉柱提出的产值总目标是：1995年达到10亿元，1996年达到50亿元，1997年达到100亿元。然而，此时此刻，史玉柱的资产规模仅有3亿元。

1995年2月10日，在巨人集团员工春节后上班的第一天，史玉柱突然下达一道总动员令——发动促销电脑、保健品、药品的“三大战役”。史玉柱把这场促销战模拟成在战争环境中进行：他亲自挂帅，成立“三大战役”总指挥部，下辖华东、华北、华南、东北、西南、西北和海南7个方面军。其中30多个独立分公司改编为“师”“军”；各级经理都改称为“方面军司令员”或“军长”“师长”。史玉柱在动员令中称，“三大战役”将投资数亿元，直接和间接参加的人数上万人，战役将采取集团作战方式，战役直接的目的是要达到每月利润以亿元为单位，建1万人的营销队伍，长远的目的则是用战役锻炼出一批干部队伍，使年轻人在两三个月内成长为“军长”“师长”，能领导几万人“打仗”。据《巨人报》报道，参加会战的“正规军”为2 000人，“民兵”为5 000人。

如此规模的闪电战术，确实创造了奇迹：30个产品上市后的15天内，订货量就突破了3亿元。然而，他们没有想到一个巨大的陷阱在等待他们。1996年下半年，巨人大厦急需资金，逼迫史玉柱必须迅速作出抉择：是停掉巨人大厦，还是拆东墙补西墙。实际上，史玉柱此时已经意识到，仅靠“巨人”的生物工程和电脑两个产业支柱，已不足以支撑巨人大厦，但史玉柱还是作出了一个违背企业行为的决定，抽调生物工程的流动资金，去支撑大厦的建设资金，结果使活钱再次变成死钱。

从资金运作角度讲，史玉柱当时应该让巨人大厦停工，将资金投入已染上“贫血症”的生物工程，使其恢复元气。史玉柱事后说，他是明知故犯，因为巨人大厦是珠海的标志性工程，所以他在做决策时非经济因素占了上风，没有过多地考虑经济规律。

尤其令人不可理解的是，巨人大厦开工两年多，竟未申请过一分钱的银行贷款，全凭自有资金和卖楼花的钱支持。稍微懂点经济的人都知道，房地产必须有金融资本作后盾，可史玉柱竟将银行搁置一边。

史玉柱资金有限，又要在两条战线上作战，当然会顾此失彼。到1996年下半年，他感到需要外援时，因宏观调控影响至深，各处资金都吃紧，只好竭泽而渔。

进入7月份后，巨人集团的保健品销量急剧下滑，维持生物工程正常运作的基本费用和广告费用投入不能到位，许多分公司一筹莫展，只好等待总部政策。进入8月份，史玉柱发动了一场秋季攻势，力挽颓势，但并未奏效。

1996年下半年，巨人集团财务运作日益窘迫，营销已无回天之力。9月21日，巨人集团举行财务会议，监审委员会总监在会上指出，总公司对子公司严重失控，子公司私自坐支贷款，财产损失严重，财务账目已不能反映公司经营状况。

半年后，辉煌一时的巨人集团戛然倒下。

资料来源：教育部高等教育司组．现代企业管理．2版．北京：高等教育出版社，2003：388-390.

第一节 财务管理概述

一、财务管理的概念与特点

（一）财务管理的概念

财务管理是基于企业再生产过程中客观存在的财务活动和财务关系而产生的，是组织企业资金活动、处理企业同各方面的财务关系的一项经济管理工作，是企业管理的重要组成部分。财务管理是一种价值管理，是对企业再生产过程中的价值运动所进行的管理。

（二）财务管理的特点

企业的管理活动是全方位的，包括人、财、物等各个要素，以及供、产、销等各个环节的管理活动，如供应管理、生产管理、销售管理、人力资源管理、技术管理及财务管理等。

各种管理工作密切联系和配合，又各具特色。其中，财务管理的特点更加明显：（1）财务管理的实质是价值管理，在人和物的管理活动中所涉及的价值方向的管理，都属于财务管理的范畴。（2）财务管理与企业各方面的管理有着广泛的联系。财务管理的“触角”常常伸向企业经营的每个角落。（3）财务管理是一项综合性管理。财务管理所运用的指标，统称财务指标，它以价值形式综合反映企业经营能力、成果和状态。

二、财务管理的目标

财务管理的目标是企业进行财务活动所要达到的根本目的，它决定着企业财务管理的基本方向，是企业开展一切财务活动的基础和归宿。财务管理的目标既要与企业生存和发展的目的保持一致，又要直接、集中地反映财务管理的基本特征，体现财务活动的基本规律。根据现代企业财务管理理论和实践，最具有代表性的财务管理目标有以下几种。

（一）利润最大化

利润是企业在一定期间内全部收入和全部费用的差额，它反映了企业当期经营活动中投入（所费）与产出（所得）对比的结果，在一定程度上体现了企业经济效益的高低。利润既是资本报酬的来源，又是提高企业职工劳动报酬的来源，还是企业增加资本公积金、扩大经营规模的源泉。在市场经济条件下，利润的高低决定着资本的流向；企业获取利润的多少表明企业竞争能力的大小，决定着企业的生存和发展。因此，以利润最大化作为企业财务管理的目标，有利于企业加强管理、增加利润。但利润最大化目标在实践中存在着一些难以解决的问题：（1）没有考虑资金的时间价值；（2）没有反映利润与投入资本之间的关系，不利于不同资本规模的企业或同一企业不同时期之间的比较；（3）没有考虑风险因素，高额利润往往要承担过大的风险；（4）片面追求利润最大化可能导致企业短期行为的产生。

知识链接 7－1

货币的时间价值

货币的时间价值是指货币经历一定时期的投资和再投资所增加的价值。

假如甲、乙两家市场调查公司雇人做同样一项市场调查，甲公司承诺完成调查即付100元酬金，乙公司则许诺完成调查的一年后付100元报酬。可以肯定，即使不存在任何支付信用危机，绝大多数人将选择服务于甲公司，而不愿为乙公司去做同样的事。原因很简单，现在获得100元可以立刻消费，也可以存入银行。将钱存入银行，如果银行年利率为10%，那么一年后100元就不再是100元，而变成了110元。反过来说，晚一年拿到的100元，实际上就损失了10元。这说明，今天的一笔资金与未来某个时期同样数量的资金具有不同的价值，其中的差额就是货币的时间价值。

在货币的时间价值作用下，昨天的钱比今天的钱值钱，今天的钱比明天的钱更值钱。贴现的概念由此而生，贴现是将未来可能获得资金的价值折算为现在的价值。

（二）资本利润率最大化或每股利润最大化

资本利润率是企业在一定时期的税后净利润与资本额的比率；每股利润或称每股盈余是一定时期税后利润与普通股股数的对比数。以资本利润率或每股利润最大化作为财务管理目标，可以有效克服利润最大化目标的缺陷，如不能反映企业所得利润额同投入资本额之间的投入产出关系，不能科学地说明企业经济效益水平的高低，不能在不同规模企业或同一企业不同时期之间进行比较等。它既能反映企业的盈利能力和发展前景，又便于投资者评价企业经营状况的好坏，分析不同企业盈利水平的差异，确定投资方向和规模。然而，同利润最大化目标一样，资本利润率或每股利润最大化目标仍然没有考虑资金的时间价值和风险因素。

知识链接 7－2

财务风险及其衡量

企业融资有两条基本途径：吸收投资者出资和负债。负债与吸收投资不同：企业盈利与债权人无关；负债要付利息，利息是固定支出；债权人对企业资产有比所有者更优先的权利。这样，在企业总资本中负债所占比例的多少影响着企业收益，当企业经营获利，若负债比重大，则投资者分享的获利多，反之则少；不过，一旦企业经营亏损，负债比重大时投资者也将分担巨额亏损。财务管理上，将因负债比重大形成的利润小幅度变动而带动每股收益大幅度变动的效果称为财务杠杆，又称融资杠杆，它是一个财务风险概念。用每股收益变动率除以利润变动率得到财务杠杆率（DFL），又称财务杠杆系数或财务杠杆度，它是衡量财务风险高低的指标。

（三）企业价值最大化或股东财富最大化

企业价值是通过市场评价而确定的企业买卖价格，是企业全部资产的市场价值，它反映了企业潜在或预期的获利能力。投资者投资企业的目的，在于获得尽可能多的财富。这种财富不仅表现为企业的利润，而且表现为企业全部资产的价值。如果企业利润增多了，但随之而来的却是资产贬值，则潜伏着暗亏，对投资者来说无异于是釜底抽薪。相反，如果企业资产价值增多了，生产能力强大了，则企业将具有持久的盈利能力，抗御风险的能力也会随之增强。因此，人们在财务管理实践中深切地感受到，以企业价值最大化作为财务管理目标更为必要、更为合理。企业价值最大化也就是股东财富最大化。这一目标考虑了资金的时间价值和风险问题，企业所得的利润越多，实现利润的时间越近，实现的利润越稳定，企业的价值或股东的财富就越大。这一目标还充分体现了对企业资产保值增值的要求，有利于纠正企业追求短期利益行为的倾向。

在股份制企业尤其是上市公司，投资者持有公司的股票，成为公司的股东。股票的市场价格体现着投资大众（包括股东本身）对公司价值所作的客观评价。所以，人们通常用股票的市场价格来代表公司价值或股东财富。一般说来，股票的市场价格可以全面地反映公司目前和将来的盈利能力、预期收益、时间价值和风险价值等方面的因素及其变化，因而，企业价值最大化或股东财富最大化目标在一定条件下也就演变为股票的市场价格最大化。

管理周视 7－1

日立公司的节约精神

日立公司是日本著名的三大电器公司之一，其高度的节约精神连日本的中小企业也自叹不如。

日立公司曾提出了“一分钟等于八万分钟”的口号，一人浪费一分钟，八万职工就是八万分钟。

日立公司信封的正面贴有一张画着几条横线的纸。第一次收信人的名字写在第一行，第二次收信人的名字写在第二行，同时把上次的收信人的名字涂掉，这样便可以多次使用信封了。

日本办公室的电灯开关一般都是集中控制的，但在日立公司至今仍是一盏灯一个开关。公司内有一条不成文的“规矩”：用不着的电灯一定要熄灭。午休时，职工们都关了灯，坐在微暗的角落里聊天。

“多余的就省略”，在日立公司，应写为“吉田博吉总经理先生”的文件都可以只用“K”（日语读音的第一个字母）代替。即使有人省略后写成“吉田先生”，也会被训斥。同时，工厂的厂名全部使用代号，公司还专门编制了“代号一览表”。

日立公司定期举行大规模的改善管理活动，每次活动都突出一个重点。例如，“减少账单”活动，使账单减少了30%。在“厉行节约”的总目标下，各厂因地制宜开展各有特色的节约活动，如“无缺陷、提合理化建议活动”“集思广益，提高效率50%运动”“节约冠军赛”“双无战斗（无废品、无拖延交货）”等，对于降低产品成本、提高产品质量、增强市场竞争能力都发挥了积极的作用。

资料来源：方劲戎．海外成功企业管理实例精编．上海：科学普及出版社，1990：223-224.

三、财务管理的内容

企业的财务活动是指筹资活动、投资活动、资金的收回和分配活动等，对财务活动的管理构成了财务管理的基本内容。

（一）筹资

企业开展商品经营和资本经营活动的前提就是要有足够的资金，因此，筹资是企业财务活动的首要环节。所谓筹资，是指企业为满足其各项财务运作的需要，筹措和集中所需的资金的过程。企业筹集的资金，主要是货币资金，也包括实物资产或无形资产（它们按照一定的方式可以折算成货币资金的形态）。资金形态的多样性，促使企业根据实际需要和可能来选择和确定不同的资产类型。在筹资过程中，企业一方面要确定筹资的总规模，以保证投资所需要的资金；另一方面要通过筹资渠道、筹资方式和筹资工具的选择，确定合理的筹资结构，降低筹资代价和筹资风险。

一般而言，企业可以从三个方面筹资并形成三种性质的资金来源：（1）从企业所有者那里取得资金，形成资本金；（2）从债权人处取得资金，形成负债；（3）将企业获得利润的一部分保留，形成一部分所有者权益。

（二）投资

企业取得资金后，必须将资金投入使用，以谋求最大的经济效益，否则，筹资就失去了意义。投资是指以收回现金并取得收益为目的而发生的现金流出。企业的投资可分为直接投资和间接投资。直接投资是指把资金直接投放于生产经营性资产（固定资产、流动资产、无形资产和递延资产等），以便获取利润。例如，购置设备、原材料，兴建工厂等。间接投资又称证券投资，是指把资金直接投放于金融性资产以便获取股利或者利息收入。例如，购买债券、股票等。

在投资过程中，企业一方面必须确定投资规模，以保证获得最佳的投资效益；另一方面通过投资方向和投资方式的选择，确定合理的投资结构，使投资的收益较高而投资风险不大。

（三）分配

企业在商品经营和资本经营过程中会获得相应的收入，当收入抵减了相应的成本费用和销售税金后就形成了利润。广义的资金分配是指对收入和利润进行分割和分派的过程，而狭义的分配仅指对利润的分配。企业必须在国家的分配政策指导下，根据国家所确定的分配原则，合理确定分配的规模和分配的方式，使企业获得最大的长期利益。

总之，伴随着资金价值形态的变化（货币资金、储备资金、生产资金、成品资金、增值资金等的循环变化），财务活动反复经历着筹资、投资和分配的过程，它们构成了企业财务管理的核心内容。

第二节　资金筹集管理

一、资本金与资本金制度

（一）资本金

资本金是指企业在工商行政管理部门登记的注册资金，是企业的投资者以盈利为目的，用以进行生产经营并承担民事责任而投入的资金。

知识链接 7-3

资本金的确立制度

资本金在什么时候筹集到位，公司才能宣告成立？主要有以下三种制度安排：

一是实收资本制，即在公司成立时，必须确定资本金总额，并一次认足；

二是授权资本制，即在公司成立时，虽然也要确定资本金总额，但是否一次认足与公司成立无关，只要缴纳了第一期出资，公司即可成立，没有缴纳部分委托公司董事会在公司成立后进行筹集；

三是折中资本制，要求公司成立时确定资本金总额，并规定首期出资的数额。

根据投资主体的不同，资本金分为国家资本金、法人资本金、个人资本金和外商资本金四种。一个企业可以只有一种资本金，也可以有多种资本金。

从出资形式看，企业可以只有一种资本金，可以吸收货币资金投资，也可以吸收实物投资，还可以吸收无形资产投资。但吸收无形资产除土地使用权外一般不得超过注册资本的20%，特殊情况下也不得超过30%。吸收实物、无形资产筹集资本金的，应按照评估确认或者合同、协议约定的金额计价。企业筹集的资本金，必须聘请注册会计师验资，出具验资报告，由企业据此发给投资者出资证明书。

（二）资本金制度

资本金制度是国家关于企业资本金的筹集、管理、核算和分配等方面的法律规范。其主要内容有以下几个方面。

1. 法定资本金

法定资本金是各类企业注册资本的最低限额。有限责任公司法定资本金为3万元，其中一人有限责任公司法定资本金为10万元；股份有限公司法定资本金为500万元；对于个人独资企业和合伙企业，没有规定最低限额。

2. 资本金管理原则

资本金管理原则有以下几点：一是确定原则，即企业章程中必须明确规定资本金的数额；二是充实原则，即企业的资本金必须足额；三是资本保全原则，即投资者投入的资本金不得以任何方式抽走，但可以转让。企业不得随意增减资本金，要增减资本金，必须重新登记等。

3. 资本积累与储备制度

企业必须建立资本积累与储备制度。在利润分配中必须按一定比例提取法定盈余公积金，这是资本积累制度。在资本储备方面，还有资本公积金制度，即把筹集资本金的溢价部分、接受捐赠、法定资产重估增值、接受外汇投资的折算差价作为资本公积金。盈余公积金和资本公积金在一定条件下都可用于转增资本金。

管理周视 7－2

段永平不做“小霸王”

1978 年，段永平从江西考入浙江大学无线电系，毕业后分到北京电子管厂，后又考取了中国人民大学经济系的研究生。像许多南下的知识分子那样，段永平怀揣梦想，到广东寻找机会。

1989 年 3 月，段永平来到中山市怡华集团下属的一家小厂做厂长，这家工厂亏损 200 万元。段永平接手后开始生产家用电子游戏机。取了“小霸王”这个响亮的名字后，段永平用令人刮目相看的效率做起了质量、售后服务和经销网络三项工程。三年之后，这家小厂产值已达 1 亿元，并正式命名为中山市小霸王电子工业公司。在众多的游戏机品牌中，小霸王果然称王称霸，一枝独秀。其后，小霸王公司开发出新产品——电脑学习机，段永平请来成龙，在中央电视台天天念叨“同是天下父母心，望子成龙小霸王”，使小霸王家喻户晓。

有关机构对该品牌无形资产的评估为 5 亿元，1995 年小霸王产值逾 10 亿元。各种荣誉也接踵而至，段永平被评为“广东省十大杰出青年企业家”“全国优秀青年企业家”。

在这本该春风得意、大展宏图的时候，段永平突然向怡华集团提交辞呈，这一天是 1995 年 8 月 28 日。出走的原因竟也十分简单，段永平一直渴望做一个真正的企业家，想把企业办成中国的松下，但要在小霸王做下去，这个梦想越来越受到现实的掣肘。

随着企业的发展，集团公司时不时将小霸王的盈利抽走，用于填补集团其他企业的亏损，而使其发展后劲不足。从 1994 年开始，段永平就向集团公司提出对小霸王进行股份制改造，但由于种种原因，改造方案被束之高阁。最后，段永平说：“我等来等去等不及了。”辞职消息传出，不仅怡华集团高层感到十分震惊，小霸王的员工们也懵了，他们把目光投向段永平，甚至有人难过地抽泣起来。

1995 年 9 月 18 日，段永平创办的步步高电子有限公司在东莞宣告成立。

段永平离开后引发了一场“地震”，小霸王的中层几乎被抽空。原小霸王的总经理助理、外销部长、内销部长、工程部长、计调部长、生产部长、计财部长、后勤部长、供应部长……都在步步高找到了相似的位置。在段永平出走前后的几个月里，几百人离开小霸王，集体投奔步步高旗下。

步步高实行的是股份制，几乎所有中层管理人员都入了股，员工们纷纷效法，代理商也不甘示后。聚沙成塔，步步高有了一笔可观的启动资金。

一年多的时间里，步步高学生电脑吃掉了一大块市场，电话做进了前三名。1998年，步步高主打VCD，气势逼人，直压同行业“三巨头”。步步高以最快的速度成为市场的赢家，为段永平的出走画出圆满的一笔。

资料来源：刘洲伟．段永平不做“小霸王”．中国企业家，1998（4），有删减．

二、企业筹资方式

企业要进行生产经营活动或者扩大生产，首先需要筹集资金。企业通过何种渠道，用什么手段和方法筹集所需的资金，是首先要解决的问题。资金从哪里来和如何取得资金，既有联系，又有区别。同一渠道的资金往往可以采用不同的方式取得，而同一筹资方式又往往可适用于不同的筹资渠道。筹集资金的渠道是指企业取得资金的来源，筹资渠道有国家财政、银行、非银行金融机构、企业事业单位、居民、外商和本企业。筹集资金的方式是指企业取得资金的具体形式，即企业取得资金的手段和方法，筹资方式主要有吸收直接投资、发行股票、银行借款、发行债券、融资租赁和商业信用。前二者构成了企业的自有资金，它反映所有者的权益，又称为主权资金，其出资人是企业的所有者，拥有对企业的所有权，企业则可以独立支配其所占有的财产，拥有出资者投资形成的全部法人财产权；后四者构成了企业的借入资金，它反映债权人的权益，又称负债资金。借入资金的出资人是企业的债权人，对企业有拥有债权，有权要求企业按期还本付息。自有资金和借入资金共同构成了企业的全部资产。下面着重介绍企业的筹资方式。

（一）吸收直接投资

吸收直接投资是指企业以协议等形式吸收国家、其他企业、个人和外商等直接投入资金，形成企业资本金的一种筹资方式。吸收直接投资不以股票为媒介，适用于非股份制企业，它是非股份制企业筹措自有资本的一种基本方式。

1. 吸收直接投资的条件

企业采用吸收直接投资筹措自有资本，必须符合一定的条件，主要有以下三个方面：

（1）采用吸收直接投资方式筹措自有资本的企业，应当是非股份制企业，包括国有企业、集体企业、合资或合营企业等，股份制企业按规定应以发行股票方式取得自有资本。

（2）企业通过吸收直接投资而取得的实物资产或无形资产，必须符合企业生产经营、科研开发的需要，在技术上能够消化应用。

（3）企业通过吸收直接投资而取得的非现金资产，必须进行公正合理的估价。

2. 吸收直接投资的优缺点

吸收直接投资的优点主要有：筹资方式简便，筹资速度快，可在较短的时间内迅速筹措到所需的资金；吸收直接投资出资方式机动性大，可用现金，也可用实物或无形资产，不仅可以筹措现金，而且能够直接获得所需的先进设备和技术，有利于尽快形成生产经营能力；吸收直接投资的财务风险较低。

吸收直接投资的缺点主要有：吸收直接投资资金成本较高；企业控制权容易分散。

（二）发行普通股筹资

1. 普通股的概念

普通股是股份有限公司发行的无特别权利的股份，也是最基本、最标准的股份。通常情况下，股份有限公司只发行普通股。持有普通股股份者为普通股股东。依我国《公司法》的规定，普通股股东的权利主要有：出席或委托代理人出席股东大会，并依公司章程规定行使表决权；股份转让权；股利分配请求权；对公司账目和股东大会决议的审查权和对公司事务的质询权；分配公司剩余财产的权利；公司章程规定的其他权利。

同时，普通股股东也基于其资格对公司负有义务。我国《公司法》规定股东具有遵守公司章程、缴纳股款、对公司负有限责任、不得退股等义务。

2. 普通股的种类

股份有限公司根据有关法规的规定，以及筹资和投资者的需要，可以发行不同种类的普通股。

（1）按股票有无记名可分为记名股和不记名股。

记名股是在股票票面上记载股东姓名或名称的股票。这种股票除了股票上所记载的股东外，其他人不得行使其股权，且股份的转让有严格的法律程序与手续，需办理过户。我国《公司法》规定，向发起人、法人发行的股票，应为记名股。不记名股是票面上不记载股东姓名或名称的股票。这类股票的持有人具有股东资格，股票的转让也比较自由、方便，无需办理过户手续。

（2）按股票是否标明金额可分为面值股票和无面值股票。

面值股票是在票面上标有一定金额的股票。持有这种股票的股东，对公司享有的权利和承担的义务大小，以其所持有的股票票面金额占公司发行在外股票总面值的比例而定。无面值股票是不在票面上标出金额，只载明所占公司股本总额的比例或股份数的股票。无面值股票的价值随公司财产的增减而变动，而股东对公司享有的权利和承担义务的大小，直接依股票标明的比例而定。目前，我国《公司法》不承认无面值股票，规定股票应记载股票的面额，并且其发行价格不得低于票面金额。

（3）按股票投资主体的不同可分为国家股、法人股、个人股和外资股。

国家股是有权代表国家投资的部门或机构以国有资产向公司投入而形成的股份。法人股是企业法人依法以其可支配的财产向公司投入而形成的股份，或具有法人资格的事业单位和社会团体以国家允许用于经营的资产向公司投入而形成的股份。个人股是社会个人或公司内部职工以个人合法财产投入公司而形成的股份。外资股是外国和我国港、澳、台地区投资者购买的人民币特种股票而形成的股份。

（4）按股票发行对象和上市地区可分为 A 股、B 股、H 股和 N 股。

A 股是供我国大陆地区个人或法人买卖的，以人民币标明票面金额并以人民币认购和交易的股票。B 股、H 股和 N 股是专供外国和我国港、澳、台地区投资者买卖的，以人民币标明票面金额但以外币认购和交易的股票。其中，B 股在上海、深圳上市；H 股在香港上市；N 股在纽约上市。目前 B 股已对本国公民开放。

3. 普通股筹资的优缺点

与其他筹资方式相比，普通股筹措资本具有如下优点：

(1) 发行普通股筹措的资本具有永久性，无到期日，不需归还，这对保证公司对资本的最低需要、维持公司长期稳定发展极为有益。

(2) 发行普通股筹资没有固定的股利负担，股利的支付与否和支付多少，视公司有无盈利和经营需要而定，经营波动给公司带来的财务负担相对较小。由于普通股筹资没有固定的到期还本付息的压力，所以筹资风险较小。

(3) 发行普通股筹集的资本是公司最基本的资金来源，它反映了公司的实力，可作为其他筹资方式的基础，尤其可为债权人提供保障，增强公司的举债能力。

(4) 由于普通股的预期收益较高并可在一定程度上抵消通货膨胀的影响（通常在通货膨胀期间，不动产升值时普通股也随之升值），因此普通股筹资容易吸收资金。

但是，运用普通股筹措资本也有一些缺点：

(1) 普通股的资本成本较高。首先，从投资者的角度讲，投资于普通股风险较高，相应地要求有较高的投资回报率；其次，对于筹资公司来讲，普通股股利从税后利润中支付，不像债券利息那样作为费用从税前支付，因而不具有抵税作用；最后，普通股的发行费用一般高于其他证券。

(2) 以普通股筹资会增加新股东，这可能分散公司的控制权。此外，新股东分享公司未发行新股前积累的盈余，会降低普通股的每股净收益，从而可能引发股价的下跌。

知识链接 7－4

股票上市的条件

股票上市是指股份有限公司公开发行的股票经批准在证券交易所进行挂牌交易。《中华人民共和国证券法》规定，股份有限公司申请其股票上市，必须符合下列条件：(1) 具备健全且运行良好的组织机构；(2) 具有持续盈利能力，财务状况良好；(3) 最近三年财务会计文件无虚假记载，无其他重大违法行为；(4) 经国务院批准的国务院证券监督管理机构规定的其他条件。

公司对公开发行股票所募集的资金，必须按照招股说明书所列资金用途使用。改变招股说明书所列资金用途，必须经股东大会作出决议。擅自改变用途而未作纠正的，或者未经股东大会认可的，不得公开发行新股。

（三）发行优先股筹资

1. 优先股的特征

优先股是股份公司发行的比普通股享有优先权利的股票。其优先权利表现在：优先分配股利和优先分配剩余财产。

股份公司在当年可供分配股利的利润中优先按约定的股利率支付优先股股利；当年可

供分配股利的利润不足以按约定的股利率支付优先股股利时，可由以后年度的可供分配股利的利润优先补足。

公司终止后，按优先股股票面值优先分配剩余财产；若不能足额偿还优先股股金时，按各优先股股东所持比例分配。

在公司股东大会上，优先股股东一般没有表决权，通常也无权过问公司的经营管理，仅在涉及优先股股东权益问题时享有表决权。所以优先股股东不可能控制整个公司。此外，发行优先股的公司按照公司章程的有关规定，根据公司的需要，可以通过一定的方式将所发行的优先股收回，以调整公司的资本结构。

2. 优先股的种类

（1）按股息是否能累积可分为累积优先股和非累积优先股。

累积优先股的特征为：当公司税后利润不足以支付优先股股息时，未支付的股息可以累积到下年度支付。非累积优先股的特征为：当公司税后利润不足以支付优先股股息时，未支付的股息不再支付。

（2）按能否参加剩余利润分配可分为参加分配优先股和非参加分配优先股。

参加分配优先股的特征为：除了按预定的股息率获得应得的股息外，如公司有超额利润，有权再参加分配。非参加分配优先股的特征为：只按预定的股息率分配股息，无论公司是否有超额利润，均无权再参加分配。

（3）按是否可转换为普通股可分为可转换优先股和不可转换优先股。

可转换优先股的特征为：在发行后的一段时间内，可按预先规定的转换率或转换价格转换成普通股。不可转换优先股的特征为：不能转换成普通股，永远作为优先股存在。

（4）按是否有赎回权利可分为可赎回优先股和不可赎回优先股。

可赎回优先股的特征为：在优先股的发行条款中设有赎回条款，当赎回的条件出现时，公司有权按规定的价格和方式收回已发行的优先股。不可赎回优先股的特征为：在发行条款中没有赋予公司赎回优先股的权利，这种优先股是永久性的证券。

目前，我国的股份公司尚未公开发行过优先股，相关的法律亦无关于优先股的内容，但可以预期，随着我国市场经济的深入发展，优先股的出现是迟早的事情。

3. 优先股筹资的优缺点

与其他筹资方式相比，优先股筹措资本主要的优点有：优先股一般没有固定的到期日，不用偿付本金；股利的支付既固定又有一定的灵活性；保持普通股股东对公司的控制权。

与其他筹资方式相比，优先股筹措资本主要的缺点有：优先股的成本高于债券；可能形成较重的财务负担。

（四）发行债券筹资

债券是经济主体为筹集资金而发行的用以记载和反映债权、债务关系的有价证券。由企业发行的债券称为企业债券或公司债券。这里所说的债券，指的是期限超过 1 年的公司债券，其发行目的通常是为建设大型项目筹集大笔长期资金。

知识链接 7-5

企业公开发行债券的条件

《中华人民共和国证券法》规定，公开发行公司债券，应当符合下列条件：(1) 股份有限公司的净资产额不低于人民币 3 000 万元，有限责任公司的净资产额不低于人民币 6 000 万元；(2) 累计债券余额不超过公司净资产额的 40%；(3) 最近 3 年平均可分配利润足以支付公司债券 1 年的利息；(4) 筹集的资金投向符合国家产业政策；(5) 债券的利率不得超过国务院限定的利率水平；(6) 国务院规定的其他条件。

另外，发行公司债券所筹集的资金，必须用于审批机关审批的用途，不得用于弥补亏损和非生产性支出，否则会损害债权人的利益。

发行公司凡有下列情形之一的，不得再次发行公司债券：(1) 前一次发行的公司债券尚未募足的；(2) 对已发行的公司债券或者其债务有违约或延迟支付本息的事实，且仍处于持续状态的；(3) 违反证券法规定，改变公开发行公司债券所募资金的用途的。

1. 债券的发行价格

债券的发行价格是债券发行时使用的价格，即投资者购买债券时所支付的价格。公司债券的发行价格通常有平价、溢价和折价三种。

平价指以债券的票面金额为发行价格；溢价指以高出债券票面金额的价格为发行价格；折价指以低于债券票面金额的价格为发行价格。债券发行价格的形成受诸多因素的影响，其中主要是票面利率与市场利率的一致程度。债券的票面金额、票面利率在债券发行前即已参照市场利率和发行公司的具体情况确定下来，并载明于债券之上。但在发行债券时，已确定的票面利率不一定与当时的市场利率一致。为了协调债券购销双方在债券利息上的利益，就要调整发行价格，即当票面利率高于市场利率时，以溢价发行债券；当票面利率低于市场利率时，以折价发行债券；当票面利率与市场利率一致时，则可以平价发行债券。

2. 债券筹资的优缺点

与其他长期负债筹资方式相比，发行债券的突出优点在于筹资对象广、市场大。但是，这种筹资方式成本高、风险大、限制条件多，是其不利的一面。

(五) 银行借款

银行借款是指企业根据借款合同从有关银行或非银行金融机构借入的需要还本付息的款项。

1. 银行借款的种类

(1) 按借款的期限分类。

银行借款可分为短期借款、中期借款与长期借款。短期借款是指期限在 1 年以内（含 1 年）的借款；中期借款是指 1 年以上、5 年以内（含 5 年）的借款；长期借款是指 5 年以上的借款。

（2）按借款的条件分类。

按借款的条件分类，即按借款是否需要担保，银行借款可分为信用借款、担保借款与票据贴现。信用借款是指以借款人的信誉为依据而获得的借款；担保借款是指以一定的财产做抵押或以一定的保证人做担保为条件而取得的借款；票据贴现是指企业以持有的未到期的商业票据向银行贴付一定的利息而取得的借款。

（3）按借款的用途分类。

按借款的用途分类，银行借款可分为基本建设借款、专项借款与流动资金借款。基本建设借款是指企业因从事基本建设项目而向银行借款；专项借款是指企业因更新改造等专门用途而向银行借款；流动资金借款是指企业因流动资金的需要而向银行借款。

（4）按提供贷款的机构分类。

按提供贷款的机构分类，银行借款可分为政策性银行贷款和商业银行贷款。政策性银行贷款是指执行国家政策性贷款业务的银行向企业发放的贷款，如国家开发银行为国家重点建设项目向企业提供的贷款；商业银行贷款是指由各商业银行向工商企业提供的贷款，主要满足企业生产经营资金的需要。此外，企业还可以从信托公司、财务公司处取得借款。

2. 银行借款的信用条件

根据国际惯例，银行发放贷款时，一般会附带有一些信用条件，主要有以下条件：

（1）信贷额度。信贷额度即贷款限额，是借贷双方在协议中规定的允许借款人借款的最高限额。

（2）周转信贷协定。该协定是指银行具有法律义务承担提供不超过某一最高限额的贷款协定。在协定的有效期内，只要企业借款总额未超过最高限额，银行必须满足企业任何时候提出的借款要求。

（3）补偿性余额。补偿性余额是银行要求借款人在银行中保持按贷款限额或实际借用额的一定百分比（通常为10%～20%）计算的最低存款余额。

（4）借款抵押。银行向财务风险大、信誉度低的企业提供贷款时，往往需要抵押品担保。抵押品可以是股票、债券、房地产、存货及应收账款。银行收到抵押品后一般按抵押品价格的30%～50%发放贷款。抵押贷款因风险较大，其利率往往高于非抵押贷款。

（5）偿还条件。借款都有还款期限，贷款到期后仍无能力偿还的视为逾期贷款，银行要照章加收逾期罚息。贷款的偿还有到期一次偿还和在贷款期内定期等额偿还两种方式。

（6）以实际交易为贷款条件。当企业发生经营性临时资金需求需要贷款时，银行则以企业将要进行的实际交易为贷款基础，单独立项，单独审批，并确定贷款的相应条件和信用保证。

3. 借款利息的支付方式

（1）利随本清法，又称为收款法，该方法在借款到期时支付利息。

（2）贴现法。该方法是银行向企业发放贷款时，先从本金中扣除利息，而到期时借款企业只偿还本金的计息方法。西方国家一般采用应付票据贴现方式来处理此类借款。

4. 银行借款的优缺点

银行借款的优点：筹资速度快；筹资成本低；借款弹性好。

银行借款的缺点：财务风险大；限制条款多；筹资数额有限。

管理周视 7－3

“贷款，绝不是个好东西”

也许正是对企业资金链条中潜藏着的凶险有着深刻的认识，创维集团原 CEO 黄宏生对银行贷款有一种坚定的排斥态度，他曾极端地说道：“贷款，绝不是个好东西。”

他颇为自信地解释说：创维多年坚持不向银行贷款，首先是因为不需要。因为一直以来创维走的是专业化经营的道路，投资风险小。创业初期，虽然有过丽音接收器的失败，但那是市场失误，并非投资失误。在企业风险中，最可怕的是投资风险，一个项目失误，上千万、上亿、几亿、十几亿资金就扔进去了。有不少企业靠贷款维持，就是因为投资项目失败造成的。创维投资有一个原则，就是坚持在管理、技术、产品、人才都具备的情况下才启动投资，因此投资省、建设快、见效快、风险小。

其次，不向银行贷款是出于黄宏生的另一个想法：花自己一点一滴积累下来的钱，大家就有压力，就会心疼，就会内部加压，加强管理。2004 年创维的销售额达到 150 亿元，彩电销售额在国内位居第一，但创维的固定资产、流动资金投入相比之下是最少的。在黄宏生看来，有些企业乍一看销售量很高，但利润很少，甚至亏损，原因就是产品销售周期太长，占用流动资金太多，就要银行贷款。这些企业看起来资产不少，上百亿元，但除去应收账款和存货，再加上银行贷款，净资产已所剩不多。而创维的利润是在低水平的负债下不断增长的。

黄宏生是从制造业起家的，制造业的艰辛已经融入他的血液。他与许多从事实业的人有一个相同的看法：钱来得太容易并不是件好事。钱来得容易，花起来就容易大手大脚，甚至没边没沿。“他们的问题是，嫌制造业钱挣得太慢、太辛苦，心思就会用到‘资本运作’上去，最后会丢了制造业的根本。”

“因此，我坚持即使走得慢一点，也不要负债，这样就走得稳，心里踏实，一般的风吹雨打就不怕，就是有大风大浪，也不会跌倒。”

黄宏生把他对企业资金风险的认识总结成一个有点偏激的经营理念：“永不负债”。

资料来源：徐明天. 博弈危机：创维 16 年实战案例剖析. 北京：当代中国出版社，2005：166-177.

（六）租赁筹资

租赁是出租人（财产所有人）将其财产出租给承租人（财产使用人）使用，并由承租人向出租人按期支付租金作为报酬的经济行为。企业一般都离不开使用固定资产，固定资产可以通过购买取得，也可以通过租赁取得。目前，租赁已逐渐成为企业取得固定资产使用权的一种重要形式。市场经济越发达，租赁业务越兴旺。

租赁与银行信贷一样，是一种信用活动。租赁使出租人与承租人之间形成一种债权债务关系。租赁与银行信贷的不同之处在于：银行信贷是一种纯粹的货币借贷活动，仅仅起到“筹资”的作用；租赁则是以“融物”的形式达到“筹资”的目的，是筹资与融物相结合的一种信用活动。因此，租赁是企业筹资的一种特殊方式，是一条有效的筹资渠道。

1. 租赁的类型及特点

（1）经营租赁。

经营租赁也称营业性租赁，是指以不转让租赁财产的所有权为前提的中短期租赁。在经营租赁中，出租人不仅提供资产的使用权，也提供重大的维修和财产保险等服务。承租人仅获得财产的使用权，而没有获得财产的所有权；承租人的权利是在租赁期内使用所租赁的财产；承租人的责任是按期支付租金、维护财产的安全完整、负担日常修理及维护费用、租赁期满时归还所租赁的财产。

经营租赁的主要特点：1）租赁期限较短，经营租赁的期限一般不超过租赁资产寿命的50%。2）租金仅包括资产占用费，经营租赁的租金是承租人支付给出租人的资产占用费，不包括购置成本和手续费，租金按租赁期限计算。3）不转让资产所有权，承租人不拥有所租赁资产的所有权，也不将其作为资产入账。租赁期满将资产归还给出租人。租赁资产的风险和报酬属于出租人。4）不构成承租人的负债，除应付租金之外，资产的价值不作为承租人的负债处理。

（2）融资租赁。

融资租赁也称为筹资租赁、财务租赁或资本租赁等，它是一种以筹资为目的的租赁方式。承租人按照租赁合同在资产寿命的大部分时间内可以使用资产，出租人收取租金，但不提供保养、维修等服务。承租人在租赁期间内对资产拥有实际的控制权，租赁期满后资产通常归承租人所有。

融资租赁是长期筹资的一种形式，它有以下几种具体形式：1）直接租赁。承租人直接向设备制造公司、租赁公司或金融公司等出租人承租所需要的资产，按合同支付租金。2）售后租回。承租人在出售某项资产以后，再从购买者（出租人）手中租回该项资产。售后租回一方面可以取得销售收入，另一方面又可继续使用该项资产。提供这种租赁服务的通常是租赁公司、金融机构等，其实质是通过租赁的方式向承租人发放贷款。3）借款租赁，也称为第三方租赁、杠杆租赁。典型的杠杆租赁是出租人向贷款人借入租赁设备的购货款，购置设备出租给承租人。在这种情况下，承租人按合同支付租金，出租人同时又是借款人，出租人所得租金首先用于偿还贷款，剩余部分才构成投资收益。

融资租赁的主要特点：1）租赁契约具有不可取消性，双方一经签订合同，不得随意取消，只有合同期满或双方协商同意才能终止合同。2）租赁期限长，融资租赁的期限一般要超过租赁资产寿命的75%。3）租金包括租赁资产的购置成本、利息和手续费等。4）融资租赁不仅是为了获得租赁物的使用权，而且是为了获得租赁物的所有权，租赁只不过是一种筹资的手段而已。5）融资租赁构成企业负债，在会计处理上，融资租赁作为长期负债处理，实质上相当于借款购入固定资产，融资租赁同时形成承租人的固定资产和长期负债，承租人支付租金相当于分期偿还借款本息。6）租赁物的维修、保险、管理等均由承租人负责，租赁物的风险和报酬属于承租人。

2. 租赁筹资的优缺点

租赁筹资的优点：

（1）租赁筹资可以避开借款或债券筹资对生产经营活动的限制。租赁条款对承租人的经营活动一般很少限制。

（2）租赁筹资一般不需抵押或担保，不需要相应的存款金额，同时又能满足企业对固定资产使用的要求。

（3）租金分期偿还，分散了集中大量还本付息的风险。

（4）经营租赁可减少购买设备所存在的陈旧化的风险。

租赁筹资的缺点：

（1）租金比借款购入资产的本利和更高。租金通常包括购买资产的成本价、投资者报酬、手续费、资产陈旧化风险损失等，其中投资者报酬通常高于借款利息。

（2）租金通常在年初支付。融资租赁的第一次租金则在取得资产使用权前支付，其现值大于借款分期偿还时本息的现值。

（七）商业信用筹资

商业信用是指在商品交易中由于延期付款或预收货款所形成的企业间的借贷关系。商业信用产生于商品交换之中，是“自然性筹资”，它运用广泛，在短期负债筹资中占有相当大比重。

1. 商业信用的形式

（1）应付账款。

应付账款是企业购买货物暂未付款而对对方的欠账，即卖方允许买方在购货后一定时间内支付货款的一种形式。卖方利用这种方式促销，而对买方来说延期付款则等于向卖方借用资金购进商品，可以满足短期的资金需要。

（2）应付票据。

应付票据是企业进行延期付款商品交易时开具的反映债权债务关系的票据。根据承兑人的不同，应付票据分为商业承兑汇票和银行承兑汇票两种。应付票据支付期最长不超过6个月。应付票据可以带息，也可以不带息。应付票据的利率一般比银行借款的利率低，且不用保持相应的补偿余额和支付协议费，所以应付票据的筹资成本低于银行借款成本。但是应付票据到期必须归还，若延期便要交付罚金，因而风险较大。

（3）预收账款。

预收账款是卖方企业在交付货物之前向买方预先收取部分或全部货款的信用形式。对于卖方，预收账款相当于向买方借用资金后用货物抵偿。预收账款一般用于生产周期长、资金需求量大的货物销售。

此外，企业往往还存在一些在非商品交易中产生但亦属自然性筹资的应付费用，如应付工资、应交税金、其他应付款等。应付费用使企业受益在前、费用支付在后，相当于享用了受款方的借款，在一定程度上缓解了企业的资金需要。应付费用的期限具有强制性，不能由企业自由斟酌使用，但通常不需花费代价。

2. 商业信用筹资的优缺点

商业信用筹资最大的优越性在于容易取得。对于多数企业来说，商业信用是一种持续性的信贷形式，且无需正式办理筹资手续。如果没有现金折扣或使用不带息票据，商业信用筹资不负担成本。其缺点在于期限较短，在放弃现金折扣时所付出的成本较高。

知识链接 7－6

募股与负债的区别

募股与负债的区别有以下三点：(1) 负债为自己打工，募股为别人打工。(2) 负债容易造就大老板，募股容易造就大企业家。(3) 负债不容易丧失对企业的控制权，募股容易丧失对企业的控制权。

资料来源：钟朋荣．中国企业面临八大风险．市场经济研究，1999 (1).

第三节　投资管理

一、固定资产投资管理

(一) 固定资产投资决策步骤

固定资产投资是指对生产性固定资产的投资。企业要实现其发展的目标，就必然要进行设备的更新改造和扩张性投资。企业在做这些投资之前，应该进行项目可行性研究，并作出有效的投资决策。

固定资产的投资决策一般分为以下步骤：(1) 估算出投资方案的预期现金流量；(2) 估计预期现金流量的风险；(3) 确定资金成本的一般水平；(4) 确定投资方案的收入现值；(5) 通过收入现值与所需资金支出的比较，决定拒绝或确认投资方案。

在上述步骤中，估计投资项目的预期现金流量是投资决策的首要环节，也是最重要的步骤。

现金流量是指投资项目在其计算期内因资本循环而可能或应该发生的各项现金流入量与现金流出量的统称，它是计算期投资决策评价指标的主要根据和重要信息之一。在确定投资方案的相关现金流量时，遵循的基本原则是：只有增量现金流量才是与项目相关的现金流量。投资决策计算中，经常会涉及现金净流量——一定期间现金流入量和现金流出量的差额，而营业现金净流量的公式如下：

营业现金净流量＝销售收入－付现成本＝利润＋折旧

(二) 投资方案评价

在对投资方案进行评价时，一般使用两类指标，即静态指标和动态指标。

1. 静态指标

(1) 会计收益率。会计收益率又称投资利润率，是指生产期正常年度利润或者年均利润占投资总额的百分比。投资利润的决策标准是：投资项目的投资利润率越高越好，低于无风险投资利润率的方案为不可行方案。

（2）静态投资回收期。回收期是指以投资项目经营净现金流量返还原始投资的年限。利用该指标进行决策的标准是：项目的投资回收期小于或等于标准投资回收期的方案可行，并且投资回收期最短的方案为最佳方案。

2. 动态指标

（1）净现值。净现值是项目未来现金流入的获利与未来现金流出的现值之间的差额，即所有未来现金流入和流出都按预定折现率折算为它们的现值，然后计算它们的差额。如果净现值为正数，说明该项目的报酬率大于预定的贴现率。如果净现值为零则该投资项目的报酬率相当于预定的贴现率。如果净现值为负数，说明该投资项目的报酬率小于预期的贴现率，项目不可取。

（2）现值指数。现值指数也称获利指数，是未来现金流入现值与现金流出现值的比率。如果投资方案的获利指数大于或等于 1，该方案为可行的方案；如果投资方案的获利指数小于 1，该方案为不可行方案；如果几个方案的获利指数均大于 1，那么获利指数越大投资方案越好。

（3）内部收益率。内部收益率又称内含报酬率，是指能够使未来现金流入量现值等于未来现金流出量现值的贴现率，或者说是使投资方案净现值为零的贴现率。内部收益率的优点是非常注重资金的时间价值，能从动态的角度反映投资项目的实际收益水平，且不受行业基准收益率高低的影响，比较客观。运用这一指标进行投资项目评价的标准是：当内部收益率大于基准收益率或项目的资金成本时，方案可行，否则方案不可行。

上述指标中，由于静态指标没有考虑资金的时间价值，一般只能用于项目排序；而动态指标考虑了资金的时间价值和风险价值，可用于项目的选择。

下面以固定资产重置为例，说明固定资产投资方案的选择。

例：某企业打算变卖一台尚可使用 5 年的旧设备，另外购置一台来替换它。购买新设备的投资额为 180 000 元，旧设备的变价净收入为 80 000 元，到第 5 年年底使用新设备与继续使用旧设备届时的预计净残值相等。使用新设备可使企业在 5 年内每年增加营业收入 60 000 元，并增加付现成本 30 000 元，设备采用直线法计提折旧。该企业的资金成本率为 10%，所得税率为 33%。

更新设备比继续使用旧设备增加的投资额＝180 000－80 000＝100 000(元)

经营期每年折旧的变动额＝100 000/5＝20 000(元)

经营期每年总成本变动额＝30 000＋20 000＝50 000(元)

经营期每年营业净利润变动额＝60 000－50 000＝10 000(元)

经营期每年所得税变动额＝10 000×33%＝3 300(元)

经营期每年净利润变动额＝10 000－3 300＝6 700(元)

建设期差量净现金流量＝－100 000(元)

经营期差量净现金流量＝6 700＋20 000＝26 700(元)

更新设备比继续使用旧设备增加的净现值＝－100 000＋26 700×$(P/A,10\%,5)$

＝－100 000＋26 700×3.790 8＝1 214.36(元)

更新设备比继续使用旧设备增加的净现值为正数，可见，该厂家应该购买新设备。

管理周视 7-4

拿破仑的昂贵承诺

拿破仑 1797 年 3 月在卢森堡第一国立小学演讲时说了这样一番话："为了答谢贵校对我，尤其是对我夫人约瑟芬的盛情款待，我不仅今天呈上一束玫瑰花，并且在未来的日子里，只要我们法兰西存在一天，每年的今天我将亲自派人送给贵校一束价值相等的玫瑰花，作为法兰西与卢森堡友谊的象征。"时过境迁，拿破仑穷于应付连绵的战争和此起彼伏的政治事件，最终惨败而流放到圣赫勒拿岛，把卢森堡的诺言忘得一干二净。可卢森堡这个小国对这位"欧洲巨人与卢森堡孩子亲切、和谐相处的一刻"念念不忘，并载入它的史册。1984 年年底，卢森堡旧事重提，向法国提出违背"赠送玫瑰花"诺言案的索赔：要么从 1797 年起，用 3 路易作为一束玫瑰花的本金，以 5 厘复利（即利滚利）计息全部清偿；要么法国政府在法国各大报刊上公开承认拿破仑是个言而无信的小人。起初，法国政府准备不惜重金赎回拿破仑的声誉，但却被电脑算出的数字惊呆了：原本 3 路易的许诺，本息竟高达 1 375 596 法郎。经过冥思苦想，法国政府斟词酌句的答复是："以后，无论在精神上还是物质上，法国将始终不渝地对卢森堡大公国的中小学教育事业予以支持与赞助，来兑现我们的拿破仑将军那一诺千金的玫瑰花信誉。"这一措辞最终得到了卢森堡人民的谅解。

资料来源：中国拿破仑．拿破仑留给法兰西的尴尬．http://www.napolun.com/misc/article/entry_5.htm.

二、流动资产投资管理

（一）流动资产的构成

流动资产是指一年内或超过一年的一个营业周期内变现或者耗用的资产，包括现金及各种存款、短期投资、应收及预付款项、存货等。流动资产与固定资产的最大区别在于它的流动性，即流动资产在企业再生产过程中是不断循环的，这种循环与生产经营周期相一致。

流动资产的占用水平因企业的性质和特点而异，但总的来说，许多企业的流动资产占资产总额的一半以上。在流动资产的构成项目中，主要有下列几种。

1. 货币资金

货币资金是指企业可以自由运用、具有购买力、可以立即作为支付手段并能被普遍接受的一些项目，如现金、银行存款、支票、银行本票、汇票等。

2. 应收账款

应收账款是指企业因赊销商品或劳务而对其他单位或个人的货币资金的索取权，它反映企业赊销的销售额。

3. 短期投资

短期投资是指企业购入的各种能随时变现、持有时间不超过一年的其他投资，包括各种股票、债券等。

4. 存货

存货是指企业在生产经营过程中为销售或者耗用而储备的物质，包括材料、燃料、低值易耗品、在产品、半成品以及产成品等。

（二）流动资产的控制

流动资产控制的目的是提高流动资金的利用效果，使流动资金的占用成本降低，达到效益—成本最优化。下面分项对流动资产的控制进行介绍。

1. 现金控制

这里的现金指库存现金和银行存款。现金是企业收款和支付各项费用的重要工具，企业在任何时候都必须保持一定的现金储备量以应付日常开支的需要。

影响企业现金额大小的因素有：（1）企业未来的现金流量；（2）实际现金流量与预计现金流量的偏差；（3）重要的临时性支出；（4）企业未清偿债务到期情况；（5）企业应付紧急情况的筹款能力。

企业财务人员可以根据以前年度的财务收支规律和未来的经营计划，确定出库存现金和银行存款的最高和最低限额，并允许现金余额在这两个限额之间自由移动，只要未超出上下限额标准就不采取措施。

假如现金余额超出上限，说明现金持有量过多，将增加资金占用成本。为此，必须将多出的部分从银行活期存款转为定期存款或投资于有价证券上，以增加现金的盈利水平。若现金余额超出下限，说明现金不足，将影响企业的生产活动。为此，必须将企业作为短期投资的证券、股票尽快转变为现金或向外借入资金以弥补现金的不足。

2. 应收账款控制

应收账款控制主要是信用条件的控制和收账控制。

企业为了扩大销售收入，提高利润水平，一般都采用赊销方式。这种方式是企业向用户提供的一种信用，信用条件的优劣，影响到企业的信誉和销售利润。

信用条件的控制是指企业是否向用户提供信用以及怎样提供信用期和现金折扣。一般来说，延长信用期将使赊销额增加，企业的年利润增加；但信用期延长，应收账款平均占用资金也增加，坏账损失的风险同时加大。若增加占用资金的投资报酬率小于企业要求的投资报酬率水平，则不能延长信用期。反之，可延长信用期。另外，在决定现金折扣率时，管理人员必须了解产品的需求弹性，从而确定不同折扣率对企业销售量和利润的影响，选取为企业带来最大利润的折扣率作为信用条件之一。

企业为了更好地实施信用政策，必须在内部建立起用户信用评估和催收账的机构，对用户进行适时控制，将坏账损失降到最低水平。

3. 存货控制

存货控制就是要对每一种存货确定一个储存量，使占用在这部分资产上的资金，能以最小的成本取得最大的收益。企业对存货的控制体现在采购和存货日常管理上。采购上可采用定期订购法或定量订购法进行控制，其中订货批量可采用经济订购批量。而日常管理上，通常采用ABC法进行分类控制。

三、证券投资管理

（一）证券投资的种类

证券是指票面上有一定金额，代表财产所有权或债权，可以有偿转让的票证。证券投资是企业投资的重要组成部分，科学地进行证券投资管理能增加企业收益，降低风险，有利于财务目标的实现。

证券的种类很多，目前可供企业投资的主要有以下几种。

1. 国库券

国库券是政府发行的有价证券，本金安全，流动性好，是企业进行短期投资的主要对象。

2. 短期融资券

短期融资券是由财务公司等金融机构及工商企业所发行的短期无担保本票。通常按折现的办法出售，到期日一般在一年以内，利率通常比国库券的利率要高。

3. 可转让存单

可转让存单是指可以在市场上出售的在商业银行存放特定数额、特定期限存款的证明。

4. 企业股票和债券

股票和债券是企业证券投资的主要对象，一般用于长期投资，也可用于短期投资。

企业进行长期证券投资的目的主要是：控制相关企业，满足未来的一笔资金需求。而企业进行短期证券投资的目的主要是：暂时存放闲置资金，满足季节性经营对现金的需求。

（二）证券投资组合

证券投资的盈利性吸引着投资者，但其投资的风险性又使投资者望而却步。证券投资组合是指将资金有选择地投向一组证券，即将鸡蛋放在不同的篮子里来规避风险。通过有效地投资组合，可以达到降低风险的目的。

证券投资组合的风险按性质不同可以分为两种，即非系统风险和系统风险。非系统风险是指某些因素对单个证券造成经济损失的可能性。该风险可以通过投资组合分散掉一部分，又称可分散风险或公司个别风险。随机抽取两种股票，其绝大多数的相关系数在0.5～0.7。国外研究证明，随机抽取40种股票便可以分散非系统风险。我国目前用10种证券进行组合可达到分散风险的目的。系统风险是指某些因素给市场所有证券都带来经济损失的可能性。这种风险影响证券市场的所有股票，不能通过证券组合分散掉，又称不可分散风险或市场风险。

如果我们进行恰当的投资组合，便可以在分散风险的同时取得合适的报酬。常用的投资组合方法有：（1）选择足够多的证券进行组合；（2）将风险处于大、中、小的证券各取三分之一进行组合；（3）把投资收益呈负相关的证券进行组合。

管理周视 7－5

美林证券：让华尔街深入大众

尽管 2008 年的金融危机使得全球最大的代理经纪银行美林公司并入了美国银行，但是，有一个事实我们不得不承认：今天，全球证券市场已经和寻常百姓密切相关，这要归功于美林证券，是它改变了早期只有大资本才能进入证券市场的格局，开创了金融的大众化市场。

美林证券是美国最大的证券公司，是小额投资者的主要拥有者。美林证券在传统的金融服务业中，为它的顾客指导投资已近一个世纪。截至 1997 年，该公司已有 1 兆多美元的客户资产。该公司的传统业务是收集大量的金融数据，通过分析这些数据制订长期的金融计划。

1929 年股市崩溃后，大众对华尔街顾虑重重。而美林证券认为，资产不多的美国大众是很有潜力的顾客群，只要能够让公众了解证券，他们就会投资。大众不愿意投资股票的原因在于证券商们不愿意树立股票市场的形象，不愿意向大众传播股票和证券资讯。经过不懈的广告宣传和促销，以及精湛的服务技巧，美国大众开始相信美林，并购买美林的股票。到 1947 年，美林公司已是全美最大的证券商，年收入 6 200 万美元。在美林证券的努力下，越来越多的美国人把资产由低利率的储蓄存款转向股票和证券。到 1956 年，全美持股人数升为 860 万，比 1952 年增加 33%，美林“让华尔街深入大众”的愿望终于实现了。为了在信息时代更好地为大众服务，美林公司还在 1998 年 10 月完成了投资 8.5 亿美元的 TGA（Trusted Global Advisor，全球信誉顾问）系统平台建设，并投资 2.5 亿美元用于软件开发，目的是让公司的财务顾问有更充足的时间来跟客户建立更牢固的联系。美林公司希望在第一年内能和 20 万顾客签约，实际上，它仅用 7 个月就达到了目标。

资料来源：销售市场，2000（3），有改编.

第四节　利润分配管理

利润分配涉及利润如何在国家、投资者、企业、员工之间进行分配的问题，而企业的留用利润多少又影响企业的投资和筹资。因此，企业应处理好利润分配关系，使用合适的分配方法，以提高自身的价值。

一、利润构成

利润是企业在一定时期的经营成果，是劳动者创造的剩余产品价值的一部分。它集中反映了企业在生产经营活动各方面的效益，是一项重要的综合性指标。企业的利润由营业利润、投资净收益和营业外收支净额三部分构成。

（一）营业利润

营业利润是企业从事生产经营活动所取得的净收益，由主营业务利润和其他业务利润扣除财务费用、管理费用和营业费用后形成。

营业利润＝主营业务利润＋其他业务利润－管理费用－财务费用－营业费用

其中，主营业务利润由主营业务收入减去主营业务成本，再减去税金及附加后形成；其他业务利润由其他业务收入减去其他业务支出，再减去其他销售税金及附加后形成。

（二）投资净收益

投资净收益是指企业投资收益扣除投资损失后的数额。即

投资净收益＝投资收益－投资损失

投资收益包括对外投资分得的利润、股利和债券利息，投资到期收回或中途转让取得的款项高于账面价值的差额，以及按权益法核算的股权投资在被投资企业增加的净资产中所拥有的数额等。投资损失包括投资到期收回或中途转让取得的款项低于账面价值的差额，以及按权益法核算的股权投资在被投资企业减少的净资产中所拥有的数额等。

（三）营业外收支净额

营业外收支净额是指与企业生产经营无直接关系的收入与支出的差额。即

营业外收支净额＝营业外收入－营业外支出

营业外收入是指与企业生产经营活动无直接关系的各项收入，包括固定资产盘盈净收入、出售固定资产净收益、罚款收入、教育费附加返还款、因债权人原因确实无法支付的应付款项等。营业外支出是指与企业生产经营活动无直接关系的各项支出，包括固定资产盘亏（报废、毁损和出售）的净损失、非季节性和非大修理期间的停工损失、职工子弟学校和技工学校经费、非常损失、公益救济性捐赠、赔偿金、违约金等。

管理周视 7－6

联想的诀窍在于降低成本

众所周知，联想集团一直以来都在利用贴近市场的优势，采取低价格战略来赢取市场。联想总裁柳传志曾说过：“‘降低成本’这四个字是我们竞争的诀窍。”

在采购上，联想并不追求每时每刻的压价，而是保证长期的成本较低。联想与英特尔、惠普、希捷和东芝等企业建立的不仅仅是买卖关系，还有技术与产品合作关系，旨在推动管理层的相互学习和交流。现在，联想并不是简单地从事 OEM（组装生产），而是更进一步地从事 ODM（设计生产）。正是这种战略伙伴关系，使联想得以走在技术与管理的前列，最终将最新的技术和优异的质量用最快的速度送给顾客。

联想在企业内部培养成本管理的意识和能力，并建立一种成本管理模型，使企业的

每一个人都知道每多花一分钱就减少一分竞争力和一分利润。因此，企业的每一个人每花一分钱，都要问问这样究竟能给产品带来什么价值。联想人认为，不是控制成本，而是充分利用成本的运作，才是其取得竞争优势的利器。联想感到，每个公司要做的事情有两件：提高产品对用户的价值和降低产品成本。公司所有规范、流程、人员的岗位责任、制定各种制度和做各种事情的根本出发点就是这两点。应该说，做每一件事都要折射到增加价值和降低成本上。

1994 年，联想微机事业部的成立，改变了多头管理的状况，将电脑的研发、生产、销售集中到一个部门去操作。原来涉及微机业务的 20 多个部门 300 多人被精简为 6 个大部门 120 多人。1995 年，联想设立了商务部及物控部，加强从采购生产、接受订单到发货整个物流的全面控制，从而使之运作得更加高效。1996 年，联想根据市场部和销售部这两个关系非常密切、非常需要配合的部门缺乏统一指挥、协调，致使前端的市场和后端的销售脱节的问题，把销售部和市场部合并为统一的市场部。到 1998 年，联想又根据市场细分趋势，将业务分得更加精细。电脑公司被调整为四个利润中心、两个成本中心和一个费用中心。它们分别独立核算、互为客户，形成成本运作。这一切的结构调整都是为了更加清晰地突出顾客的价值，优化公司的成本结构，使联想更好、更快地回应市场。

资料来源：王晓辉．现代企业管理应用与案例．北京：北京工业大学出版社，2006：242-243.

二、利润分配

（一）利润分配的前提条件

企业实现的年度盈利，按照国家的规定计算并缴纳所得税（若当年亏损则不用缴纳所得税），剩余部分为本年的净利润。

将本年的净利润与年初的未分配利润合并，计算可供分配的利润。若可供分配的利润是正数，则可以进行利润分配；若可供分配的利润是负数，则不能进行利润分配（特殊情况除外）。

（二）利润分配的内容与顺序

按照《中华人民共和国公司法》（简称《公司法》）的规定，公司净利润分配的项目和顺序如下。

1. 提取法定盈余公积金

盈余公积金是从税后利润中提取的企业发展基金。盈余公积金主要用于弥补公司亏损、扩大公司生产经营、转增资本以及发放股利等。

盈余公积金分为法定盈余公积金和任意盈余公积金。法定盈余公积金是国家法律规定的每个盈利企业必须提取的公共积累基金，并按净利润的 10％提取，但当年盈余公积金累积额达到公司注册资本的 50％时，可不再继续提取。任意盈余公积金是公司制企业盈余后提取的公共积累基金，提取比例由股东大会根据需要决定。

法定盈余公积金按照本年盈利抵减了年初累积亏损后的本年净利润计提。由此可见，提取法定盈余公积金的基数，不是可供分配的利润，也不一定是本年的税后利润。只有在年初不存在亏损的情况下，才能按本年税后利润来计提。这样规定的目的在于不能用资本发放股利和提取盈余公积金。

2. 提取公益金

公益金是从税后利润中提取的，是主要用于发展职工集体福利的准备金。公益金按税后利润的5%～10%的比例提取。公益金按计提法定盈余公积金的基数来计提。

3. 提取任意盈余公积金

任意盈余公积金仅限于公司制企业提取，非公司制企业不提取任意盈余公积金。任意盈余公积金的用途与法定盈余公积金的用途相同。

4. 向投资者分配利润

公司向投资者分配股利应在提取盈余公积金和公益金之后。利润分配应以各股东持有的股份数额为依据，每一股东分得的股利应与其持有的股份数成正比。股份有限公司原则上应从其累积的未分配利润中分配股利，当累积的未分配利润为负数时不得支付股利。但若公司用盈余公积金弥补亏损后，为维持股票信誉，经股东大会特别决议，也可以用盈余公积金支付股利，不过支付股利后留存的法定盈余公积金不得低于注册资本的25%。

在公司制企业，向投资者分配利润的顺序是：(1) 支付优先股股利；(2) 经股东大会决议，提取任意盈余公积金；(3) 支付普通股股利。

由此可见，向投资者分配利润只是利润分配的一项内容，而不是利润分配的全部。《公司法》还规定，公司股东会或董事会违反上述利润分配顺序，在抵补亏损和提取法定盈余公积金和公益金之前向投资者分配利润的，须将违反规定发放的利润退还给公司。

三、股利分配

股利分配一直是上市公司财务管理的核心问题之一，因为股利分配既关系到股东的利益，又关系到公司的发展。股利分配主要涉及股利支付方式和股利支付比率的确定。

(一) 股利支付方式

股利是股息和红利的总称，优先股获得的股利称为股息，而普通股的股利则称为红利。理论上，若股利来源于当期利润称为股利；若股利来源于资本（以前各期的留存收益）则属于清算股利，但通常统称为股利。

常用的股利支付方式有现金股利、股票股利、财产股利和负债股利。其中现金股利和股票股利是最普遍的，而现金股利与股票回购、股票股利与股票分割十分相似。

1. 现金股利

现金股利是以现金的形式发给股东的股利，它是股利支付最主要的方式。公司支付现金股利除了要有累积盈余，还要有足够的现金；另外，现金股利的支付与公司的股利政策也有关系。现金股利的发放会对股票价格产生影响，实证研究表明，在股票除息日之后，一般来说股票价格会下跌。美国通常一年发放4次常规现金股利，有时发放特殊现金股利。

2. 股票股利

股票股利即企业将应分配给股东的股利以股票的形式发放，俗称“送股”。股票股利实际上是将公司的税后利润或部分留存收益转化为资本金。从会计的角度看，股票股利只是资金在股东权益账户之间的转移，而不是资金的运用。

股票股利的特点可以归纳为：(1) 股票股利并未导致公司的现金流出；(2) 股东权益账面价值总额未发生变化；(3) 股东的股权比例未发生变化；(4) 增加了流通在外的普通股股票数量；(5) 每股股票所代表的股东权益账面价值下降；(6) 股票市场价格下跌。

就股东而言，股票股利除了使其所持股票数量增加外几乎没有任何价值。由于公司盈利不变，其所持股份比例不变，因此股东所持有股票的市场价值总额也保持不变。

尽管股票股利既不增加股东的财富，也不增加公司的价值，但无论是对于股东还是公司都有特殊的意义。

股票股利对股东的意义：(1) 如果公司在发放股票股利之后还能发放现金股利，股东会因为所持有的股数的增加而得到更多的现金；(2) 发放少量的股票股利对股价影响并不大，即股东可以从股票价值相对上升中得到好处；(3) 股票股利的发放通常与成长中的公司有关，因此投资者往往会认为发放股票股利预示着公司有较大的发展，这种心理会稳定股价甚至使股价略有上升；(4) 股东可以将分得的股票股利出售，与发放现金股利相比，股东能从中获得税上的好处。例如，美国税法规定出售股票所缴纳的资本利得税税率比收到现金股利所缴纳的收入所得税税率低，我国个人所得税法规定股票转让所得税不缴纳个人所得税。

公司发放股票股利的动机和目的：(1) 发放股票股利可以使股东分享公司的盈余又不用支付现金，使现金留存在公司，便于进行投资安排，有利于公司的长期发展；(2) 在盈余和现金股利预期不会增加的情况下，股票股利可以适当降低每股价值，从而降低每股市价，因此提高投资者投资的兴趣；(3) 股票股利的发放向资本市场传递的是公司将继续发展的信息，从而提高投资者对公司的信心，在一定程度上又有稳定股价的作用。

3. 财产股利

财产股利是以现金以外的资产支付的股利，主要是以公司所拥有的其他企业的有价证券，如股票、债券等作为股利支付给股东。

4. 负债股利

负债股利是公司以负债支付股利，通常以公司的应付票据支付给股东，有时也发行公司债券来抵付股利。

目前在我国利润分配实务中财产股利和负债股利很少使用，但并非法律所禁止。

知识链接 7-7

股利分派的程序

股份有限公司向股东支付股利，前后要有一定过程。主要有：股利宣告日、股权登记日、除息日和股利支付日。

(1) 股利宣告日，即公司董事会将股利支付情况予以公告的日期。公告中将宣布每股支付的股利、股权登记期限、除去股息的日期和股利支付的日期。

(2) 股权登记日，即有权领取股利的股东资格登记截止日期，也称除权日。只有在股权登记日前在公司股东名册上有名的股东，才有权分享股利。

（3）除息日，即领取股利的权利与股票相互分离的日期。在除息日前股利权从属于股票，持有股票者即享有领取股利的权利；自除息日始，股利权与股票相分离，新购入股票者不能分享股利。

（4）股利支付日，即向股东发放股利的日期。

资料来源：尹丽萍，肖霞. 现代企业经营管理. 北京：首都经济贸易大学出版社，1999：299.

（二）股利分配政策

公司净利润主要有两个用途：作为股利发放给股东或留在公司进行再投资。股利理论就是要分析公司净利润这两种用途之间的分配比例对公司股票价格的影响，进而分析对公司价值的影响；研究是否存在一个最佳的股利支付比例。

股利分配实务中经常采用的股利分配政策有剩余股利政策、固定股利或稳定增长股利政策、固定股利支付率政策和低正常股利加额外股利政策。

1. 剩余股利政策

剩余股利政策的基本思想是，公司的盈余首先应当满足投资项目的资金需求，之后若有剩余则作为股利发放给股东。股利分配与企业资本结构有关系，实际上剩余股利政策受到投资机会和资本成本的双重影响。剩余股利政策就是在公司有良好的投资机会时，根据一定的目标资本结构（最佳资本结构），计算出投资所需的权益资本，先从盈余中留用，然后将剩余的作为股利分配给股东。

采用这一政策时，应按以下步骤确定其股利分配额：（1）确定公司最佳资本结构，即确定股东权益资本和债务资本的比例；（2）根据下一年度投资的资金需求量，按照最佳资本结构，确定为满足下一年度资金需要量所需增加的权益资本数额；（3）最大限度地使用保留盈余来满足所需的权益资本数额；（4）将剩余部分作为现金股利发放给股东。

2. 固定股利或稳定增长股利政策

固定股利或稳定增长股利政策要求公司各年发放的现金股利保持一个稳定或稳中有增的态势。具体来说，就是将每年发放的股利固定在某一固定水平上并在较长的时期内保持不变，只有当公司认为未来盈余会显著地、不可逆转地增加时，才提高年度的股利发放额。由此可见，这种股利政策的重要原则就是绝对不要降低年股利发放额。

采用这种股利政策的理由是：（1）向市场传递公司正常发展的信息，特别是在盈余下降而企业并未减少股利时，市场对该股票充满信心（管理者可以通过股利信息来影响投资者的预期，但管理者不可能永远蒙蔽市场）；（2）有利于投资者安排其收入和支出，特别是对那些对股利有高度依赖性的股东更是如此，因此这种股利政策有利于吸引这部分投资者投资；（3）有利于吸引机构投资者，如美国政府为机构投资者（养老基金、储蓄银行、信托基金、保险基金等）编制了一张可供其投资的批准证券目录，凡是想进入该目录的公司，通常必须定期、不间断地支付股利。

3. 固定股利支付率政策

固定股利支付率政策是指公司确定一个股利占盈余的比例，长期按这个比例向股东支付股利。就企业支付能力来讲，这是一种真正的稳定的股利政策，但其会导致公司的年股利支付额随着公司盈余的变化而变化，从而使公司的股利支付显得很不稳定，因此导致股票市价的上下波动，不利于吸引投资者投资，所以很少有公司采用这种股利政策。

采用这种股利政策的理由是：股利支付应与公司的盈余挂钩，以体现多盈多分、少盈少分、无盈不分的公平原则。实证研究表明，各期支付稳定股利的股票比固定股利支付率的股票价格要高，即前一种股利政策要优于后一种股利政策。

4. 低正常股利加额外股利政策

低正常股利加额外股利政策是指公司一般情况下每年只支付固定的、数额较低的股利，只有在公司经营情况非常好时，除正常股利外，加付额外股利，但额外股利并不固定化。这种股利政策使公司有较大的灵活性。当公司盈余较少或投资需要资金时，公司可以维持较低但正常的股利，股东不会有股利下降的感觉；当公司盈利情况较好时，可以适度增发股利，增强了投资者对公司的信心，这些都有利于股票价格的稳定。另外，这种股利政策使那些依靠股利生活的股东每年得到虽然较低但较稳定的股利收入，从而吸引住这些股东。

思考题

1. 财务管理的目标是什么？财务管理是从哪几个方面来进行的？
2. 公司为什么要实行资本金制度？
3. 利润是怎样构成的？
4. 利润分配的顺序是怎样的？
5. 企业有哪些筹资方式？

诚信为本，操守为重，坚持准则，不做假账。

——朱镕基（1928—，中国第5任国务院总理。此为他题写的北京国家会计学院校训）

第八章　企业创新管理

> 创新是企业保持竞争优势的关键。具有创新精神的冒险者会继续在失败的尝试上投入时间与金钱，为企业的长盛不衰寻求更新更好的方法。
>
> ——查尔斯·汉迪（1932—，英国管理学家，管理哲学大师）

学习目标

1. 掌握：企业创新的概念、企业创新系统、管理创新的特征。
2. 了解：企业创新的效应、技术创新的内容、创新过程。

开篇案例

IBM（国际商用机器公司）的创新之路

IBM公司创建于1911年，1924年正式更名为目前的名称IBM。20世纪50年代初进入大型计算机的研制、生产与销售领域，从那时起，IBM就一直以充沛的活力傲立于电脑行业，历经几十年而不衰。1991年IBM的销售额为647.92亿美元，雇员有34.5万人，在世界500家最大的工业公司中排名第六位。

这个“蓝色巨人”的创立、崛起和成功，在很大程度上归功于沃森父子。

托马斯·约翰·沃森1874年出生于纽约，是他创建了IBM。其管理方式倾向于独裁式的统治，员工的衣食住行都由公司严格规定。他甚至规定员工必须身穿深色的服装，内着白色衬衫，系条纹领带。他不允许雇员饮酒，甚至在工作之余也不行。但是，沃森能够充分利用每个人的才能，把每个人安排在他最能发挥作用的岗位上并根据能力和贡献付给报酬。同时，他非常关心员工的生活，注意做到兼顾公司、顾客和员工三者之间的利益。IBM实行终身雇佣制，其职员的薪金也在各个公司中名列前茅。另外，公司还向员工提供名目繁多的各种福利待遇。

1950年，斯佩里兰德公司发明了新型的电子计算机，比IBM公司的电动式打卡统计机的计算速度快 9 倍，这使 IBM 公司的产品遭受沉重的打击。这次不幸事件主要是由于老沃森思想保守，抓研究和创新不够造成的，老沃森为此宣布辞职。他的第二个儿子继承父业，于 1952 年继任 IBM 公司的总经理。小沃森上台后，汲取父亲的教训，提出一个响亮的口号：时代是汹涌向前的潮流，企业必须顺应这个潮流。经过 9 年奋斗，IBM 推出了“1401”新型晶体管电子计算机，迎头赶上了斯佩里兰德公司。

从 20 世纪 20 年代开始，IBM 的经营管理原则就一直未改变。小沃森大胆地抛弃了其父的管理方式，提出了新型的管理方针：(1) 思考；(2) 充分尊重每个人；(3) 尽一切努力使顾客感到满意；(4) 尽一切努力把事情办好。小沃森极力推行他的民主、分散式的科学管理方式。他认为，让员工自由发表意见，并诉说自己所遇到的困难，可使公司上下打成一片，消除隔阂。各级主管也因此而不敢滥用权力，最后自然会给全公司带来最大利益。同时，设立意见箱，鼓励员工们提供改革意见，经专人审核，认为确实可行的，立即采用并给予重奖。

小沃森的改革取得了很大的成功，当他于 1971 年退休时，IBM 的实力已比父亲把领导权交给他时超过了无数倍，并远远走在了竞争对手的前面。“蓝色巨人”的电脑帝国终于建成。

1950 年，朝鲜战争爆发。小沃森随后致电杜鲁门总统表示支持，并为美军开发出了巨型“防务计算机”。这台庞然大物就是 IBM 研制出的第一部计算机。从此，小沃森决定将计算机的研制与市场需求同步发展。针对不断变化的市场而进行的研究工作，使 IBM 获得了大量适应市场需求的产品，并使公司获得了巨大成功。在后来的 15 年中，IBM 的生产以每年 16%的速度增长。

但是，当时 IBM 的实验室还没有条件在电子研究方面取得迅速进展。小沃森意识到了这种不足，于是决定将该公司用于科研和发展的经费由当时占总营业额的 3%增加到 6%。同时，为了克服高技术人才缺乏的困难，他一方面请来一些著名的数学家和计算机理论专家为公司培训工程师和技术人员，另一方面又以一台大型计算机和一笔巨额捐款为代价，使麻省理工学院答应为其培训高水平的计算机研究和操作人员。在其后的 5 年中，这些做法取得了回报，这些高技术人才为 IBM 研制出了一大批高质量的计算机。

先进的技术水平和雄厚的技术实力，使 IBM 的产品获得了较强的市场竞争力，为公司创造了大量的财富。为了巩固这一成果，IBM 不断增加研究和开发的资金投入。1986 年，公司的营业额为 512.5 亿美元，研究与开发经费就达 52.21 亿美元，占营业额的 10.2%。1991 年，研究经费达 66 亿美元，占营业额的 10.2%。

IBM 认为，要想使自己的产品有市场，就必须不断地进行改革，以使产品适应市场的需求。观察家认为，世界上很少有像 IBM 这样进行如此频繁的重大改革的企业。

为了了解顾客的需要和引起公司成员对顾客需要的重视，IBM 公司将 1987 年定为“用户年”。到 1987 年年底，IBM 20%的职员直接与美国的用户见面，了解用户对产品的要求。经过近两年的努力，公司降低了成本，减少了不必要的生产，使利润额有所上升。

1988 年，企业经营状况继续好转，但改革仍然持续进行。这一年，IBM 进行了 30 多年来最重大的一次机构改革，将生产经营权下放至 7 个经营部门，其中包括产品生产决策权。IBM 认为，只有这样，“才能提高企业经营水平和策划能力，更快地满足我们的需要，并为自己创造更多机会”。以后的实践证明，企业竞争能力的形成需要更大的基层自主权和决策权。

这一系列的改革措施，促进了公司的发展。IBM 生产的主导产品转向软件、服务、小型电脑以及工业标准的电脑联网系统，公司的生产能力和产品的市场竞争力都得到了极大的加强。1985 年，公司营业额还只有 500.56 亿美元，1987 年就增加到 542.17 亿美元，到了 1989 年就上升到 627.10 亿美元。

进入 20 世纪 90 年代，用户对产品的质量要求越来越高，因此，IBM 又将改革的重点放在产品质量上面。同时，公司进一步加大了各经营机构的自主权。1991 年 12 月 4 日，除产品开发自主权外，各下属公司又获得财务自主权。自此，IBM 总部不再为各公司的各项发展制订计划，而由各公司自主经营，以使它们更能适应不断变化的市场需求和用户需要。

IBM 认为，这一系列的改革实质上是一场“革命”。在这场革命中，IBM 要迅速地将经营方向对准用户，提高产品质量，改善服务，在世界范围内健全合作生产经营的体系。

IBM 公司在其发展历程中，始终以充满青春活力的“少年英雄”的面貌出现在世人面前，塑造了一个坚不可摧的“蓝色巨人”形象。它在满足用户需要的理念的指导下不断改革和创新，紧跟时代步伐，创造了一个又一个的奇迹。锐意创新和不断改革，是包括 IBM 在内的所有企业保持活力并立于不败之地的奥秘。

资料来源：袁声莉，杨耀峰. 现代企业管理. 武汉：华中科技大学出版社，2002：309-312.

第一节　创新的概念与效应

一、企业创新的概念

“创新”这一概念是著名经济学家熊彼特于 1912 年在其著作《经济发展理论》中首先提出的。熊彼特认为，经济增长的过程是经济从一个均衡状态向另一个均衡状态的移动过程，虽然经济以外的力量如战争、自然灾害也能打破旧的均衡，但是从经济的角度来看，只有“创新”才是打破旧的均衡并达成新的均衡的力量。也就是说，创新导致经济增长。

当经济处于静态均衡的状态时，各行各业的生产者都没有超额利润，也没有损失，而只有相当于“管理工资”的正常利润，整个经济处于停滞状态。这时，如果某个企业家通过“创新”获得了超额利润，那么，其他企业就会群起而模仿，这样，由创新而获得的盈利机会又会逐渐消失，于是，经济又在一个新的高度上达成均衡。可见，熊彼特的创新就是企业获取超额利润的手段，熊彼特把这种创新定义为：企业家实行对生产要素新的组合。它包括以下五种情况：[①]

---

① ［美］约瑟夫·熊彼特. 经济发展理论——对于利润、资本、信贷、利息和经济周期的考察. 何畏，易家详，张军扩，胡和立，叶虎，译. 北京：商务印书馆，1990：73-74.

（1）引入一种新产品或提供一种产品的新质量；
（2）采用一种新的生产方法；
（3）开辟一个新市场；
（4）获得一种原料或半成品的新供给来源；
（5）实行一种新的企业组织形式。

但是，能打破静态均衡的力量并不限于此五种因素，事实上，熊彼特列举的这五种因素只是企业获取超额利润的内在因素。除此之外，随着诸如政府经济政策、经济法规乃至政治经济制度等外在因素的变化，即使企业不采取任何行动，原先的静态均衡也必然会被打破。因此，经济制度、政府的经济政策、经济法规等因素都是影响经济增长的重要因素。

知识链接 8－1

创新的相关概念辨析

（1）创新与发明创造。发明是指研究活动本身或它的直接结果，而创新是发明的商业化过程或商业化结果。一般地，发明先于创新。两者的关系可简洁地表达为：创新＝发明＋开发。

（2）创新与研究开发。研究开发是科学研究与技术开发活动的统称，简称为 R&D（research and development）。它是指为了增加知识储备，包括关于人类、文化和社会的知识并探索其新的应用而进行的系统的创造性工作。它是创新的前期阶段，是创新的投入，是创新成功的物质和科学基础。

（3）创新与模仿。模仿是指某个企业首先采用一种新技术之后，其他企业以它为榜样，也相继采用该种新技术的行为。模仿是创新传播的重要形式之一。没有模仿，创新的传播可能十分缓慢，创新对社会经济的发展和人类进步的影响将会大大减小。

资料来源：唐五湘，等．知识经济与企业管理创新．北京：社会科学文献出版社，2000：5-6.

在分析了熊彼特提出的创新概念以后，我们可以给出关于创新的一般定义。所谓企业创新，就是以企业为主体、以市场为导向，为获取经济和社会效益，对企业的存在方式、经营观念、制度安排、经济行为及生产要素进行新的调整和新的组合的过程和行为。创新不仅是寻求新技术，而且包括寻求新主意、新原料、新市场、新的管理制度和新的管理方法等。创新不仅是构想出新东西，而且要着实地做出新东西。

知识链接 8－2

创新思维的方式

创新思维的方式主要有以下几种：

（1）发散式思维，又称扩散思维、辐射思维、分散思维、求异思维。它是一种要求打破常规、寻求变异，对一个问题在思考的过程中从多方面、多角度探索答案的思维形式。

（2）聚合式思维，又称求同思维、辐辏思维、收敛思维、集合性思维。它是一种以目标需求为中心、以集中思维为特点的思维形式。

（3）形象思维，形象思维是用事物的表象来进行分析、综合、抽象、概括的一种思维方式，也就是借助于事物的具体形象来进行思考。

（4）抽象思维，又称理性思维、逻辑思维。它是依靠概念，以语言、符号为基本表达工具，通过判断和推理来反映事物的本质特征及其内部联系的一种思维形式。

（5）创造性思维，又称突破性思维、超常规思维。它是对人们在科学研究、科技创新、文艺创作等一切创造性的活动中所采用的思维形式和思维方法的总称。

（6）自觉思维，又称灵感思维。它是一种以知觉到的形象为依据的思维方式，具有直接性、快捷性以及对结论正确性的坚信感等特征。

（7）逆向思维，又称反向思维。它是与常人思维方向相反的一种思维方式。它的最大价值在于可以摆脱常规思路对人的束缚，不盲从多数人的意向，不被已有的结论所惑。

（8）辩证思维，辩证思维是指以运动的、发展的、变化的、矛盾的、一分为二的眼光来观察事物、认识事物、分析事物、揭示事物的一种思维方式。

（9）换元思维。换元思维是指通过等价、等量、等值交换系统中的某一个或某些元素，从而找出解决问题的途径与方法的一种思维方式。

（10）系统思维，系统思维是指以系统理论和系统科学的基本原理为指导的一种思维方式。

资料来源：段建玲．创新与创业实践．兰州：甘肃文化出版社，2010：79-81．

二、企业创新的效应

现代企业创新作为社会化大生产和商品经济发展的产物，具有四个方面的效应。

（一）扩散效应

率先创新者（创新企业）的短期超额利润，驱动众多的模仿者进入创新产业，引起企业创新效应的扩散。在企业创新的四大内容中，制度创新和管理创新不存在专利保护，学习和模仿是不必付费的，因而制度创新和管理创新的成果往往率先进入创新的扩散链条。而技术创新的吸纳要支付费用，市场创新要耗费广告及其他销售成本，所以技术创新和市场创新的扩散较前两者经常是滞后的。企业创新的扩散是个复杂的过程，不仅具有存在于同一产业部门内的创新的“迭加”，而且具有不同产业部门的创新的“联动”。从历史上看，蒸汽机的诞生和电力的使用引发了各种类型的企业创新；而如今，超大规模集成电路和高性能微机被广泛地应用于社会经济的各个部门。一言以蔽之，企业创新扩散分属部门内扩散和部门间扩散两种形式。

（二）群聚效应

创新的群聚效应是指创新在时间和空间上都不是均匀分布的现象。在时间轴上，创新时续时断，时高时低，有时群聚（in groups of swarm），有时稀疏；在空间分布的非均匀性表现，源于创新出现的频度在不同的经济部门有所不同，某些新兴部门及相关产业往往是创新的多发地带。

企业创新群聚特征之所以形成，不仅因为基础创新所赖以产生的重大科学发现只会在特定的条件和环境中出现，还因为基础创新扫清了来自传统产出和习惯势力对创新的反抗和障碍，带来众多企业效仿。

管理周视 8－1

不破不立

哥伦布是15世纪著名的航海家，他历经千辛万苦终于发现了新大陆。对他的这个重大发现，人们给予了很高的评价和很多荣誉。但也有人对此不以为然，认为没有什么了不起，话语中经常流露出讽刺。

在一次宴会上，有一个客人走过来对哥伦布说："你发现了新大陆有什么了不起的，那是碰巧撞上了，如果是我也能发现新大陆，你说我们两个有什么差距呢？"

哥伦布起身来到厨房，拿出一个鸡蛋对客人说："你能把这个鸡蛋立起来吗？"大家听到一位伟大的人也提出这样的问题，都大笑起来。那位客人无论怎样做也不能把鸡蛋立起来，终于无能为力地住手了。

这时，哥伦布拿起鸡蛋往桌子上磕一下，鸡蛋下面破了，鸡蛋稳稳地立在了那里。哥伦布临走时说了一句话："蛋不破不立，这么简单的问题你都不明白，这就是我们之间的差距。"那个客人的脸顿时通红，低头不再说话。

资料来源：广通．经典管理故事全集．北京：地震出版社，2005：176.

（三）加速效应

随着科学基础知识的增多，科学与技术在工业中的紧密结合，以及新的组织管理方式不断应运而生，企业创新的速度越来越快。据英国科学家詹姆士·马丁估计，人类科学知识在19世纪每50年增加一倍，20世纪中叶每10年增加一倍，70年代每5年增加一倍。①与此相适应，企业的组织形式、管理方式日益多样化；市场也更加变幻莫测；技术创新的加速性更为明显。

（四）更换效应

企业创新总会给创新企业以巨额的创业利润和广阔的市场份额，但由于存在潜在的竞争者和客观上存在的创新生命周期，所以任何一种新的创新都难以永恒化。这就迫使企业创新具有无穷的更换性，永远不能停留在一个水平上。从一定意义上说，企业创新行为是没有边际的。

① 王方华．现代企业管理．上海：复旦大学出版社，1996：397.

知识链接 8-3

彼得·德鲁克的创新原则

管理大师彼得·德鲁克认为，创新原则有许多“要求”——该做的事情；也有一部分“禁忌”——最好不要做的事；另外还要满足三个“条件”。

1. “要求”

(1) 有目标、有系统的创新始于对机遇的分析。(2) 创新既是概念性的又是感性的，要出去多看、多问、多听。(3) 为了能达到预期效果，一项创新必须简单明了、目标明确。(4) 有效的创新都是从小事做起的。(5) 一项成功创新的目的在于取得市场的领导地位。

2. “禁忌”

(1) 不要过于聪明。(2) 不要一次从事多种创新，不要分散自己的努力，不要一次做过多的事情。(3) 不要尝试为未来而创新。

3. 三个条件

(1) 创新就是工作，它需要知识，还需要足智多谋。(2) 为了创新成功，创新者必须依靠自身的长处。(3) 创新是经济与社会活动中的一种结果。创新必须接近市场，以市场为中心，以市场为导向。

资料来源：[美] 彼得·德鲁克. 创新与创业精神. 张炜，译. 上海：上海人民出版社，2002：171-176.

第二节　企业创新系统

企业创新是一个系统工程，这个系统包括以下四大方面的内容：制度创新、管理创新、技术创新和市场创新，它们之间的关系如图 8-1 所示。

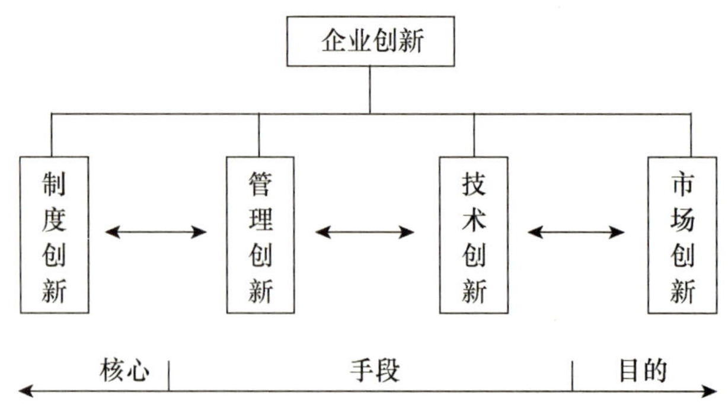

图 8-1　企业创新系统示意图

资料来源：王毅. 企业管理基础. 北京：中国纺织出版社，2005：44.

制度创新是企业创新的核心，市场创新是企业创新的目的，管理创新和技术创新是企业创新的保证与手段。其中，技术创新在企业创新中起着举足轻重的作用，它主要包括产品创新和工艺创新，而产品创新又是技术创新的核心内容。企业进行的一切创新活动都是为了开辟新的市场领域，实现市场创新，同时产品创新又要通过市场创新的途径来实现创新产品的价值。可见，技术创新与市场创新在企业创新中发挥着重要作用。

知识链接 8-4

创新的 SPRU 分类法

SPRU 分类法是英国苏塞克斯（Sussex）大学的科学政策研究所（Science Policy Research Unit，SPRU）于 20 世纪 80 年代提出来的一种创新分类。

SPRU 分类法按创新程度将创新分为四类：(1) 渐进的创新，是指渐进的、连续的小创新。这些创新常出自直接从事生产的工程师、工人、用户之手。(2) 根本性的创新，是指在观念上和结果上有根本突破的创新，通常是指企业首次向市场引入的、能对经济产生重大影响的创新产品或技术。它一般是研究开发部门精心研究的结果。(3) 技术系统的变革，是指会产生具有深远意义的变革，能够影响经济的几个部门，并伴随新兴产业出现的创新。这时，不但有根本性的、渐进的创新，还会有技术上有关联的创新群出现。(4) 技术—经济范式的变更，是指既伴随着许多根本性的创新群，又包含许多技术系统的变更的创新，如蒸汽机、电力、电子技术、计算机等就属于这种创新。

资料来源：唐五湘，等. 知识经济与企业管理创新. 北京：社会科学文献出版社，2000：16-18.

一、制度创新

制度是企业组织运行方式的原则规定。制度创新需要从社会经济角度来分析企业系统中各成员间正式关系的调整和变革。企业制度主要包括产权制度、经营制度和管理制度三方面的内容。

(一) 产权制度创新

产权制度是决定企业其他制度的根本性制度，它规定着企业最重要的生产要素的所有者对企业的权利、利益和责任。不同时期，企业各种生产要素的相对重要性不一样。在主流经济学的分析中，生产资料是企业生产的首要因素，因此，产权制度主要指企业生产资料的所有制。目前存在的相互对立的私有制和公有制两大生产资料所有制，在实践中证明都不纯粹。私有制正越来越多地渗入到“公有”制，被“效率问题”困扰的公有制则正或多或少地添进“个人所有”的因素。企业产权制度的创新应该朝着寻求生产资料的社会成员“个人所有”与“共同所有”的最适度组合的方向发展。世界上产权制度创新的主要趋势是将过去单一型的产权主体转变为建立多元化的企业产权主体。如微软公司与康卡斯特公司相互参股，联手进入家庭宽频带娱乐和信息网络市场领域等。

(二) 经营制度创新

经营制度是有关经营权的归属及其行使条件、范围、限制等方面的原则规定。它表明企业的经营方式，确定谁是经营者，谁来组织企业生产资料的占有权、使用权和处置权的行使，谁来确定企业的生产方向、生产内容、生产形式，谁来保证企业生产资料的完整性及增值，谁向企业生产资料的所有者负责以及负何种责任。经营制度的创新方向应是不断寻求企业生产资料最有效利用的方式。典型的是建立多元化的公司（法人）治理结构。它包括员工参与制和员工股权计划两种方式。

（三）管理制度创新

管理制度是行使经营权、组织企业日常经营的各种具体规则的总称，包括对材料、设备、人员及资金等各种要素的取得和使用的规定。在管理制度的众多内容中，分配制度是最重要的内容之一。分配制度涉及如何正确地衡量成员对组织的贡献并在此基础上如何提供足以维持这种贡献的报酬。由于劳动者是企业诸要素的利用效率的决定性因素，因此，提供合理的报酬以激发劳动者的工作热情对企业的经营有着非常重要的意义。分配制度的创新在于不断地追求和实现报酬与贡献的更高层次上的平衡。

产权制度、经营制度、管理制度这三者之间的关系是错综复杂的。一般来说，一定的产权制度决定了相应的经营制度（在产权制度不变的情况下，企业具体的经营方式可以不断地进行调整）。同样，经营制度决定了相应的管理制度（在经营制度不变时，具体的管理规则和方法也可以不断改进），而管理制度的改进一旦发展到一定程度，则会要求经营制度作相应调整，经营制度的不断调整，则必然会引起产权制度的变革。因此，反过来，管理制度的变化会作用于经营制度，经营制度的变化会反作用于产权制度。

我国企业制度的改革正遵循着这条线路进行。企业从计划经济条件下的非独立主体到市场经济条件下的独立主体，企业改革应该从明晰产权关系到经营制度和内部的管理制度等进行一系列的创新。

企业制度创新的方向是不断调整和优化企业所有者、经营者、劳动者三者之间的关系，使各个方面的权利和利益得到充分体现，使组织的各种成员的作用得到充分发挥。

二、技术创新

技术创新是企业创新的重要内容之一。企业中出现的大量创新活动是有关技术方面的，因此，有人甚至把技术创新视为企业创新的同义语。

技术创新是指与新产品制造、新工艺实施或设备的首次商业应用有关的技术、设计、制造及商业的活动。从另一种角度解释，技术创新就是使技术变为商品并在市场上得以销售，实现其价值，从而获得经济效益的过程和行为。

管理周视 8－2

吉列发明新型剃须刀

金·吉列曾是一家瓶盖公司的推销员。1895 年夏天，吉列到保斯顿市区出差，在返回的前一天买了火车票。早晨，他起床晚了，正匆忙用刀刮胡子，旅馆服务员匆匆走进来喊道：“再有 8 分钟火车就要开车了！”吉列听到后一紧张，不小心就把脸刮破了。

又气又恨的吉列看着剃须刀，突然产生了灵感：如果发明一种新型的安全的剃须刀，一定会有市场。从那时起，吉列就开始了他的剃须刀创新行动。

不过，由于受传统模式的影响，新发明的基本构造总是摆脱不了老式长把剃须刀的局限，尽管他一次又一次地改造设计，结果总是不能令他满意。几年过去了，新的安全的剃须刀仍没有发明出来。如果这时吉列灰心丧气不再继续设计和实验，那么新型的安全剃须刀就不会发明出来，至少不会由他发明出来。但吉列没有灰心，坚持不懈地进行着他的创新活动。

一天，吉列望着一片刚收割的田地，看到一个农民正轻松自如地挥着耙子修整田地。一下子，一个新的思路在他脑海中出现了：如果新的剃须刀就像耙子一样，那一定安全、简便、运用自如。这一不经意的发现终于解决了他的最大苦恼，一种新型的剃须刀就这样应运而生了，它就是我们现在还在用的那种像个小型耙子的安全剃须刀。吉列因此成为世界安全剃须刀大王。

资料来源：崔卫国，刘学虎. 管理学故事会. 北京：中华工商联合出版社，2005：243-244.

由于一定的技术都是通过一定的物质载体和利用这些载体的方法来体现的，因此企业的技术创新主要表现在要素创新、要素组合方法创新以及产品创新三个方面。

（一）要素创新

企业的生产过程是一定的劳动者利用一定的劳动手段作用于劳动对象，使之改变物理、化学形式或性质的过程。这个过程主要包括材料、设备以及企业员工等要素。

1. 原材料创新

原材料是构成生产产品的物质基础，原材料费用是产品成本的重要组成部分，原材料的性能在很大程度上直接影响着产品的质量。随着社会的进步和科学技术的发展，原材料的创新已经成为技术创新的关键。原材料创新的主要内容包括：开辟原材料新的供应市场，以保证企业扩大再生产的需要；开发和利用大量廉价的普通材料（或寻找普通材料的新用途），在不降低产品质量和性能的前提下替代价格昂贵的稀缺材料，以降低产品的生产成本；改造材料的质量和性能，以保证和促进产品质量的提高；研制生产新材料，尤其是节能型、无污染的绿色材料，以适应现代社会人们的更高需求。现代材料科学的研究已经成为世界关注的焦点，它的迅速发展已成为支撑现代社会发展的支柱，也为企业的原材料创新提供了广阔前景。

2. 生产设备创新

现代企业在生产过程中已经广泛地利用了机器和机器设备体系，产品的加工制造往往由机器设备直接完成，尤其是在现代化的企业中，设备已经是进行生产的重要物质技术基础。设备的技术状况和先进程度已经是企业经济实力和生产力水平的重要标志之一。因此，不断进行设备的更新改造，在改善企业产品的质量、减少原材料和能源的消耗、减少劳动力的使用、降低成本等方面都具有十分重要的意义。

设备创新主要表现在通过设备的使用，减少手工劳动的比重，以提高企业生产过程的机械化和自动化程度，提高劳动生产率；通过用先进的科学技术成果改造和革新原有设备，延长其技术寿命周期，提高其工作效能；通过有计划地进行设备更新，以更先进、自动化水平更高的设备来取代陈旧的、过时的老设备，使企业在科技水平和生产加工水平上更加处于领先地位。

3. 人力资源管理创新

任何生产手段最终都需要依靠人来操作完成，现代企业需要不断提高人的素质，以适应在增加新设备、使用新材料后的生产与管理的需要。现代社会越来越认识到人力资源的重要，我国企业必须用人力资源的开发与管理替代传统的人事管理，以适应企业在市场经济竞争中创新与发展的需要。

企业的人力资源管理创新首先是指导思想的创新，将把人看作管理对象转变为“以人为中心”的管理；另外是工作内容上的创新，包括根据企业发展和技术进步的要求，进行从企业员工到经理的招聘、调动、提升、培训、考核等工作，不断地从外部引入新的人力资源；同时更应注重企业内部现有人力资源的继续教育，进一步提高全体员工的素质，以适应企业发展和技术创新的要求。

（二）要素组合方法创新

利用一定的方式将不同的生产要素加以组合，这是形成产品的先决条件。要素的组合包括生产工艺和生产过程的时空组织两个方面。

1. 生产工艺创新

生产工艺是劳动者利用劳动手段加工劳动对象的方法，包括工艺过程、工艺配方、工艺参数等内容。工艺创新与设备创新是相辅相成、相互促进的。工艺创新首先要根据新设备的要求，改变原材料、半成品的加工方法，还要不断研究和改进操作技术和生产方法，以适应新设备的要求。

2. 生产过程创新

生产过程的组织包括设备、工艺装备、制品以及劳动者在空间上的布置和时间上的组合。因此，生产过程的创新是指企业应不断地研究和采用更合理的空间布置和时间组合方式，以提高劳动生产率、缩短生产周期，从而在不增加要素投入的前提下，提高要素的利用效率。

（三）产品创新

企业通过生产和提供产品来赢得社会承认，产品是企业的生命，企业只有不断地创造新产品，才能更好地证明其存在的价值。同时，不断地创新产品也是通过销售产品来补偿生产消耗、取得盈余的重要途径。产品创新主要是通过产品品种的创新，不断开发出用户欢迎的适销对路的产品，满足市场需求的变化；同时通过产品结构的创新，在不改变原有品种基本性能的前提下，找出更加合理的产品结构，使其生产成本更低、性能更完善、使用更安全，从而更加具有市场竞争力。

三、市场创新

（一）市场创新的概念

伴随着新技术的出现和新产品的开发，必然带来企业对新的市场的开拓和占领，继而引起市场结构的新变动和市场机制的创新问题。所谓市场创新，是指企业从微观的角度促进市场构成的变动和市场机制的创造，以及伴随新产品的开发对新市场的开拓、占领，从而满足新需求的行为。

（二）市场创新的特征

1. 市场创新着重于市场开拓

与技术创新不同，市场创新不以追求技术的先进性、产品的精美性为目标，而以开拓新的市场、创造新的需求、提供新的满足为宗旨。能否满足消费者的需求（主要指潜在需求、不同层次的需求、特殊需求、新需求等）是能否开拓新市场的关键。

管理周视 8-3

"汉斯"与"茅台"

一些世界名牌产品，虽有名品的品质，最初却不被人知晓。而营销策略创新，可使其一举成名。

20 世纪 50 年代，在芝加哥博览会上，美国汉斯食品罐头产品受到了冷落。展品被安排在偏僻的阁楼上，鲜有人关注。汉斯先生认真分析自己的产品，坚定必胜信念，想出了锦囊妙计。他突击制作了许多颇为精制的小铜牌，并刻上"拾到此牌，拿到阁楼罐头食品公司陈列处兑换纪念品"字样，然后分撒于人多的场所。于是，人们纷至沓来，汉斯的小阁楼被挤得水泄不通，"汉斯"品牌名声大振。

我国的茅台酒是海内外知名产品，然而，"茅台"成名亦始于营销策略创新。在 1915 年巴拿马万国博览会上，最初，茅台酒无人问津。为此，经营者别出心裁，在人流最多的展览大厅，故意让人把茅台酒瓶打翻在地。酒瓶摔碎后，顿时大厅里酒香四溢，惊动了所有的在场者。于是，人们争相购买，产品供不应求。

从汉斯的"遗牌招徕"到茅台的"碎瓶酒香"，其异曲同工之处就是创新经营，独辟蹊径，将产品的高品质、高品位展现在消费者面前，千方百计扩大知晓度。无论正在创牌的还是已成名牌的产品，技术创新辅之经营创新均是不可忽视的。

资料来源：中国企业报，2000-01-31.

与市场营销不同，市场创新不以巩固已有市场份额、提高既有市场占有率为满足，而是把着眼点放在开拓新领域、创造新市场上。

2. 市场创新具有主动进取性

市场创新强调主动进攻，即在企业产品市场形势尚好的情况下，有计划、有系统地革除陈旧的、过时的技术或产品，开发新产品，开辟新市场，而不是等待竞争者来做。

3. 市场创新具有时效性

一次创新能否成功，很大程度上取决于它投入市场的时机。在投入市场的时机上，如果尚未消除产品本身的缺陷，或其维修备件尚未备足，或是市场还没有为某次创新做好准备，过早地投入市场会导致惨重的失败。因此，尽早投入新产品必须有个限度，即拿到市场上去的产品必须在质量上基本过关，并具有新颖性，从而能在市场上处于有利地位。同样，一味追求新产品的完美性而过晚地投入市场，也往往会贻误战机，导致前功尽弃，丧失早一点推出产品所能得到的更多的市场。

管理周视 8－4

农夫山泉有点甜

1997 年，海南养生堂公司出人意料地做起了饮用水的生意。其出色的广告为“农夫山泉”，广告一面世便打响了第一炮，广告语是“千岛湖的源头活水”。在广告中最后出现的传播语“农夫山泉有点甜”才是经典之作。在当时处处强调纯净、富含矿物质的纯净水市场，农夫山泉从另一个角度“有点甜”挖掘出纯净水的特质，使自己的产品具有鲜明的个性，重要的是让电视机前的消费者感到耳目一新，产品的销售由此成功了一半。

资料来源：覃学强．企业管理实务．成都：电子科技大学出版社，2007：142.

4．市场创新无止境

以低价格赢得市场份额，靠营销技巧来增加销售，无论是手段还是前景都是有限的，它会受到最低成本、效益以及现有市场空间的局限。而市场创新却具有无限前景。从需求角度看，市场需求的多样性、多层次性和发展性，为市场创新提供了无限可能性。从供给角度看，技术进步是无止境的，任何产品的质量、性能、规格都是相对的，质量达到极致的产品或服务是不存在的。

管理周视 8－5

满足顾客的需求

三井高利是一位立志要做布商的日本三重县人，他赤手空拳前往东京闯天下，可是很长时间一直没有起色。一天，他在洗澡堂里听到几个手艺人在高声谈论，准备穿一条新丁字裤（兜裆布）去参加庙会，可是却凑不齐人数合伙去买，为此烦恼不已。

凑齐人数合伙去买新丁字裤，这是怎么回事？三井高利一边冲洗一边想。

“啊，原来是这样。”他拍了一下大腿。原来，按当时的商业习惯，买布料需凑齐几个伙伴去合买一匹，漂成白布，可是人数却不易凑齐。

用现在的话来说，当时布料只以匹为单位出售，是不符合顾客需求的。于是第二天，三井高利便在店门口贴了一则招贴：“布匹不论多少都可以剪下来卖”。

昨天在澡堂里遇到的手艺人看到这则招贴就飞奔过来，“买够做一条丁字裤的漂白布”。

在接近庙会的这段日子里，有相同需求的人非常多，许许多多的女孩子和太太们都涌到店里买零头布，三井高利的店门口热闹非凡，于是店里所有的漂白布在那一天销售一空。

三井高利领悟到做生意聆听顾客心声的好处，简直乐不可支，他把吃饭的时间都节省下来在门口接待顾客，又获得了许多启示。

布店主要的顾客是女性，女性买东西最多的时候是女儿将出嫁时。可是出嫁所需的东西，除了衣服外，还有放衣服的衣橱、梳子、簪子、鞋箱、餐具等各种东西。为此，新娘和她的母亲必须东一家西一家地去选购。如果那些东西可以在一个地方一次性买齐，对顾客来说该是多方便呀！于是三井高利马上付诸实施，这就出现了日本历史上第一家百货公司——“三越”百货公司。

“三越”百货公司之所以能够以压倒竞争对手的优势成为零售业的王者，乃是由于三井高利一直在苦心谋求如何才能方便顾客。于是，有能力的布店很多都学“三越”的做法，扩充店面，引来了许多的顾客。

资料来源：王晓辉. 现代企业管理应用与案例. 北京：北京工业大学出版社，2006：79-80.

四、管理创新

管理创新涉及经营思路、组织机构、管理风格和手段、管理模式等多方面的内容。管理创新是企业不断发展的动力。近代最具代表性的一次管理创新是现代股份公司兴起后出现的“所有权与管理权的分离”，这种分离导致管理等级制成为现代工商企业的一个显著特征。管理创新的主要目标是试图设计一套规则和服从程序以降低交易费用，因为随着现代化大生产的兴起、专业化和劳动分工程度的提高，生产过程中交换次数的指数倍增，大量的资源耗费在交易费用上。

知识链接 8－5

芮明杰最早在国内提出管理创新

上海复旦大学的芮明杰教授在 1994 年出版的著作《超越一流的智慧——现代企业管理的创新》中最早提出了管理创新的概念。

芮明杰教授认为，管理创新并不是组织创新在企业经营层次上的辐射，恰恰相反，组织创新不过是管理创新的一部分，因为静态的组织只是帮助资源有效配置的形式，动态的组织概念是将资源进行结合和安置，这些功能都是管理的功能之一。

资料来源：蔡玉春. 管理的力量. 北京：中国纺织出版社，2006：27.

（一）管理创新的特征

管理创新具有以下特征：

第一，变革性。不论是整体创新还是局部创新，只要是涉及管理活动的某些内容、某些要素及其相互组合的方式发生变动，就是变革旧事物，推陈出新。

第二，价值性。创新活动的目的是通过创新给消费者更高的价值与满足感，同时也为社会和企业创造经济效益。

第三，先行性。先行一步是管理创新的前提条件。从某种意义上说，先行就是新。

第四，持续性。创新是一种动态的活动。由于现代企业的经营管理活动的内部、外部环境的不确定性和信息的不完全性，因此，管理活动就应该不断地进行创新活动。

第五，必然性。必然性是由管理的不可复制性产生的。管理的不可复制性本身就必然要求管理创新，从泰勒制管理到丰田生产方式，直到现代流行的CIMS、虚拟系统、电子商务、网络营销等，可以说任何一种管理的模式、管理的方法都是随着时代的发展和科学技术的进步而产生的管理创新。

（二）管理创新的动因

管理创新的原因在于：

第一，现有的管理方式方法不是最优的。在可供管理者进行选择的方式方法中，仍有比现行选择更为有效的管理方式方法。

第二，出现了可供选择的效率更高的管理方式方法。这种新的管理方式方法既可能是企业内部的发明，也可能由企业外部引入。从外部引入的前提在于企业应当是一个开放的系统，系统内外存在着适当的管理信息传输通道。企业内部发明新的管理方式方法往往也需要外部输入的某些信息的刺激。

第三，既有交易技术结构的改变使管理创新成为必要。新技术和工艺的采用，市场范围的扩大，人口和资本经营的增加，以及自然资源状况的变化都可以导致交易技术结构的改变。例如，技术进步降低了生产成本和交易成本，也降低了管理成本。特别是计算机、传真、移动通信等使信息成本迅速降低的技术发展，使企业管理方式方法出现变化；市场容量的扩大，人口、成本、自然资源的变化使企业经营方式、经营范围、在市场竞争中的地位发生变化，也使得原有的管理方式与企业的实际需要变得不相容，促使企业进行管理创新。

管理周视 8-6

3M公司：允许失败

明尼苏达矿务及制造业公司（Minnesota Mining and Manufacturing)，即通常所说的3M公司。3M起初是美国中西部一家看上去并不起眼的公司，坐落在明尼苏达州的乡村，后来却成为世界最具创新精神的公司。3M公司不仅鼓励工程师，也鼓励每个人成为“产品冠军”。公司鼓励每个人关心市场需求动态，成为关心新产品构思的人，让他们做一些家庭作业，以发现开发新产品的信息与知识，公司开发的新产品销售市场在哪里，以及可能的销售与利益状况等。如果新产品构思得到公司的支持，就将相应地建立一个新产品开发试验组，该组由计划部门、技术部门、生产部门、营销部门和法律部门等的代表组成。每组由“产品冠军”领导，他负责训练试验组，并且保护试验组免受官僚主义的干涉。一旦研制出式样健全的产品，试验组就一直工作下去，直到将产品成功地推向市场。有些开发组经过3～4次的努力，才使一个新产品构思最终获得成功；而在有些情况下，却十分顺利。3M公司知道，千万个新产品构思可能只能成功1～2个。一个有价值的口号是“为了发现王子，你必须与无数个青蛙接吻”。

“与青蛙接吻”经常意味着失败，但3M公司把失败和走进死胡同作为创新工作的一部分。其哲学是“如果你不想犯错误，那么什么也别干。”研究开发是高风险的创造性活动，因此，研究开发是应该允许失败的。但是，允许失败并不是放任自由、不负责任、无目标、无目的的行为，而是激发工程师们的挑战精神和战胜各种困难的勇气，以及不被一两次失败吓倒，而是冷静地分析失败的原因，从而实现成功。因此，奖励失败正是为奖励成功而铺路。3M公司努力创造轻松自由的研究开发环境，允许工程师们占用15%的工作时间在实验室中进行自己感兴趣的研究开发。如果你的创造性构思失败了，那也没关系，你不会因此而遭到冷嘲热讽，照常可以从事原来的工作，公司依然会支持你的新构思的试验。

资料来源：杨湘洪．现代企业管理．南京：东南大学出版社，2003：224；［美］欧内斯特·冈德林．创新沃土：美国3M公司创新机制．陈雪松，池俊常，张红，译．北京：华夏出版社，2001：3.

第三节　创新的过程

创新就是创造性地提出问题和解决问题。一个完整的创新过程基本包括8个阶段，如图8-2所示。

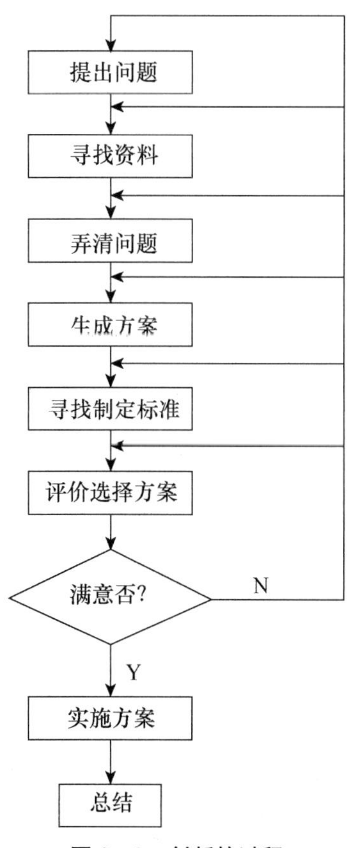

图8-2　创新的过程

管理周视 8-7

日本企业的模仿创新模式

战后日本经济从一片废墟上迅速崛起，得益于大量购买西方国家的专利和技术，企业积极地模仿和寻找一切机会学习，很快便积累起后来创新的知识、技术。

正像乔治·达伊教授描绘的那样："创新性模仿比那些开创者更能领会创新对于顾客的意义，因而可以做些对顾客更有价值的改进。在这一点上，日本的企业做得相当出色，甚至达到了炉火纯青的程度，几乎难以辨认何者为模仿、何者为创新。新产品中融入了一些新特性，从而更易于使用，解决了顾客的难题或略加改进以适应不同细分市场的顾客需要。同时，加工成本大大降低又使产品显得更有价值。"

对于日本企业的好学精神，多罗西·伦纳德·巴顿评价说："尽管存在着难以逾越的语言和文化差异，但是日本研究者们克服了这种困难并成为目光锐利的技术扫描者，从而最终获得了新技术。很难想象有那么一次技术会议上会没有日本公司代表的身影。曾不止一位与会代表对日本听众的行为感到钦佩，他们积极占据前排座位以便捕捉到目之所及的每一个镜头。"

1980—1988 年，日本企业 NEC 在赶超美国同行 GTE 公司期间，发展了许多大规模的对外合作项目，从中吸取并掌握了最先进的技术手段，以低成本进入新的技术领域，培育起自己更高层次的竞争力。NEC 开发部主任表示："战略联盟是更快更便宜"的方式。20 世纪 70 年代末，日本电讯公司和日立公司都与美国摩托罗拉公司签订了许可证协议。这两个伙伴很快掌握了摩托罗拉的技术，都成为摩托罗拉的直接竞争对手。

资料来源：袁华. 现代企业管理. 银川：宁夏人民出版社，2006：158-159.

一、提出问题

提出问题阶段要对结果和障碍进行发散。所谓结果，是指通过问题的解决可以得到的好处；所谓障碍，是指阻止解决问题的各种因素。要列出可能的结果和障碍，这样才会更加清楚努力的方向，并且更容易提出有价值的问题。

二、寻找资料

寻找资料阶段的发散加工包括找到与问题有关的尽可能多的数据，然后在收敛加工中尽量找出最重要的数据。

寻找资料阶段要做的是寻找到与已提出问题有关的尽可能多的材料，但这些资料中有些与要解决的问题无关，这就需要将有关的信息与无关的信息区分开，找到对解决问题有意义的事实材料。

这一阶段最忌讳的是一找到目标就埋头找解决方案，在实施方案时则发现受到这样或那样的限制，甚至根本就没有可实行的条件或完全不对症下药。所以，一定不要忽视寻找资料的重要作用。可将寻找资料看作提出问题的延续，通过寻找资料加深对问题的理解。

三、弄清问题

在弄清问题阶段，发散加工的任务是尽可能多地实现对问题的重新定义，收敛加工则尽量找出对问题的最佳定义。这就涉及问题的定义和再定义。通过发散加工，你会形成一个基本知识，当用言语将这个问题表述出来时，就对问题进行了初步的定义。但这时的定义往往不够准确，这就需要对问题再定义。所谓再定义，就是重新认识问题，考虑已有的表述形式是否恰当，是否体现了解决者真正的意图。

为了对一个问题进行准确适当的描述，应从以下四个方面进行考虑：(1) 形式。使用“如何……”这种句式进行描述，会更多地启发思路，使它不会限制在某一个方面。(2) 责任。一定要明确责任，因为没有人会为一个不是自己负责的问题去操心。(3) 行动。准确描述行动，使人清楚采用什么方式解决问题。(4) 目标。务必要表现出问题的目标或目标区。

四、生成方案

本阶段的发散加工中重要的是“宣泄”：将出现在你脑海中的所有想法用最快的速度写下来，再使用一些技巧帮助你产生更多的创意。收敛过程与上两个阶段步骤大体相似，通过击中问题的要害、寻找相关和聚焦目标，最终选出最好的方案。

五、寻找制定标准

该阶段的发散加工任务是找到各种可能的评价标准。收敛过程与其他几步的收敛大体相似，首先是击中标准和寻找相关，除此之外还有一个寻找标准阶段所特有的过程，就是使选中的标准尽可能具体化。最终保留那些最具体的与问题有关的标准。

标准是选择方案的根据，只有满足标准的方案才能被接受。日常生活中，也会根据一些标准决定行动。比如根据天气情况决定穿什么衣服。有些时候标准十分清楚，比如你到餐馆点餐，会考虑自己的饥饿程度、食物的价格以及进餐的时间限制等因素；但是当面对满足这些条件的一些食物时，具体选择哪一个就带有相当的偶然性，这时标准很模糊。解决问题时，标准越明确，做决定就越容易。因此，明确的标准对做决定十分重要。

六、评价选择方案

该阶段的发散加工主要有两个任务：确定筛选和改进方案的标准，减少方案数量的同时提高其质量；产生一些解决方案。在收敛加工中，相应地对标准和方案进行收敛，收敛的具体过程包括筛选、精选和修改：首先是对发散中确定的标准进行收敛；其次是根据这些收敛后的标准对解决方案进行收敛。

选择方案阶段已经得到很多可能解决问题的方案，但很多只是一个粗略的方案，在寻找解决方案的阶段就要对这些方案进行辨别，找出其中最有价值的方案并加以改进。当方案满意时就进入实施阶段，否则要返回前面的某一个阶段进行修改后再来选择。

但这个阶段绝不是简单地对方案进行严格的筛选和否定没有价值的方案，相反要采取一种积极的态度，更多地发现每个方案中有益的方面，努力将它们转化成现实可行的方案。

七、实施方案

实施方案阶段可以分为两个子阶段：制订计划和执行计划。计划是方案进一步细化的操作步骤。一个完整的实施计划应该对要做什么、在哪里做、在什么时间做、怎样做及为什么做等要点有详细阐述，使用它来指导人们的行动就像使用地图指导人们的方向一样。通过以上各个阶段对方案实施的充分考虑，就可以开始制订一个现实的行动计划。这个行动计划应该包括对具体的时间、地点、执行人和方式等的详细阐述，还要考虑到责任者的动机和能力等问题。

八、总结

总结一定要及时，不要问题解决了就万事大吉，而要仔细想一想整个解决问题的过程和方法。及时总结解决问题的模式可以积累经验，下次再遇到这类问题就可迎刃而解了。

在解决一个问题以后，可以构造出新的问题，同时可以利用解决这个问题的方法来解决这些新问题。

思考题

1. 什么是企业创新？企业创新系统是如何构成的？
2. 什么是管理创新？管理创新有何基本特征？
3. 什么是技术创新？技术创新的主要内容是什么？
4. 简述创新的过程和主要步骤。

机遇是创新的源泉。需要是创新之母。

——比尔·盖茨（1955—，美国微软公司创始人，原微软公司CEO和首席软件设计师）

参考文献

[1] 程云喜. 现代企业管理. 郑州：河南人民出版社，2005.

[2] 程杰，刁立平，孙江超. 企业管理理论与实务. 北京：北京工业大学出版社，2005.

[3] 戴庚先. 现代企业管理. 北京：电子工业出版社，2002.

[4] 鲍国泉，张宣庆. 现代企业管理. 济南：黄河出版社，2001.

[5] 袁华. 现代企业管理. 银川：宁夏人民出版社，2006.

[6] 尤建新. 企业管理概论. 3 版. 北京：高等教育出版社，2006.

[7] 李丽华，周惠兴. 现代企业管理学. 重庆：重庆大学出版社，2001.

[8] 徐沁. 现代企业管理：理论与应用. 北京：清华大学出版社，2010.

[9] 王毅. 企业管理基础. 北京：中国纺织出版社，2005.

[10] 郎宏文. 企业管理基础. 哈尔滨：黑龙江教育出版社，2007.

[11] 安忠，钱克威. 现代企业管理. 天津：天津大学出版社，2002.

[12] 丁利国，毛军权，韩建新. 现代企业管理学. 北京：北京工业大学出版社，2004.

[13] 韩福荣. 现代企业管理教程. 北京：北京工业大学出版社，2004.

[14] 杜玉梅，周颖. 企业管理. 2 版. 上海：上海财经大学出版社，2009.

[15] 覃学强. 企业管理实务. 成都：电子科技大学出版社，2007.

[16] 杨善林. 企业管理学. 北京：高等教育出版社，2009.

[17] 袁声莉. 现代企业管理. 武汉：华中科技大学出版社，2002.

[18] 杨军，董义才，文彬. 现代企业管理. 北京：北京师范大学出版社，2008.

[19] 龚卫星. 企业管理基础. 上海：华东师范大学出版社，2006.

[20] 班奕. 现代企业管理. 西安：西北大学出版社，2005.

[21] 严成根，洪江如. 现代企业管理. 北京：清华大学出版社，北京交通大学出版社，2005.

[22] 余向平. 企业管理原理. 北京：经济管理出版社，2004.

[23] 文大强，陈荣中. 企业管理原理. 上海：复旦大学出版社，2005.
[24] 王方华. 现代企业管理. 上海：复旦大学出版社，1996.
[25] 李自如. 现代企业管理学. 长沙：中南大学出版社，2002.
[26] 王晓辉. 现代企业管理应用与案例. 北京：北京工业大学出版社，2006.
[27] 杨湘洪. 现代企业管理. 南京：东南大学出版社，2003.
[28] 董伍伦，李强. 现代公司管理. 2 版. 北京：经济科学出版社，2006.
[29] 刘美玉. 公司概论. 2 版. 北京：中央广播电视大学出版社，2007.
[30] 宋克勤. 企业管理. 2 版. 上海：上海财经大学出版社，2004.
[31] 蒋景楠，徐建，刘龙官，徐江. 现代企业管理. 2 版. 上海：华东理工大学出版社，2003.
[32] 杨耀峰. 现代企业管理概论. 武汉：湖北科学技术出版社，2003.
[33] 崔卫国，刘学虎. 管理学故事会. 北京：中华工商联合出版社，2005.
[34] 朱雁琳，杨梅. 101 个影响职业发展的经典寓言. 北京：学林出版社，2004.
[35] 郭承群，韩刚，沈兴龙. 物流——运作典型案例诊断. 北京：中国物资出版社，2006.